Cem Özdemir
Ich bin Inländer

Mehr Türke, mehr Deutscher?

»Ja, Herr Özdemir, was sind Sie jetzt, sind Sie mehr Türke oder mehr Deutscher?« Während der ersten Wochen im Bundestag und auch später die immergleiche Frage, nun in der neuen Umgebung: »Als was fühlen Sie sich?« Ob Medien, ob Parlamentskolleginnen und -kollegen, das Interesse an der ethnischen Identifizierung meiner Person war durchwegs freundlich; bei manchen schwang einige Überraschung mit – als stünden sie, die aus dem Elfenbeinturm des Abgeordnetenhauses auf die Menschen »draußen im Lande« schauen, zum ersten Mal von Angesicht zu Angesicht einem leibhaftigen »Ausländer« gegenüber. Einem, der nicht einer diplomatischen Vertretung oder dem Korrespondentenheer der in Bonn akkreditierten Auslandspresse, sondern der Bevölkerung dieses Landes angehört, ja deutscher Staatsbürger, Landsmann ist.

Ich mußte selbst lange Zeit überlegen. Irgendwann hieß es im Freundeskreis einmal: Der Cem, der ist »Zufalls-Türke«. Wie wäre einer, der als »richtiger« Türke durchginge? Verschärfte »Multikulturalisten« auf der linken Seite des Spektrums stehen denen auf der anderen Seite in nichts nach, stellte sich im Laufe der Jahre heraus. »den imperialistischen staaten ist ja bekannt, daß ihre ›kultur‹ nicht in allen weltgegenden auf zustimmung stößt. das hat natürlich auch auswirkungen auf die muslimischen migrant/inn/en hier in der brd. nicht alle sind so assimiliert wie der grüne mdb cem özdemir mit deutschem paß...«, so hieß es in einem »Bekennerschreiben« einer »anti-imperialistischenzelle« zum Anschlag auf den CDU-Bundestagsabgeordneten Blank. Bei einer Podiumsdiskussion wendete sich der CSU-Politiker und Bonner Staatssekretär Eduard Lintner einmal mit den Worten an mich: »Ihre Landsleute ...«, und wollte zu einer Ausführung über die Türken in der Bundesrepublik anheben. Mein Einwurf: »Sie sind mein Landsmann, Herr Lintner«, sorgte für eine gewisse Verwirrung im Ausdruck dieses Mit-Diskutanten (aus dieser Verwirrung wurde im Laufe zahlreicher Kontakte ein gutes Verhältnis und interessanter Dialog).

Dabei war diese Frage für mich nie ein Thema gewesen. Was bin ich? Sie erinnern sich an die Sendung aus der geruhsamen Zeit des Monopols der Öffentlich-Rechtlichen? Etwas anderes als Robert Lembkes berühmte Eingangsfrage zum »heiteren Beruferaten« – »Welches Schweinderl hätten Sie denn gern?« – hatte ich damit nie assoziiert. Und schon gar keinen tieferen Sinn, etwas Erklärungsbedürftiges, Reflexionsbedürftiges. Wer sind Sie? Gestatten, Özdemir, Diplom-Sozialpädagoge, geboren in Bad Urach, wohnhaft in Ludwigsburg, Mitglied des Deutschen Bundestages für Bündnis 90/Die Grünen. Reicht nicht?

Ich bin deutscher Staatsbürger türkischer Herkunft. Das Schwäbische ist mir noch näher als das Deutsche, und mit der türkischen Herkunft ist es ebenfalls so einfach nicht. Auch »Einwanderer«, die nach dem Wörterbuch der fortschrittlichsten Multikulturalisten vermeintlich korrekte Bezeichnung, trifft den Kern nicht. Ich bin zwar gut zu Fuß, aber ich bin nie eingewandert, sondern hier geboren. Langsam kristallisierte sich als Antwort auf die Identifikationsfrage dann der »türkische Schwabe« heraus. Aber »Türke« war auch in dieser Kombination nicht passend. Ganz abgesehen davon, daß es »den Türken« ebensowenig gibt wie »die Deutsche«, stammt mein Vater aus einem tscherkessischen Dorf bei Tokat in Anatolien und meine Mutter aus der Metropole Istanbul. Ich komme von der Schwäbischen

Alb. Also schien mir schließlich »anatolischer Schwabe« die treffendste Beschreibung. Anatolien, da gehören dazu: Türken, Kurden, Tscherkessen, Lasen, Armenier, Juden, Christen, Sunniten, Aleviten. Anatolisch, das sind sie alle.

Mit dem Glauben ist es ähnlich kompliziert. Alle Welt drängt danach zu erfahren: Sind Sie Moslem? Sind Sie Christ? Sind Sie Atheist? Im Paß ist das Feld zur Angabe der Religionszugehörigkeit eine Leerstelle. Laut Geburtsurkunde bin ich Muslim. Bei mir verhält es sich damit so ähnlich wie bei manchen Katholiken. Man kann zwar aus der Körperschaft, der Kirche, austreten. Aber das Sakrament der Taufe ist nicht rückgängig zu machen. So auch im Islam: Man ist nie eingetreten, aber man ist Muslim von Geburt an, sofern die Eltern Muslime sind. Wem gegenüber sollte ich meinen Austritt erklären? Einen Verwaltungsapparat vergleichbar dem der christlichen Kirchen gibt es im Islam nicht. Der Islam kennt die Möglichkeit, zu anderen Religionen zu konvertieren, oder man scheidet durch Tod aus. Beides muß ja nicht unbedingt sein.

Ich bin in Schwaben geboren, dort aufgewachsen. Schwäbisch war die erste Sprache, die ich neben meiner Muttersprache gehört habe – meine Eltern sprachen natürlich türkisch mit mir. Alle Freunde haben schwäbisch gesprochen, in der Schule wurde schwäbisch gesprochen. Bis irgendeine Lehrerin versuchte, uns gemäß Lehrplan Hochdeutsch einzupauken. Auch meine deutsche »Oma« und mein deutscher »Opa«, bei denen ich während der ersten Jahre meiner Kindheit viel Zeit verbracht habe, waren überzeugte, praktizierende Schwaben. Insofern ist das Schwäbischsein Teil meiner Identität und meiner Persönlichkeit. »Deutsch« liegt einfach eine Ebene darüber.

Als ich in den Bundestag gewählt war, wurde ich von den türkischen Medien als »türkischer Abgeordneter« gefeiert. Da mußte ich denjenigen aus der türkischen Einwanderer-Community, die das so sahen, erklären: Ich bin türkischstämmig, nicht mehr, nicht weniger. Wäre ich ein »türkischer Abgeordneter«, dann lebte ich in Ankara und nicht in Bonn oder Ludwigsburg. Das wurde irgendwann akzeptiert. Doch das nächste Herkunftsproblem ließ nicht lange auf sich warten. Da mein Vater aus einem tscherkessischen Dorf in der Türkei stammt, meldete sich die türkisch-tscherkessische bzw. kaukasische Gemeinde in Deutschland. »Du bist doch Tscherkesse. Warum betonst du das nicht stärker in der Öffentlichkeit?« Nun spreche ich leider kein Wort tscherkessisch. Über meinen Vater habe ich zwar Zugang zu einem weiteren interessanten kleinen Teil dieser Welt, sofern man davon nach den 34 Jahren, die meine Eltern in Deutschland leben, überhaupt noch reden kann. In der Ahnenreihe meiner Mutter, die in der Türkei geboren ist und bis zur Auswanderung in Istanbul lebte, finden sich übrigens noch Griechen. Die Großmutter meiner Mutter war Griechin. Sie selbst ist, wie es in Nazi-Deutsch geheißen hätte, »Viertel«-Griechin. Wer sich auf diese Art des Ethnizismus einläßt, begeht Harakiri.

Hazreti Ali, ein enger Weggefährte des Propheten Mohammed, äußerte sich folgendermaßen über »Die Abstammung«:
»Stammen nicht alle Menschen von einer Mutter, einem Vater ab?
Sahst Du jemals einen Menschen, aus Silber geboren?
Sahst Du jemals einen Menschen, aus Eisen geboren?
Sahst Du jemals einen Menschen,
einen aus Kupfer oder Grundbesitz,
aus Geld oder Ackerland geboren?
Sind nicht alle Menschen aus Fleisch und Nerven gemacht?

Aus Blut, Knochen, Nerven, Fleisch?
Sind sie nicht aus Hefe, aus einem Tiegel hervorgegangen?
Stammen nicht alle Menschen von einer Mutter, einem Vater ab?
Wenn der Mensch das Bedürfnis hat, zu loben,
Dann für die Vernunft, für das Wissen,
Für ein freundliches Wesen, für ein gutes Herz,
Dummheit! Der Dumme zeigt sich darin, daß er mit seiner Abstammung prahlt.«

»God bless America«! Daß ein Sprößling aus einer Einwandererfamilie als Präsidentschaftskandidat das höchste Amt im Staat anstrebt, wie Michael Dukakis Ende der achtziger Jahre, ist in den Staaten kein Thema. Ich habe mir zwar nicht den Marsch aufs Kanzleramt vorgenommen, habe auch noch nie nach ein paar Bier am Zaun des Kanzleramtes gerüttelt und gerufen: »Ich will da rein!«, aber in dieser Beziehung haben mich die USA schon bei meiner ersten Reise fasziniert. Es herrscht eine Selbstverständlichkeit im Umgang, eine durch und durch imponierende Atmosphäre. Man ist innerhalb kürzester Zeit einfach kein Ausländer mehr. Eine eher belanglose Angelegenheit, woher der eine oder die andere kommt. Ein anderes Aussehen, ein anderer Name – alles kein Thema, sondern Normalität. Weil alle irgendwie anders aussehen, besondere Namen haben. – Daß trotzdem aggressivste Formen des Rassismus und der sozialen Ausgrenzung zum amerikanischen Alltag gehören, steht auf einem anderen Blatt.

Zurück zum »Nabel der Welt«: Meine Wurzeln reichen zwar bis nach Istanbul, Anatolien und in den Kaukasus, aber geboren bin ich in der altehrwürdigen Grafenstadt Bad Urach, »mitten im Herzen der Schwäbischen Alb«, wie wir in der Schule artig lernten. Trotz aller Ausflüge in manchen Teil der Welt oder ins Weltgeschehen: Ausgangspunkt bleibt für mich Schwaben.

In der schwäbischen Dichter- und Denkerhochburg Tübingen, der Stadt Hölderlins, war ich zu Hause. Ich habe diese derbe, leicht volkstümliche Lebensart lieben gelernt. Tübinger Gogenwitze sind für mich ein Begriff. Kennen Sie den: Fährt ein Scheißhausfahrer mit dem Güllewagen einen Hang hinunter. Auf einmal entgleitet ihm der Wagen, und er fährt direkt in das Schaufenster eines Kaufhauses hinein. Der Herr vom Kaufhaus ist natürlich hellauf empört, rennt raus und schimpft: »Sauerei, der ganze Laden ist voll mit Scheißdreck.« Darauf sagt der Gog: »Das geht mi gor nix an, i hob dreimal Obacht g'rufe.« Oder: Steht ein Student in Tübingen auf der Neckarbrücke und übergibt sich, was das Zeug hält. Ein Gog kommt des Wegs, sieht ihn, klopft ihm auf die Schulter und sagt: »So isch 's recht, no s' Arschloch g'schont.«

Zu derb? Gogen, muß man wissen, waren die ländlichen Bewohner der Tübinger Altstadt, der Gogei beziehungsweise Gogerei. Sie waren bereits mehrheitlich demokratisch-republikanisch gesonnen, als die Oberstadt noch konservativ-monarchistischer Politik anhing, und wählten noch links und liberal, als in den gebildeten Kreisen Rechtsnationale und Konservative schon Oberwasser hatten. Weder Herkunft noch Bedeutung des Wortes »Gog« stehen eindeutig fest, schrieb einmal ein Gogenforscher. Man liegt darüber im Zwist, ob er sich vom Schutzpatron der Tübinger Stiftskirche (St. Georg) oder vom biblischen »Gog und Magog« der Geheimen Offenbarung ableiten läßt. Eine weitere Möglichkeit wäre, daß der »Gog« auf das hebräische »Goj«, den Pöbel, zurückgeht. Andere meinen, der »Gauch«, der Kuckuck, sei Namenspatron; der Vogel, der seine Eier in fremde Nester legt. Wie auch immer: Die Witze und Gassenhauer Marke »Scheißbrüh-Fahrer«, die denen aus der Unterstadt angedichtet wurden, sollten den »Theologen und Studenten«, den Studierten, drastisch zu verstehen geben, daß auch sie trotz aller Geistesgaben nur Menschen wären. Gleichwohl wirkte sich der Drang zu Höherem auch in der »unteren Stadt« aus, wie es ein Bändchen über Gogen beschreibt; so zum Beispiel in der Namensgebung: »Einem kleinen Gogenmädchen, das im Rinnstein dreckelt, ruft die Mutter zu: ›Aurora, du Drecksau!‹«

Apropos Namensgebung: »Cem« steht laut türkischem Wörterbuch übrigens für einen sagenhaften persischen König und als Beiname von Salomo und Alexander dem Großen oder als Synonym für eine »Menschenmenge«. Bei den Aleviten bedeutet Cem eine Art Gottesdienst mit Gebeten, Gesang und Tanz. Wer sind Sie, wie kann man Sie dingfest machen? Welche Identität haben Sie? Als wäre so etwas eindeutig, mit einem oder zwei Worten benennbar, und das endgültig – und nicht erst am Ende eines Prozesses. Der Literaturkritiker und Essayist Lothar Baier hat einmal etwas Interessantes zur ausufernden Debatte über Identität geschrieben:

»Wer Identität sagt, kann damit meinen, was er will, und sich dennoch durch ein unsichtbares Band mit allen anderen verbunden fühlen, die ebenfalls Identität sagen und damit meinen, was sie wollen. Identität zählt damit zu jenen Metaphern, die nicht deshalb gebraucht werden, um etwas Bestimmtes unmißverständlich zu bezeichnen, sondern die man verwendet, um etwas Unbestimmtes auszudrücken, und sich in der Unbestimmtheit mit allen anderen einig zu wissen.« Es wäre klüger und humaner, meint Baier weiter, »als ersten Schritt zur Befreiung vom Identitätsterror die bescheidene Einsicht zu verbreiten, daß die wahre Identität früh genug und ganz von allein kommt, und zwar mit dem Tod. Dann ist der Prozeß Mensch zu Ende, dann ist er glücklich mit sich selbst identisch. Nur hat er nichts mehr davon.« Dem möchte ich mich anschließen, und im übrigen kann von mir aus bis zum Ende dieser Biografie ruhig noch einige Zeit vergehen.

Ein neuer Landsmann

Es war keine schwere Geburt im Kreißsaal des Krankenhauses von Bad Urach, aber eine ungewöhnliche. Statt einer Geburtsanzeige im ›Ermstalboten‹, unserer Lokalzeitung, gab es eine Eintragung ins Ausländerzentralregister: Cem Özdemir, geboren am 21. Dezember 1965 in Bad Urach/Baden-Württemberg, Staatsangehörigkeit [– obwohl geboren im Herzen der Schwäbischen Alb –] Türkisch; Mutter: Nihal Özdemir, geborene Akman, 1933 in Ankara/Türkei geboren und aufgewachsen in Istanbul/Türkei, Staatsangehörigkeit: Türkisch; Vater: Abdullah Özdemir, geboren 1937 im Landkreis Tokat/Türkei, Staatsangehörigkeit: Türkisch, wohnhaft in Dettingen/Baden-Württemberg. Und so fort. Merkwürdige Welt: Neuerdings kamen »Ausländer« nicht mehr nur aus dem Ausland. Jetzt wurden »Ausländer« auch im Inland geboren.

Die persönlichen Erinnerungen an die allerersten Lebensjahre sind natürlich eher dürftig. Nach meinem ersten Geburtstag zogen wir aus der Gemeinde Dettingen im Kreis Reutlingen in meinen Geburtsort Urach, die altehrwürdige Grafenstadt und ehemalige Hauptstadt von Südwürttemberg.

Meine Eltern hatten hier in der »Musel«, Hausnummer 28 in der Uracher Altstadt, etwas Passenderes für die erste Zeit mit Kind gefunden. Ein Zimmer, kein Bad, die Toilette auf dem Hausflur, das war die Wohnung in Dettingen gewesen. Nun hatten wir ein Zimmer mehr.

Die Eltern arbeiteten von sieben Uhr morgens bis in den Nachmittag. Mein Vater war zunächst jahrelang in einer Spinnerei beschäftigt, bevor er über den Umweg einer Tankstelle zu einer Firma kam, die Feuerlöscher herstellt. Meine Mutter begann in einer Papierfabrik. Dort hatte sie sich um die Frühschicht bemüht, um spätestens ab dem frühen Nachmittag für mich da zu sein. Für die Zeit bis zu ihrem Feierabend bekam ich deutsche Großeltern, das Ehepaar Rehm. Sie wohnten in der Altbauwohnung über uns und hatten mit meinen Eltern schnell nähere Bekanntschaft geschlossen. Sie wurden mehr als nur meine Tageseltern. Daß sie, mit denen ich die ganze Woche zusammen war, meine echte Oma und mein echter Opa waren, da war ich mir ziemlich sicher. Auch noch nachdem ich den ersten Türkeiurlaub im Alter von drei Jahren erlebt hatte und meine türkischen Omas kennengelernt hatte. Opas gab es in der Türkei nicht mehr. Die Mütter meiner Eltern waren Witwen.

Außer meinen Eltern kannte ich in den ersten Lebensjahren ja nur meine »Großeltern« in der Wohnung über uns. Sie waren die Bezugspersonen und hatten mich sozusagen als ihr Enkelkind adoptiert. Es war ein sehr inniges Verhältnis. Von ihnen habe ich Schwäbisch gelernt; mit ihnen Urach und Umgebung erkundet. Allein oder manchmal gemeinsam mit den Eltern unternahmen wir lange Wanderungen. Mein deutscher Opa nahm mich auf seinem Fahrrad mit. Unsere Ausflüge führten durch die ländliche schwäbische Idylle. Besonders die alten Streuobstwiesen, die später dem Neubaugebiet »Breitenstein« weichen mußten, habe ich noch in Erinnerung. Immer wieder landeten wir beim »Weisinger«, einem Kiosk, und ich bekam meine geliebte weiße Schokolade oder eine echte Butterbretzel, die schließlich in Urach erfunden wurde.

Meine engsten Freunde während der Zeit in der Musel waren die Geschwister Aynur und Yüksel, später auch ihre nachgezogene Schwester Özlem. Zu unseren Lieblingsbeschäftigungen gehörte es, einen alten Herrn in der Nachbarschaft zu ärgern, den wir »Moruk«, türkisch für »Tattergreis«, nannten. Verschiedene Male drangen wir in seine Wohnung ein, reizten ihn und brachten einiges durcheinander. So lange, bis er uns endlich mit seinem Krückstock jagte – genau darin bestand der Reiz. Der Nervenkitzel war um so größer, je dichter er uns auf den Fersen war. Aber es ging auch ruhiger zu. Etwa, wenn wir versuchten, den Kanal an der Musel auf einem dünnen Brett zu überqueren. Ich konnte nicht schwimmen und fiel prompt hinein. Mein Retter war Roland, der echte Enkel meiner deutschen Großeltern.

Ein, von solchen Mißgeschicken abgesehen, unbeschwertes Leben ging so seinen Gang – bis wir umzogen. Der neuerliche Ortswechsel führte uns in die Uracher Innenstadt, wo meine Eltern noch heute wohnen. Für sie war es etwas wie ein Umzug in die Oberstadt: Kinder, so sagen sie heute, brauchen eine gute Umgebung, sollten nach Möglichkeit keinen schlechten Umgang haben. Der Umzug damals führte weiter weg vom verschrienen Uracher Schmuddelviertel, das lange Klein-Chicago hieß. Die neue Drei-Zimmer-Wohnung war in den ersten Jahren nicht sehr viel komfortabler als die alten vier Wände. Ein Wäschezuber mußte die fehlende Badewanne ersetzen. Ich gruselte mich davor, in den Keller zu gehen, dessen Zugang zu allem Überfluß auch noch außerhalb des Hauses lag, um die Plastikwanne heraufzuschaffen. Meistens konnte ich mich erfolgreich weigern. Als die befreundete türkische Familie Zeybek schließlich in eine Wohnung mit Bad einzog, waren von nun an unsere Besuche bei ihnen meine Badetage. Auch wenn ich mich heute aus ökologischer Einsicht weitgehend aufs Duschen beschränke, ist es doch so, daß ich ein Bad kaum vor Ablauf einer dreiviertel Stunde verlasse. In meinen verschiedenen Wohngemeinschaften boten meine Badegewohnheiten Anlaß für allerlei Gerüchte über rituelle Waschungen.

Die Geburtsstunde des Vegetariers

Das Verhältnis zu Oma und Opa blieb trotz des Umzugs zunächst wie es war. Ich war noch immer oft bei ihnen. Erst als ich in den Kindergarten kam, begann das Auseinanderleben. In der kindergartenfreien Zeit paßte nun eine andere Familie auf mich auf. Sie wohnten in der Nähe vom Uracher Schlachthof. Was nicht sehr angenehm war. Es stank, man hörte die Tiere schreien.

Kühe haben ein lilafarbenes Fell, Milch ist ein Produkt aus Papp- und Plastikquadern – oder bestenfalls aus Flaschen –, und Fleisch wächst in Dosen oder der Kühltruhe: davon seien viele Kinder im Kindergarten- und Grundschulalter felsenfest überzeugt, ist heutzutage häufig zu hören, wenn es um die Frage geht, welche Vorstellung die Kids der späten achtziger und der neunziger Jahre von unseren natürlichen Lebensgrundlagen, von Natur und Umwelt, Mensch, Tier und Ernährung haben.

Nun ja, im Schlachthof, der in direkter Nachbarschaft zum Wohnhaus meiner neuen Nachmittagsmutter lag, hatten wir als kleine Kinder einen prima Einblick, was die Frage angeht, wie Schnitzel und Steaks auf die Teller kommen. Bis dahin hatte ich sie während der Wanderungen und Fahrrad-Ausfahrten mit Oma und Opa nur auf vier Beinen auf den Wiesen der Schwäbischen Alb grasen sehen und grunzen gehört.

Wir sahen tagsüber, wie die Kühe und die Schweine gefesselt angeliefert und dann zur Schlachtung hineingetrieben wurden. Wenn das Vieh nicht so wollte wie die Männer in den Gummistiefeln und langen Schürzen, gab es für die Kühe ordentlich was zwischen die kurzen Hörner, die Schweine wurden in die Haxen geschlagen. Geschrieen, gegrunzt, gequiekt hat es sowieso. Das Tor war weit offen, und wir Kinder, die vor dem Tor spielten, wurden eingeladen zum Zuschauen. Wir sahen, wie die Kühe zunächst betäubt wurden, dann plump umkippten und aufgespießt wurden. Wenn der Bauch aufgeschlitzt war, quollen die Innereien heraus. Und wenn es nicht so recht von allein flutschte, wühlten die Schlachter in den Tieren herum. Das Fell wurde abgezogen, die Köpfe abgetrennt. Das hat einen bleibenden Eindruck hinterlassen und dazu geführt, daß ich mehr und mehr Schwierigkeiten bekam, etwas zu essen, das aussah wie ein Tier. Hase und Kaninchen, das ging gar nicht. Wild, das war für mich immer ein absolutes Tabu. Reh essen? Nie. Als Kind aß ich noch leidenschaftlich gern Hackfleisch. Eine meiner Leibspeisen damals war Hackfleischbrot: Eine Scheibe Brot mit Hackfleisch darauf, eine Art Rudimentär-Hamburger. (Heute müßte ich mich davon wahrscheinlich übergeben.) Ich habe auch leidenschaftlich gern Fischstäbchen gegessen. Auch da war das Tier ja nicht mehr zu erkennen. Etwa im Alter von 15 Jahren wuchs die Abneigung gegen alles Fleischliche auf dem Teller. Anfangs war es noch nicht recht greifbar, nur ein Unwohlsein, dessen Ursprung ich noch nicht ausmachen konnte. Ich hatte einfach keine Lust mehr auf Fleisch. Durchsetzbar war das weder zuhause noch anderswo.

Während meines ersten Schüleraustauschs in England wurde nur gelacht, als ich es andeutete. Beim nächsten Schüleraustauschs auf dem Land, in Frankreich, gab es Fleisch auf den Teller. Ich stach hinein und ein Blutstrahl schoß mir entgegen. Es war, als hätte dieser Spritzer das Tüpfelchen aufs i gesetzt. Der Ekel vor Fleisch wurde immer größer. Dann kam schließlich das Politische dazu. Ich las, daß die gesamte Weltbevölkerung ernährt werden könnte, wenn das Getreide nicht verfüttert würde. Es bräuchte sieben Kilo Getreide, um ein Kilo Fleisch zu erzeugen. Ich hörte, daß unser Lebensstil, wie wir ihn hier in Europa pflegen, insbesondere was den Fleischkonsum angeht, auf die Dritte Welt, ja auf die gesamte Weltbevölkerung, nicht übertragbar sei. Da war es dann endgültig soweit: Kein Bissen Fleisch sollte jemals wieder herunter. Die Abneigung gegen Fisch hat ähnliche Ursachen. Als kleines Kind wurde ich einmal von einem Verwandten gezwungen, noch einen ganzen Fisch zu essen, obwohl ich schon satt war und ganz und gar nicht wollte. Ich hatte das Gefühl: Noch einen Bissen, nur noch einen Gedanken an einen weiteren Bissen, und ich platze. Ich habe mich vor diesem Fisch geekelt, der mich mit seinen toten Augen anstarrte. Ich bekam aber so lange Druck, bis der Fisch herunten war. Seitdem ekele ich mich schon vor dem Geruch.

Den Vegetarismus meinen Eltern gegenüber durchzusetzen, war alles andere als ein Kinderspiel. Sie waren außer sich. Ich durfte partout nicht vegetarisch essen. Vielleicht wäre es für sie weniger schlimm gewesen, hätte ich gesagt: »Mama, Papa, ich bin ab heute schwul.« Aber zu sagen, »ich esse ab heute kein Fleisch mehr«, das war der Hammer. Ein Kind männlichen Geschlechts und türkischer Herkunft, das freiwillig auf Fleisch verzichtet, hat irgend etwas an der Waffel, ist nicht ganz richtig. Es war strikt verboten. Also mußte ich, wenn ich in der Änderungsschneiderei meiner Mutter zu Mittag aß, tricksen. Die Lösung war eine kleine Plastiktüte, in die der Fleischanteil unbemerkt hineinwanderte. War das Fleisch in der Tüte deponiert, begann das nächste Problem: Wohin mit der Tüte? Oft genug mußte ich sie in die Hosentasche stecken. Die Tüte riß natürlich manchmal. Und dann lief das Zeug aus, und es lief, was vorher nur in der Hosentasche unangenehm warm war, ziemlich unangenehm in der Hose herunter. Sobald ich aus der Schneiderei heraus konnte, war der erste Griff rein in die Hosentasche, raus mit der Tüte und ab in den Mülleimer damit.

Das ging eine ganze Weile so. Bis ich abmagerte und Mangelerscheinungen bekam. Über ein halbes Jahr lang hatte es für mich nur die Hälfte des Essens gegeben, das so gut wie jeden Tag zur Hälfte aus Fleisch bestand. So hatte ich immer nur die Beilagen. Es war extremes »FdH«. Weil ich irgendwann aus den Latschen zu kippen drohte, war klar: So ging's nicht weiter. Damit traten wir in die nächste Phase. Meine Eltern hatten gemerkt, mein Wille war sehr hartnäckig, ich würde nicht nachgeben. Deshalb haben sie so getan, als würden sie den Vegetarismus akzeptieren. Sie haben das Fleisch reduziert oder versucht, es unterzumischen. Schließlich drohte ich, gar nichts mehr zu essen, lieber zu verhungern. Nach knapp einem Jahr hatte ich mich durchgesetzt.

Heute ist meine Mutter selbst Vegetarierin, ohne daß ich je darauf gedrängt hätte. Der einzige, der noch ab und zu Fleisch vorgesetzt bekommt und dieses Essen liebt, ist mein Vater. Aber auch das nur noch in Maßen oder wenn wir auswärts essen gehen. »Ich kann ja nichts dafür, daß ihr zwei verrückte Vegetarier seid«, sagt er dann, und bestellt sich echte Fleischgerichte. Meine Mutter macht sich den Spaß, ihm zu Hause Soja vorzusetzen und erst anschließend zu sagen, es sei kein Fleisch gewesen. Woraufhin mein Vater dann sagt, deshalb hätte es auch nicht so gut geschmeckt.

Die Betreuung in der Nähe vom Schlachthof hatte aber auch frühe Folgen: Diese Familie hatte irgend etwas gegen meine Besuche bei Oma und Opa. Sie wurden immer seltener – und vor allem wurden sie heimlich. Es setzte auch schon mal eine Tracht Prügel von der neuen deutschen Tante, wenn ich mich, ohne etwas zu sagen, davongemacht hatte und erst später gegen Abend vom Opa wieder abgeliefert wurde. In der neuen Umgebung habe ich mich nie wohlgefühlt. Die Familie war eher kühl, zurückhaltend, streng, während meine Oma und mein Opa ganz einfach lieber und netter waren – sie kamen praktisch gleich an zweiter Stelle nach meinen Eltern. Dann starb die Oma. Einige Zeit später zog eine jüngere Frau zu meinem Opa. Sie trat zwischen uns, und die Distanz wurde größer. An den endgültigen Abschied, den letzten Besuch kann ich mich nicht mehr erinnern.

Als Einzelkind wurden mir von frühester Kindheit an von den Eltern fast alle Wünsche erfüllt. Nicht von einer Stunde zur nächsten, aber es mußten kaum drei Tage vergehen, dann spätestens war Bescherung. Immer wenn meine Mutter nach Feierabend aus der Papierfabrik nach Hause kam, brachte sie eine süße Überraschung oder meinen geliebten Rahmkuchen für mich mit. Manchmal konnte ich mich an Süßigkeiten regelrecht überfressen, so groß waren meine Vorräte.

Meine Mutter quälte stets die Vorstellung, ich sei viel zu dünn, und sie wollte, daß ich deutlich zunähme. Als sie schließlich eines Tages unseren Hausarzt mal wieder auf mein »bedrohliches Untergewicht« ansprach, platzte dem der Kragen: Er zeigte meiner Mutter Fotos von extrem übergewichtigen Kindern und fragte sie, ob sie sich ein solches Kind wünsche. Nachdem auch mein Vater zu meinen Gunsten intervenierte, nahm meine Mutter vorläufig von weiteren Versuchen, mein Gewicht deutlich nach oben zu korrigieren, Abstand.

Spätestens ab dem frühen Nachmittag war ich mit meiner Mutter zusammen und wollte tun, was sie tat. Natürlich handarbeitete sie auch. Ich guckte es mir ab, verknotete Wollfäden, bis sie mir die ersten Handgriffe mit Strick- und Häkelnadel beibrachte. Später, im fortgeschrittenen Grundschulalter meinte einer meiner damals ebenfalls in Deutschland lebenden Onkel, dieses Interesse zieme sich für einen »türkischen« Jungen ganz und gar nicht, und er müsse das unterbinden.

Der Ernst des Lebens – Teil 1

Gibt es Kinder, die jubeln, Luftsprünge machen, wenn sie in den Kindergarten kommen? Bei mir war es mit Anfang vier soweit – und ich war sterbensunglücklich. Erst die Trennung von Oma und Opa und dann auch noch vormittags in die neue unbekannte Umgebung namens Kindergarten. In der Erinnerung tauchen Freunde auf, die später auch Klassenkameraden in der Grundschule waren.

Einmal hieß es im Kindergarten, ich hätte einem anderen Kind eine Wasserpistole gestohlen. Der Bub hatte die Spritzpistole den Vormittag über herumgezeigt, dann war sie plötzlich verschwunden. Ich wurde verdächtigt. (Noch heute weisen die Tatverdächtigen- und Verurteilten-Statistiken bei »ausländischen« Tätern eine besondere Diskrepanz auf.) Alle Kinder durften damals mittags nach Hause – nur ich mußte dableiben, bis ich die Pistole zurückgegeben oder gefunden hätte. Aber ich verstand gar nichts. Ich hatte sie nicht. Ich hatte sie nicht genommen, wie sollte ich sie also finden, wenn ich nicht wußte, wo sie war, weil ich sie nicht genommen hatte. Alles Kafka.

Die Schwester, wie die Erzieherin damals genannt wurde, eine ältere Dame, die ihre pädagogischen Vorstellungen wahrscheinlich zwischen 1933 und 1945 entwickelt hatte, baute sich in ihrem weißen Kittel vor mir auf und sagte, ich dürfte erst dann gehen, wenn die Spritzpistole gefunden wäre – sollte heißen: wenn ich sie wieder herausgerückt hätte. Schließlich durfte auch der Junge gehen, dem die Pistole fehlte. Ich blieb mutterseelenallein mit der Schwester und dem anderen Personal zurück. Ich habe geweint, was das Zeug hielt, und mich nicht getraut, meinen Eltern zu erzählen, was passiert war. Ich dürfe nicht mehr in den Kindergarten, erklärte ich ihnen. Ich hätte ein Kindergartenverbot. Ich wollte da einfach nicht mehr hin.

Natürlich nahm meine Mutter mich tags drauf bei der Hand, um das Problem im Kindergarten zu klären. Das Mißverständnis war fix gelöst – die Spritzpistole hatte man ohnehin zwischenzeitlich gefunden. Es hatte sich herausgestellt, daß ich unschuldig gewesen war. Nur hielt es niemand für besonders wichtig, sich zu entschuldigen oder sich zu überlegen, was solche Vorfälle für ein vier- oder fünfjähriges Kind bedeuten können. Das Verhältnis zu dieser Schwester war fortan sehr gestört, und im Kindergarten fühlte ich mich weiterhin eher unwohl.

Dann und wann gab es Elternabende. Die Schwester wies in der Regel energisch darauf hin, wie wichtig es sei, daß die Eltern – am besten beide – kämen. Nun war ich ja derjenige, der auch in diesem Alter schon, so gut es ging, für die Eltern dolmetschte, etwa bei Arztbesuchen oder anderen Anlässen dieser Art. Die Deutschkenntnisse meiner Eltern waren eher rudimentär und meine Türkisch-Kenntnisse nicht viel besser. Alles in allem ein sprachlicher Drahtseilakt (im Fall von Arztbesuchen nicht weniger ein medizinischer). Im Alltag verstanden sie viel, aber sie sprachen so gut wie kein Deutsch. So saßen wir also eines Abends gemeinsam bei einem Elternabend: Ich war stolz, zusammen mit meinem Vater dabeizusein. Er saß da als einziger Mann zwischen zwanzig oder dreißig Müttern, die gemeinsam bastelten, die anfangs leicht irritiert zu ihm hinüberschauten – er war nicht nur der einzige Mann, sondern hatte als einziger auch noch das Kind dabei. Während die ihren natürlich alle nach dem Sandmännchen schon im Bett lagen. Mein Vater schaute mich den Abend über immer wieder mit einem Blick an, der sagte: »Auf dich werde ich noch einmal hören!« Irgendwie muß ich meinen Eltern weisgemacht haben, daß der Vater kommen sollte und daß das Kind beim Elternabend auch dabeisein mußte. Mein Vater hatte sich zwar gewundert: Ob ich mir ganz sicher wäre. Ich war standhaft geblieben: Ja, das sei so, es würden die

Väter kommen und ich müßte da auch dabeisein, weil über irgend etwas wichtiges geredet würde. Mein Vater hielt bis zum Ende tapfer durch, traute sich nicht, nach Hause zu gehen. Obwohl er nicht wußte, wie ihm geschah, was er da zwischen den bastelnden Frauen eigentlich verloren hatte. Danach scheute er verständlicherweise Elternabende wie der Teufel das Weihwasser.

Picknicks und Portugiesen

Im Kindergarten und anschließend in der Schule gab es nur wenige Kinder aus nichtdeutschen Einwandererfamilien. Bei uns in der Straße, in der Musel wie in der Langen Straße, waren es noch drei andere Einwanderer-Sprößlinge, zwei aus portugiesischen Familien: José I. und José II. Später in der Langen Straße kam Olcay hinzu, ebenfalls aus einer türkischen Familie. Er war, mit Ausnahme meiner Eltern und Verwandten, im großen und ganzen mein einziger türkischer Kontakt. Gewiß, es gab noch Caner. Aber der wohnte im »Kongo«, wie die Neubausiedlung am Stadtrand genannt wurde. Spielten wir zusammen, war unsere Sprache ein Mischmasch aus Schwäbisch und Türkisch. Auf den Schulhöfen wurde diese Form der Sprachvermischung mittlerweile zur Perfektion gebracht: »Komm sana, Lan« (»Hey, Typ komm mal her«) oder »Wie geht's misin? Gut musun?« (»Geht's dir gut oder schlecht?«) sind deutsch-türkische Sprachschöpfungen, die sicher auch die Rechtschreibreform überdauern werden.

Diese zweisprachige Kreativität herrschte damals unter uns Kindern auch während der Besuche bei befreundeten türkischen Familien. Damals besuchte man sich mit den

Kindern regelmäßig an den Wochenenden. In der Woche mußte man früh raus, da blieb man abends zu Hause. Spätestens am Samstag, manchmal auch schon Freitagabends, standen dann Besuche auf dem Programm. Einige befreundete Familien wohnten in Urach und in der Nachbarstadt Dettingen. Wir Kinder waren in etwa gleichaltrig.

An den Wochenenden ging es gemeinsam auf Ausflüge und zum Picknick. Später beschränkte sich das ein wenig auf gegenseitige Besuche zu Hause. Die gemeinsamen Ausflüge in den Stuttgarter Zoo, auf dem Fernsehturm der Landeshauptstadt oder zum Einsammeln von Äpfeln auf Streuobstwiesen waren vor allem unter uns Kindern aber viel beliebter als die langen Abende in verrauchten Wohnzimmern, wo die Eltern ja doch keine Zeit für uns hatten. Sie plauderten, tranken Tee, spielten Karten. Die Besuche dauerten oft bis in den frühen Morgen. Wir Kinder taten, was Kinder so tun: Wir spielten, sahen fern. Stellte Ede Zimmermann die ungelösten Aktenzeichen XY vor, verkrochen wir uns unter den Tisch, hielten uns aus Angst vor zuviel Grusel die Ohren und Augen zu, mochten uns den Nervenkitzel aber nicht ganz entgehen lassen und lugten zwischen den Fingern hindurch auf das Bildschirmgeschehen. Wenn es allzu furchterregend wurde, habe ich die Lippen gespitzt und gepfiffen, um mich abzulenken und um die dramatische Musik und Dialoge zu übertönen. Wurde es zu spät, ging's für den Nachwuchs bei den Freunden und Bekannten ins Bett. Ich habe viel auswärts übernachtet und andere Kinder bei uns. Diese Familien der ersten Einwanderer-Generation und deren Kinder waren mein Wochenendumgang in der frühen Kindheit. Kontakte, die mit der Zeit abbrachen. Zum Teil, weil die Eltern nach einigen Jahren in die Türkei zurückgingen; etwa dann, wenn die Kinder ins schulpflichtige Alter kamen. Zum Teil, weil man sich auseinanderlebte.

José I., das erste portugiesische Kind aus der Nachbarschaft in der Musel, das ich kennenlernte, mochte mich besonders. Als Watschenmann. War ich oben in unserer Wohnung und schaute zum Fenster raus – was eine meiner Lieblingsbeschäftigungen war – und José I. sah mich, dann winkte er mich immer zu sich herunter. Er streichelte mit einer Hand über eine seiner Wangen und deutete damit an, das auch bei mir zu tun. Was war daran interessant? Ich weiß es nicht. Jedenfalls reizte es mich immer, zu ihm vor die Tür zu gehen und einmal mehr auszuprobieren, was er wohl machen würde. Und er tat, was er eigentlich immer tat. José begann zunächst, mich mit seiner Hand zu streicheln – und anschließend setzte es eine Mordsbackpfeife. Ich rannte heulend sofort wieder in die Wohnung hinauf, erwartet von meiner Mutter, die kopfschüttelnd dastand und mich umarmte. Ihr Kommentar war weniger schmerzlindernd: »Du bist selbst schuld, bekommst doch jedesmal von ihm eine Ohrfeige, wenn du zu ihm hinuntergehst. Warum gehst du dann?« Aber es ging immer so weiter: Ich stand oben, schaute raus, er fing wieder an. Doch dann habe ich ihm hinuntergestikuliert, ich hätte seinen Trick durchschaut und wüßte genau, was er im Schilde führe. Er rief mir zum Fenster hinauf zurück, diesmal würde ich garantiert keine Ohrfeige bekommen. Er habe es sich überlegt, es würde ihm auch leid tun, und er würde mich dieses Mal nur streicheln und mit mir spielen wollen. Da habe ich lange hin und herüberlegt und bin wieder hinunter. Und dann: The same procedure as every day. Das hatte damals etwas von einer »Peanuts«-Episode, dachte ich später, als ich die Zeichentrickserie gesehen hatte.

José II. und ich begegneten uns in der ersten Klasse der Grundschule. Das heißt: Ich bekam es mit ihm zu tun. Er war das einzige andere nicht-deutsche Kind in unserer Jahrgangsstufe. Und er saß eine Reihe vor mir in der Schulbank. Oft, wenn der Lehrer sich nach vorne zur Tafel gedreht hatte, begann José allen Speichel in seinem Mund zu sammeln, und dazu noch einiges »von unten« heraufzuholen. War alles beisammen, folgten einige unangenehme Grunzgeräusche, José II. begann zu wippen und versuchte dann, in hohem Bogen mir auf den Tisch zu spucken. Das war im Schnitt einmal am Tag der Fall. Manchmal erwischte er nur meinen Tisch, manchmal meinen Schuh, manchmal ging's auch auf die Pfoten. Man kann sich leicht vorstellen, wie unangenehm das war. Vor allem, wenn ich es im Schulheft hatte, das ich dann natürlich nicht mehr anfassen wollte. Unser Klassenlehrer hat das nie registriert. Und es war mein größter Horror, daß José II. mir wieder ins Heft spuckte. Was konnte ich machen? Nichts. Denn er war stärker. Und spucken war eben damals »in«. Es waren die furchtbarsten Erlebnisse, wenn jemand in meine Mütze spuckte, die ich manchmal aufsetzen mußte, oder wenn gleich das Gesicht als Zielscheibe ausgesucht wurde.

Das türkisch-portugiesische Verhältnis blieb von diesen Erfahrungen allerdings ungetrübt.

Geburtstag
und »ein kleiner chirurgischer Eingriff«

Jahrelang wußte ich nicht präzise, wie alt ich war. In der Türkei wird anders gezählt. Der Tag der Geburt ist der erste Geburtstag; es werden nicht die Lebensjahre angegeben. Anläßlich meines siebten Geburtstages gab es darüber in der Schule eine kleine Auseinandersetzung. Die Lehrerin fragte: »Wie alt wirst du denn?« Ich sagte acht. Das hatten mir meine Eltern schließlich so gesagt, mir noch am Morgen zum achten Geburtstag gratuliert. »Das kann nicht sein«, antwortete die Lehrerin. »Du bist doch 1965 geboren, also wirst du sieben.« »Nein, nein, meine Mama hat gesagt acht!« So ging ich verwirrt und mit Tränen in den Augen nach Hause: »Mama, die Lehrerin hat gesagt, du wüßtest nicht, wie alt ich bin.« Das sei ja noch schöner, antwortete meine Mutter: »Ich habe dich zur Welt gebracht. Da werde ich ja wohl wissen, wie alt du bist.«

Im zarten Alter von sieben Jahren kam die Weihe der Beschneidung über mich und Olcay, den türkischen Jungen aus der Nachbarschaft. Ein Tag, den ich so schnell nicht vergessen sollte. Daß wir unters Messer kamen, war ein Großereignis auch für die anderen Kinder aus der Straße. Alle wollten wissen, was genau da geschehen war: Wieviel wurde entfernt, und was war noch übrig, und wie ging das Ganze über die Bühne? Olcay und ich prahlten, wir hätten trotz übermenschlicher Schmerzen natürlich nicht geweint, ja nicht einmal mit der Wimper gezuckt. Das stimmte natürlich nur zum Teil.

In der Uracher Turn- und Festhalle lagen wir – es mögen acht oder zehn Kinder gewesen sein – Bett an Bett aufgereiht, bereit zum »kleinen chirurgischen Eingriff«. Der Arzt und seine junge Assistentin erklärten uns, daß wir nach der Betäubung der Reihe nach beschnitten werden würden. Nur für den Fall, daß die Wunde blute, müßte genäht werden. Als Ältester kam ich auch als erster unters Messer und durfte während des Rituals nicht weinen, um die Kandidaten nach mir nicht zu verängstigen. Ich erinnere mich noch genau, wie ich in meinem Bett lag und das Treiben um mich herum beobachtete. Musiker spielten Stück um Stück, einige Gäste begannen zu tanzen, ich bekam (Geld-)Geschenke ans Bett gebracht. Immer wieder blickte ich heimlich unter die Bettdecke und sah, wie der rote Fleck immer größer und größer wurde. Auf interessierte Fragen meiner Eltern und der umstehenden Gäste erklärte ich mit gefaßter

Stimme, alles sei prächtig. Die Angst vor dem Einsatz von Nadel und Faden wuchs. Schließlich kam der freundliche Arzt, riß die Decke beiseite, sah die Wunde und erklärte, jetzt müßte eben kurz mal genäht werden. Nun schaffte es mein »Kirve« (vergleichbar einem Patenonkel), auf dessen Schoß ich während der Beschneidung gesessen hatte, nicht mehr allein, mich festzuhalten. Ich schrie wie am Spieß und wollte mich losreißen, während mein wertvollstes Körperteil mit Nadel und Faden abgedichtet wurde. Den tieferen Sinn der Sache konnten Olcay und ich unseren Freunden aus der Straße nicht so ganz vermitteln – es sei eben hygienischer ohne, beschieden wir sie. So hatten es uns unsere Eltern erklärt.

Ich hätte nie geglaubt, daß ich viele Jahre später erneut mit dem Thema Beschneidung konfrontiert werden würde. Ende 1996 wurde ich »Kirve« einer alevitischen Familie aus Ludwigsburg. Bei Çağdaş Direniş Eroğlu haben wir allerdings mit den Eltern gemeinsam darauf geachtet, daß der Eingriff wesentlich schonender und humaner von statten ging. Nach wenigen Stunden durfte er das Krankenhaus bereits wieder verlassen. Im Gegensatz zu meiner Massenbeschneidung entschieden wir uns in seinem Fall auch zu einem Beschneidungsfest nach dem medizinischen Eingriff, so daß der Junge auch etwas vom Fest hatte, das schließlich zu seinen Ehren stattfand.

Mit der Steinschleuder
ins Herz der Straßen-Clique

Der Wohnungswechsel aus der Musel in die Lange Straße in der Innenstadt war zwar im Prinzip nur ein Katzensprung gewesen. Nicht mehr als ein paar Straßen weit. Aber für einen Stepke im Alter von sechs Jahren, für den eine Wanderung zum nächsten Wohnblock noch eine Weltreise sein kann, eine echte Herausforderung. Da waren die neuen Nachbarskinder, die Geschwister Marit und Stephan, Klaus, Frank, Lutz, Wolfang und Peter. Später kam Olcay hinzu, der ebenso wie ich kaum Türkisch sprach. Sie spielten alle im Hof nebenan. Wie konnte ich Kontakt aufnehmen, ihre Aufmerksamkeit gewinnen? Anfangs zogen sie mich auf, den »Neuen« in der Straße. Mir fiel schließlich nichts Galanteres ein, als mit einer Steinschleuder auf sie zu schießen, damit sie mich endlich anerkennen würden. Dieser Einstand ging glücklicherweise nicht ins Auge. Er ging knapp vorbei – und zwar gegen das Schaufenster des Raumausstattergeschäfts nebenan, das den Eltern von Marit und Stephan gehörte. Viel mehr als einen Kratzer verursachte der Schuß nicht. Trotzdem machten die beiden Geschwister mir höllische Angst. Ich müßte die Scheibe bezahlen, das koste mindestens tausend Mark. Wenn nicht mehr! Ein solcher Haufen Geld überstieg meine Vorstellungskraft. Für zehn Pfennig konnten wir uns im Tante-Emma-Laden am Ende der Straße schließlich mit fünf Mini-Lutschern eindecken. Und womöglich müßte ich sogar ins Gefängnis. Fortan war ich erpreßbar: »Wir können es ja immer noch deinen Eltern sagen.« Die Aktion gelang rundum: Außer dem Kratzer in der Fensterscheibe setzte es für mich auch postwendend Straßenkeile. Aber ich war danach Mitglied der Clique. Der Neue mit der Steinschleuder mußte eingebunden werden. Wer weiß, wohin der sonst das nächste Mal schießt!? Also mitmachen lassen, sonst würde es gefährlich bleiben. Ein merkwürdiger Einstand.

Wir verbrachten die meiste freie Zeit zusammen. Es wurden Holzschiffe gebastelt, die wir an Schnüren festgebunden auf der Erms schwimmen ließen, oder paddelten in Schlauchbooten auf unserem Uracher Flüßchen. Wir unternahmen Touren in die nahe Umgebung und die umliegenden Wälder, hatten eine Straßenfußballmannschaft, veranstalteten Ritterkämpfe auf dem Fahrrad, und, und, und: Unser Spielzimmer war die Straße. Wir machten, was Kinder und Jugendliche im Alter zwischen 6 bis 12, 13 Jahre eben so treiben. Später hörten wir die gleiche Musik: Bay City Rollers oder Smokie, ein bißchen The Sweet, schließlich abgelöst von Manfred Manns Earth Band, The Who und später BAP – kein Konzert der Kölner in unserer Nähe ließen wir aus. Auch die legendäre schwäbische Kultgruppe Schwoißfuaß schlug für uns die richtigen Töne an. Billard-Queues lösten die Darts-Pfeile ab.

Nach Hause in unsere Wohnung zog es mich nach dem Unterricht bereits während der Grundschulzeit nie so recht. Zwar haben sich meine Eltern immer noch eine Tochter gewünscht. Aber ich blieb Einzelkind, und da war es, solange die Eltern »auf Arbeit« waren, öde in der Wohnung. Cem allein zu Haus: Das gab es so gut wie nie. War ich zu Hause, dann mindestens zusammen mit meinem Freund Stephan. Unsere Lieblingsbeschäftigung: Cowboy- und Indianer spielen. Da träumten wir uns gemeinsam in die Welt von Chingachcook und seinem weißen Freund Falkenauge, jenen Kosmos der Pioniere und Entdecker, den uns das Wild-West-Märchen ›Lederstrumpf‹ vermittelte. Wir versanken so tief in unserer Fantasiewelt, daß der Diebstahl der Özdemirschen Kronjuwelen mehr oder weniger unter unseren Augen geschehen konnte. Meine Mutter war für einen Einkauf kurz aus dem Haus gegangen, und Stephan und ich bemerkten nicht, daß im Stockwerk unter uns die Schmuckschatulle meiner Mutter ausgeräumt wurde. Wir waren eben gerade irgendwo in der Neuen Welt unterwegs, mit den Delawaren an den großen Seen auf Entdeckertour.

Marit wurde die »Abla« in meinem Leben, wie im Türkischen die »große Schwester« genannt wird. Sie war für mich als Einzelkind die Ersatz-Schwester, die ich bewunderte und auch ein bißchen anhimmelte. Daß wir unterschiedlichen Geschlechtern angehörten, haben wir dabei gar nicht mitbekommen. Deshalb war es für mich auch völlig unverständlich, als Marit mit einem Mal nicht mehr mit uns Fußball spielen sollte. Für Mädchen in ihrem Alter gehörte sich das nicht mehr, meinte ihre Mutter.

Unsere Straßenclique zog mich gern über den Tisch. Irgendwann bekam Klaus einen Super-8-Filmprojektor geschenkt. Seiner Familie ging es wirtschaftlich etwas besser, unser Kumpel hatte zu den Festen im Vergleich zu uns anderen im Freundeskreis immer die dicksten Pakete auf dem Gabentisch. Nachdem er also den Projektor bekommen hatte, gab's regelmäßig Filmnachmittage. Er lud uns zu Indianerfilmen oder Luis de Funès-Komödien ein. Mich ärgerten sie mit heuchlerischer Fürsorge: Ich dürfe bestimmte Filme nicht sehen, denn ich sei zu jung. Die Streifen seien nicht ganz jugendfrei. Aber es waren nur irgendwelche ganz harmlosen Streifen – was sie mir natürlich nicht sagten. Der Ausschluß machte mich natürlich über die Maßen neugierig. Was mochte denn an diesem oder jenem Film so besonders sein? Schließlich machten sie aus, es müsse Eintritt bezahlt werden, um zur Finanzierung der Filmnachmittage beizutragen. 50 Pfennige kostete eine Vorstellung. Ich habe sie regelmäßig zusammengekratzt. Bis ich herausfand, daß ich der einzige war, der bezahlen mußte. Für die anderen galt freier Eintritt. Später durfte ich mir den Eintritt verdienen: Die Freunde entdeckten das Spiel mit kleinen Segelflugzeugen, die wir auf der Albhochfläche starten ließen. Wenn sich eines in den Bäumen verfing, durfte ich es für fünf Pfennige bergen!

Der Besitzer unseres Lange-Straße-Kinderkinos hatte sich von seinem Vater unter anderem eine riesige Kriegslandschaft voller Soldaten hinstellen lassen, mit kleinen Panzern und allem, was zum Kriegspielen nötig war. Das Geschehen auf dem Schlachtfeld bestimmen zu dürfen, gehörte zur größten Gaudi für uns. Allerdings war vorher immer schon ausgemacht, wer die bessere Ausrüstung hatte, wer gewinnt und wer verliert. Natürlich gehörte ich zu der Seite, die die Türken vertreten durfte. Das Ganze erinnerte ein wenig an die Endphase des Osmanischen Reiches, denn wir verloren komischerweise immer.

Die Umgangsformen waren herzlich, aber hart. Als ein guter Freund einmal stocksauer auf mich war, nachdem ich ihn bis aufs Blut gereizt hatte, dachte er sich die ultimative, andere Art der Strafe aus. Er hebelte mich auf den Boden und drehte sich flink mit dem Gesäß über mein Gesicht – und er ließ einen fahren. An den Ohren ziehen, an der Nase drehen, eine Kopfnuß austeilen, Muskelreiten, das waren die üblichen disziplinarischen Maßnahmen. Ich war etwas schmächtig, schmal und schmalbrüstig, dafür aber zum Glück ganz fix zu Fuß. Mir blieb in solchen Fällen also nur die Flucht.

Im Laufe der Jahre wurden Gags und Techniken natürlich verfeinert. Wir waren 15, 16 Jahre alt, als wir entdeckten, wie sich die Post einbeziehen ließ. Wir beglückten uns fortan gegenseitig mit einer Art Fanpost. Für Marit, alles andere als eine Frau mit typischen Hausfrauen-Interessen, orderten wir Informationen vom Deutschen Hausfrauenbund. Stephan, der zunächst zur Bundeswehr gegangen war, dann aber nachträglich verweigern und Zivildienst machen wollte, bekam plötzlich immer wieder Post von der Luftwaffe. Ihn machte das fix und fertig. Einem Freund, der ebenfalls eine Beamtenlaufbahn eingeschlagen hatte und die Verwaltungsfachschule besuchte, bestellte ich in der Epoche der Berufsverbote für Kommunisten im Staatsdienst die ›Rote Fahne‹ als Probe-Abo, die ihm ins Wohnheim der Beamten-Schule zugestellt wurde. Natürlich beglückten wir uns gegenseitig auch mit den obligatorischen, nicht ganz stubenreinen Bestellungen. Beate-Uhse-Kataloge standen auf der gegenseitigen Bestelliste. Das Schwierige war, aus diesem Verteiler wieder herauszukommen, bevor die Eltern auf diese anrüchige Post stießen.

Robert, den ich einige Jahre später als die anderen Freunde kennengelernt hatte – unter anderem war er damals aktiver Grüner –, bekam plötzlich Informationen von der »Marxistischen Gruppe«. Über sie hatte ich gehört, daß sie wohl die verrückteste Gruppe der Verrückten sei. Ich nahm deren Prospekte und Infoblätter, spannte ein Blatt weißes Papier in meine Schreibmaschine und tippte los: »Lieber Genosse Robbie, wir freuen uns über Dein Interesse bei uns mitzumachen, und wir freuen uns auf Deine ersten Taten. Wie unser großer Genosse Lenin ja schon sagte, es gibt noch viele kapitalistische Brücken und mindestens genauso viel Dynamit, diese zu sprengen.« Ich wußte nicht, ob Lenin so etwas jemals gesagt hatte. Jedenfalls waren das meine bescheidenen Kenntnisse des Marxismus-Leninismus. Ich wußte, daß es einen Lenin gegeben hatte, und ich wußte, daß es Kapitalismus gab und daß Brücken dazu geschaffen waren, daß sie gesprengt würden. Ihre strategische Bedeutung kannte man schließlich aus Western und Kriegsfilmen. Der Brief endete mit dem Satz, wir würden uns ja demnächst zu unserer ersten Übergabe von Informationen treffen. Das Ganze signiert mit einer unleserlichen Unterschrift, selbstgemaltem Hammer und Sichel, zierten das Anschreiben quasi als Briefkopf – so, wie ich mir die Korrespondenz konspirativer Gruppen eben vorstellte. Als ich das Infopaket bei ihm in den Briefkasten warf, war ich mir eigentlich sicher, daß Robert das Spielchen durchschauen würde. Aber Robbie war voll getroffen. Er zitterte, als er uns von seiner Post erzählte, er war fix und fertig. Er wandte sich an Stephan und mich, erzählte, daß die verrückteste Gruppe Deutschlands sich an ihn gewandt hätte. Er wisse auch nicht, wie die auf ihn gekommen seien. Auf jeden Fall könnte ihm das ja alles vermasseln, wenn die Marxisten jetzt Verbindung aufnehmen würden. Er hätte auch keine Lust, Brücken zu sprengen. Er wolle mit denen nichts zu tun haben, und er habe sich schon den Kopf darüber zerbrochen, wie er aus der Gruppe wieder aussteigen könne, in die er nie eingestiegen war.

Einmal wurde dieses Spiel für mich richtig bitter. Bei einem Freund hatte ich es mir mit einer unserer Überraschungen richtig verscherzt. Er hatte einen Katalog über Balkonverkleidungen und Kellertüren empfangen, und der Vertreterbesuch war bereits angekündigt. Er drohte mir, vor das Haus meiner Eltern eine Fertiggarage setzen zu lassen. Wie hätte ich das meinen Eltern erklären sollen, wenn auf einmal mitten auf der Straße eine Fertiggarage stünde, bestellt auf unseren Namen? Daß auf Bestellung von Unbekannten LKW-Ladungen Sand in eine Einfahrt geschüttet oder die Bepflanzung aus dem Garten gerupft wurde, so etwas hatten wir gerüchteweise immer mal wieder gehört. Warum sollte also nicht auch eine Fertiggarage drin sein? Aber wir bekamen natürlich keinen Unterstand ins Haus geliefert.

Wenngleich sich manche unserer Aktionen hart an der Grenze bewegten, haben sie nie zu echten Zerwürfnissen geführt. Sie waren eher Ausdruck echter Verbundenheit. Und die Freundschaft mit Marit und Stephan war – und blieb – seit unserem Einzug in der Langen Straße ohnehin immer die intensivste. Auch wenn sich unsere Schulwege schließlich trennten, weil die beiden aufs Gymnasium gingen und ich mich auf die Hauptschule verbannt fühlte.

Der Ernst des Lebens – Teil 2

Schon die allererste Schulstunde hatte prima begonnen. Das Warum habe ich verdrängt, vielleicht ist das auch besser so. Ich mußte sie nämlich auf einem Bein stehend mit dem Gesicht zur Ecke verbringen. Es war ein sehr prägendes Erlebnis. Schon ab dem Zeitpunkt wußte ich: Die Schule ist irgendwie nicht für dich gemacht, da mußt du schauen, daß du das einigermaßen heil überstehst.

In der Schule waren die Feste der »Gastarbeiter«, für die sich die deutschen Kinder durchaus interessierten, natürlich nur am Rande ein Thema, aber unsere Lehrerin war in jeder Hinsicht auf dem neuesten Stand der pädagogischen Diskussion. Gruppen wurden nach Leistungsstufen eingeteilt und bekamen Tiernamen. Krokodil war die unbeliebteste Gruppe, die Gruppe der Outlaws, der angeblichen Nichtskönner. Sie waren die Looser, die immer die schlechtesten Arbeiten schrieben, und zufälligerweise stammten sie allesamt aus vermeintlich sozial »auffälligen« Familien. Ich war natürlich auch ein Krokodil. Und obwohl die Lehrerin das Gegenteil behauptete, war völlig klar: der Wechsel von einer Tiergruppe zur nächsten, ein Aufstieg für uns Krokodile also, war im Grunde ausgeschlossen.

Bereits in der ersten Klasse sollte ich sitzenbleiben. Die Lehrerin sagte zu meiner Mutter: »Beim Cem ist es ja eh egal, ob der sitzenbleibt oder nicht. Den werden sie ja wahrscheinlich eh in die Türkei zurückschicken.« Meine Mutter war fix und fertig. Ein Glück, daß Ralf, der Ehemann unserer Hausbesitzerin Doris, die gemeinsam in der Langen Straße über uns wohnten, Lehramtsanwärter war. Geprägt von der 68er-Bewegung und der Reformpädagogik, wollte er ein ganz anderer Lehrer sein. Er ging empört mit mir zusammen in die Schule und setzte durch, daß ich in die zweite Klasse versetzt wurde.

War schon der Wunsch, in die nächste Klasse versetzt zu werden, offenbar nicht ganz von dieser Welt, war später der Schulwechsel über die Hauptschule hinaus eine Vorstellung wie die Sehnsucht nach einem Leben jenseits der Begrenzung durch Raum und Zeit, ohne die physikalischen Zwänge der Relativitätstheorie. Irgendwann im Laufe des vierten Schuljahres wurden wir gefragt, auf welche weiterführende Schule wir denn gehen wollten. Und ich habe nicht gestreckt, als die Hauptschule genannt wurde. Ich habe auch nicht gestreckt, als die Realschule genannt wurde. Denn ich hatte mich nicht angesprochen gefühlt. Dann brach der Lehrer plötzlich in tosendes Gelächter aus. Und die Klasse mit ihm. Alles lag beinah flach vor Lachen. Ich hatte, als nach dem Gymnasium gefragt wurde, mit denen gestreckt, die aufs Gymnasium gehen wollten. Ich habe bis heute noch nicht so ganz verstanden, was daran so komisch war, daß ich ins Gymnasium wollte. Zu wollen, was gut ist, konnte wohl nicht zum Totlachen sein – die vermeintlich objektive Realität des Notendurchschnitts einmal beiseite gelassen. Und schließlich gingen doch auch meine besten Freunde, die Kinder aus der Nachbarschaft, auf die Oberschule!

Was die schulischen Leistungen betraf, war mein Problem über viele Jahre hinweg meine miserable Orthografie. Ich sprach fließend akzentfreies Deutsch, und Schwäbisch allemal. Aber schreiben! Meine Standardnote in der Grundschule war fünf oder sechs. Im Diktat oder im Aufsatz ging es immer darum: War José, mein besagter portugiesischer Kollege und Meister im Spucken, oder ich die Niete. Wir waren die Rekordhalter. Und unser Lehrer in der 3. und 4. Klasse verfolgte einen sehr ausgefeilten motivierenden Ansatz. Die »Einser«-Klassenarbeiten lagen beim Austeilen der Arbeiten ganz oben, die »Sechser« ganz unten. Und er fing von oben an zu verteilen, mit Lob nicht sparend. Als es dann ganz nach unten ging, schauten José und ich uns immer an, die Klasse hat immer mehr oder weniger mitgewettet, wer diesmal wohl »ganz unten« wäre, José oder Cem. In der Hälfte der Fälle müßte ich gewonnen haben – und bekam als Schlußlicht die »Rote Laterne«.

Die Fehlerzahl lag nicht unter vierzig. 40, 50, 60 Fehler pro Diktat, pro Aufsatz, das war die Regel. Meine besten Fächer waren Musik und Religion, alle anderen in etwa gleich schlecht. Hausaufgaben habe ich, weil ich keine Lust dazu hatte, so gut wie nie gemacht, sondern immer versucht, morgens abzuschreiben. Natürlich fragte meine Mutter nach den Hausaufgaben. Die Standard-Antwort: »Ich bin schon fertig. Ich habe keine mehr.« Meine Eltern konnten an diesem Zustand nicht allzuviel ändern. Wo andere Eltern helfen konnten, waren ihnen mangels Sprachkenntnissen die Hände gebunden. Und mit der Familie am Schlachthof, die mich nach der Quasi-Adoption in den ersten Kindertagen durch Oma und Opa einige Jahre in ihre Obhut nehmen sollte, habe ich mich auch in dieser Beziehung nicht verstanden. Nachdem es einige Male Prügel gesetzt hatte, konnte ich mich, noch während der Grundschulzeit, mit meinen Eltern einigen, in Zukunft allein zu Haus zu bleiben. Mein Vater, der eine Stunde nach meiner Mutter erst um sieben Uhr morgens bei der Arbeit sein mußte, weckte mich und machte das Frühstück. Das klappte eine Weile. Doch eines Morgens stieg ich zurück ins Bett, und die Disziplin war nach dieser süßen Erfahrung dahin. Ich habe regelmäßig verschlafen, kam wahnsinnig oft zu spät oder habe, um nicht zu spät zu sein, oft nicht gefrühstückt. Eines von beiden war der Normalzustand. – Mit diesem Problem kämpfe ich noch heute. Hermann, ein Spielkamerad und Mitschüler während der Grundschuljahre, war beim Pannendienst in Sachen Hausaufgaben immer sehr zuvorkommend. Er ließ mich fleißig abschreiben. Sonst wären Vorbereitung und Lernen gleich null gewesen. Später zogen meine Eltern die Notbremse: Ich bekam mit Eintritt in die 5. Klasse der Hauptschule Deutsch-Nachhilfeunterricht.

Die Hauptschule war mir ein Graus. Von Wohlfühlen konnte keine Rede sein. Es ging oft ziemlich heftig zu. Wir hatten einen Klassenkameraden unter uns, der war *der* Outlaw. Er wurde fortwährend übel rangenommen. Mein Ansinnen bestand darin, möglichst wenig aufzufallen, nicht so sehr im Mittelpunkt der Aufmerksamkeit zu stehen wie er, der sämtliche Häme abbekam. Es passierte ein Glücksfall. In meiner fünften Hauptschulklasse saß auch ein türkischer Freund aus frühen Kindertagen, Caner. Wir hatten uns kennengelernt, weil unsere Eltern befreundet waren. Damals hatte er viel Freude daran gezeigt, mein Spielzeug kaputt zu machen. Ich war immer kleiner und schwächer, er immer größer und kräftiger gebaut. So segnete meine erste Eisenbahn das Zeitliche. Die Rollen waren also recht eindeutig verteilt. Immer wenn er kam, habe ich meine besten Spielsachen möglichst weit weg geräumt. In der Hauptschule schicksalhaft wieder zusammengeführt, entwickelte er sich zu meinem Schutzpatron. Wenn irgend jemand einmal wieder daranging, mich zu verhauen, mußte ich nur Caner rufen. Ich lebte in Sicherheit. Das war durch einen kleinen Test bewiesen. Ich hatte es auf Ärger angelegt – trotzdem machte er meine Gegner dermaßen frisch, daß sie danach nur noch in den höchsten Tönen von mir sprachen.

Anderen ging es nicht ganz so gut. Unseren Outlaw zog die Klassengang in der Pause einmal bis auf die Unterhose aus. Dann wurde er vor die Schultüre gesperrt. Und als die Lehrerin kam, war er es, der wegen ungebührlichen Verhaltens einen Eintrag ins Klassenbuch kassierte.

Ein Sportlehrer, der uns auch zuvor auf der Grundschule schon auf den Leib gerückt war, durfte sich auf der Hauptschule weiterhin an uns auslassen. Wer seine Turnschuhe vergessen hatte, den zog er gern mal an den Haaren oder schleuderte ihn in die Ecke. Manchmal verwechselte er

Schüler mit Handbällen. Mein Verhältnis zu diesem Pädagogen war also recht gespalten. Ich war mir lange Zeit nicht sicher, ob Lehrer nicht die Steigerung von leer war.

Trotz allem oder gerade wegen dieser merkwürdigen Umstände geschah im Lauf des Jahres auf der Hauptschule leistungsmäßig die Wandlung vom Saulus zum Paulus. Ich durfte gemeinsam mit meinen beiden Freunden Peter und Hartmut von der Hauptschule auf die Realschule wechseln, mußte aber die fünfte Klasse wiederholen. Doch es war offenbar unmöglich, einmal nicht auf mindestens einen Vertreter spätwilhelminischer Erziehungsmethoden zu treffen, der seinen Unterricht als eine Art Stahlgewitter inszenierte. Unser Fachmann für Erdkunde war unter anderem Spezialist, was Umgangsformen betraf. Bis auf wenige Ausnahmen hatte ich das Glück, bei ihm einigermaßen wohlgelitten zu sein und nur bisweilen Ärger zu bekommen.

Als geographiekompatible pädagogische Strafexpedition erlaubte sich dieser Mann fürs Grobe etwa, einem armen Sünder zwecks Bestrafung die Alternative zu eröffnen: Wie hättest du es gerne? Entweder ein Schlag auf den Kopf oder ein Eintrag ins Klassenbuch. Die gesamte Klasse lachte. Wir nahmen das nicht ernst. Es ging zunächst weiter im Diktat, das als eine Art Steno-Übung am treffendsten beschrieben ist. Er diktierte in einem Tempo, das es so gut wie unmöglich machte, mitzukommen. Das hatte Folgen. In irrem Tempo über das Papier zu fegen, machte den Aufschrieb unbrauchbar unleserlich. Und gerade auf schöne Schrift legte er Wert. Alle schrieben also, die Frage der Bestrafung war so schnell vergessen, wie das Diktat voranging. Während der Erdkundelehrer durch die Tischreihen schritt, gab es plötzlich einen Mordsschlag. Alle schauten nach vorne. Und sahen, wie der Schüler, der vor die Strafwahl gestellt worden war, mit dem Kopf auf dem Tisch lag und flennte. Die Lehrkraft meinte nur lapidar: »Ja, du hast dich nicht mehr gemeldet, da ging ich davon aus, daß du einen Schlag auf den Kopf bevorzugst.«

Solche Geschichten waren damals durchaus normal. Dieser Lehrer suchte sich solche Schüler aus, von denen er wußte, daß er keinen Ärger mit den Eltern bekommen würde. Einen aus der Klasse, etwas korpulenter gebaut, nannte er plötzlich »Fetti«. Von da an hieß er eben für alle anderen auch »Fetti«. Einen anderen titulierte er »Entenarsch« – Peter hieß also fortan »Entenarsch«. Diese Namen wurde man kaum wieder los. Und jeder und jede, die er nicht aufs Korn genommen hatte, hat natürlich mitgelacht. Wahrscheinlich aus Erleichterung darüber, selbst nicht auf dem Kieker zu sein.

Das Geheimnis seines Erfolgs bestand darin, die anderen zum Lachen zu bringen, indem man einzelne isolierte. Nur wer dieser eine war, das war nie absehbar. Die eigentliche Aufgabe bestand darin, keinen irgendmöglichen Anlaß oder Vorwand zu liefern. Denn drohen konnte auch schon mal etwas wie eine Scheinexekution. So mußte meine Mitschülerin Doris vortreten, auf die Knie vor ihm, beide Hände ausstrecken. Er holte mit dem Lineal aus und alle dachten, jetzt gibt es einen Schlag auf die Finger. Und dann müßten die Finger ja wohl ab sein. Er zog knapp daneben. Das Lineal schlug mit einem hellen Knall auf dem Boden auf. Doris brach schier zusammen, fix und fertig. Und er freute sich diebisch über diesen Erfolg. Das waren unsere Einblicke in Geographie. Was man bei dem Herrn lernen konnte, war eines: Nämlich, wo man am besten den Mund hielt.

Meine besten Fächer auf der Realschule blieben Musik und Religion. Auch in Deutsch ging es einigermaßen voran.

Katastrophenschutz
als Herausforderung

Etwa ab dem achten Schuljahr wuchs mein Interesse für Politik. Ich wurde Klassensprecher, später Schülersprecher. Gemeinsam mit Hartmut – wir kannten uns noch von der Grundschule – waren unsere wichtigsten Aktivitäten, den Verkauf von Dritte-Welt-Waren an der Schule zu organisieren, die Schule zum Einsatz von Umweltpapier zu bewegen und eine Schülerzeitung zustandezubringen. Eines Tages tauchte Hartmut mit angeheftetem Anti-Atom-Sticker in der Schule auf. Prompt kassierte ihn der Meister für besonders fiese Entmündigungsmethoden. Der besagte Erdkundelehrer ließ eine Landkarte von Baden-Württemberg holen. Hartmut sollte drei Standorte von Atomkraftwerken darauf zeigen. Er wußte keinen und war der Lächerlichkeit preisgegeben.

Wozu gibt es Schülersprecher? Natürlich, um den geregelten Schulbetrieb zu stören, den Lehrern auf die Füße zu treten, Ungerechtigkeiten anzuprangern und um sich politische Absurditäten vorzuknöpfen, die einem in der Schule begegnen. Den ersten kräftigen Ärger mit der Schulleitung handelte ich mir ein, als der »Bundesverband für den Selbstschutz« (BVS) in Vorträgen an unserer Schule die Folgen von Atom- und Chemiewaffen auf die Kleinigkeit eines winterlichen Schneeschauers verniedlichte: Etwas unangenehm, wenn es von oben überraschend etwas dicker kommt und man ohne Schirm dasteht, aber schlimmstenfalls folgt eine Grippe, und auch die Fönfrisur läßt sich wieder richten. Das Attraktive an diesen »Selbstschutzkursen für den Katastrophenfall« für uns Schüler war der Erste-Hilfe-Schein, den es anschließend gab und der als Voraussetzung für den Führerschein wichtig war.

Es erschien ein älterer Herr vom BVS, der sich nach seinem Vortrag trotz kritischer Fragen nicht davon abbringen ließ, uns weiterhin Schwachsinn darüber zu erzählen, wie man sich auf den Atomkrieg vorbereiten oder bei einem Einsatz von Chemiewaffen schützen könne. Man solle – so wörtlich – ins Taschentuch pinkeln und das Tuch anschließend beim Einatmen vor die Nase halten. Gegen den radioaktiven Fallout wurde empfohlen, sich eine Aktentasche über den Kopf zu halten, wenn man es nicht mehr bis in ein Haus schaffe. Dergleichen gefährlich verharmlosenden Stuß ohne jeden kritischen Ton mußten wir uns in der Vor-Tschernobyl-Ära anhören.

Hartmut und ich von der Öko-Alternativfraktion der Realschule wollten dafür sorgen, daß dieser Blödsinn abgesetzt würde. Wir verlangten Kurse vom Roten Kreuz. Ich schrieb einen Leserbrief über unsere Schule an die Tageszeitung. Welch ein Affront! So etwas hatte es in der Realschule noch nicht gegeben. Der Direktor und einige Lehrer tobten. Eine Sonderversammlung der Schülermitverwaltung wurde ohne mein Zutun als Schülersprecher vom Direktor im Alleingang einberufen. Zwei Herren vom BVS durften für die Schülervertretung einen Sondervortrag halten. Der Schulleiter schaute mich dabei die ganze Zeit wutentbrannt und voller Verachtung an. Ich wurde nach allen Regeln der Kunst niedergemacht. Als ein aufmüpfiger Schnösel, der sich ein kaum noch entschuldbares Verhalten erlaubt und den guten Ruf der Schule ramponiert hat. Motto: Was so ein kleiner, altkluger, irregeleiteter Schülersprecher für Unsinn in die Welt setzt! Späte Genugtuung, daß ich Jahre später im Innenausschuß des Bundestages an der Abwicklung des BVS mitwirken durfte. Vielleicht gibt es ja doch etwas wie ausgleichende Gerechtigkeit.

Die Auseinandersetzung um den BVS wurde unser Coming out in der aktiven Schülerszene. Manche Lehrer, die sich selbst nicht getraut hatten, nickten plötzlich anerkennend und stimmten der Kritik zu. Und seit mein Interesse für Politik zunahm, beneidete ich die Jungs und Mädchen vom Gymnasium um ihre vergleichsweise privilegierte Position. Bei den Gymnasiasten gab es nicht nur mehr Aktive, auch die Schulleitung und die Lehrerschaft begleiteten ihre Aktivitäten zum Teil mit offener Sympathie. Was den Gymnasiasten um Hans-Martin ihr ›Schinderhannes‹, war uns unser ›Spickzettel‹, unsere Schülerzeitung. Das Blatt war eine einzige Katastrophe, weil wir es als politische Plattform einzusetzen versuchten. Neunzig Prozent der Texte bezogen sich auf alles andere als unsere Schule, darunter auch furchtbare Gedichte aus meiner Feder, in denen ich mich als Che-Guevara im Miniformat versuchte. Wir schrieben über so ziemlich alle Weltprobleme, über die unsere Mitschüler und Lehrer endlich »die Wahrheit« erfahren sollten. Zum Beispiel über das mittelamerikanische Nicaragua, das nach der Revolution gegen den Diktator Somoza damals für alle Linken und die, die sich dafür hielten, zum Mekka geworden war. Da spielte sich der Umsturz ab, der »Volksbefreiungskampf« unserer sandinistischen Genossen, von denen die erwachsenen linken Vordenker hier damals träumten. »Helfer-Brigaden« mit einem Commandante-Feeling fuhren zur »Aufbauhilfe« in das mittelamerikanische Land, das von den USA boykottiert wurde und deshalb um so mehr linken Beistand und Solidarität verdiente. Auch einer aus unserer Clique machte sich auf den Weg. Natürlich gab es wegen der Schülerzeitung ein paar mal Ärger mit der Schulleitung. Aber weil sie so grundschlecht war, wurde uns mit dem Theater, das sie machten, im Grunde zuviel der Ehre zuteil. Doch dabeisein war alles, die Aktionen der Gymnasiasten immer im Auge, wollten wir einfach auch etwas beisteuern.

Für meine politische Sozialisation spielte aus dem Kreis des Lehrer-Kollegiums Manfred Simader eine besondere Rolle, der eine Zeitlang mein Musik-, phasenweise auch Mathematik- und Deutschlehrer war. Eines Tages fragte er mich etwas über die »Grauen Wölfe«, eine faschistische Totschlägertruppe, die die Türkei in einen Bürgerkriegsschauplatz verwandelte und der auch in Deutschland einige nahestanden und noch immer nahestehen. Aber all das wußte ich damals nicht. Aus der türkischen Politik war mir lediglich der Name des Vorsitzenden der Republikanischen Volkspartei, Bülent Ecevit, geläufig, den meine Familie damals verehrte. So wußte Simader fortan, daß er einen Schüler mit sozialdemokratischem Hintergrund vor sich hatte. Simader war Anhänger der Friedensbewegung und ließ auch gern einmal eine kritische Bemerkung über den Mainstream in der Politik fallen. Meine Gemeinschaftskunde- und Geschichtslehrerin hingegen, repräsentierte die SPD Helmut Schmidts, die für den »Nato-Doppelbeschluß« und die Nutzung von Atomenergie stand. Im Rahmen des Gemeinschaftskundeunterrichts unternahmen wir eine Klassenfahrt nach Bonn, auch ein Gesprächstermin bei Hertha Däubler-Gmehlin, die damals bereits für die SPD im Bundestag saß, stand auf dem Programm. Die Bonner Politikerin beklagte sich über die gerade in den Bundestag gewählten Grünen, die mit quälenden Geschäftsordnungsanträgen und Endlos-Debatten den parlamentarischen Ablauf behinderten, so daß die Sitzungen sich neuerdings viel zu lang hinzögen und die Geduld der Abgeordneten über Gebühr strapaziert würde. Ketzerisch und im Nachhinein gesehen nicht besonders höflich, genehmigte ich mir einen Zwischenruf: Daß es den Abgeordneten vielleicht ganz gut täte, wenn ihnen etwas mehr Transparenz und Beschäftigung abverlangt würde. Die zwei Lehrer, die uns begleiteten, liefen ordnungsgemäß rot an. Einer prophezeite mir gar eine mögliche Karriere als Terrorist.

Das Politische ist privat

Ich hatte außer den ersten politischen Ambitionen in der Schule mit 15, 16 natürlich auch noch andere Versuchungen im Kopf: Marie-Luise, die Schwester eines meiner beiden damaligen großen Polit-Vorbilder. Hans-Martin, der der »Ermstalrebell« genannt wurde, und Marie-Luise, die meine erste Freundin wurde, waren die Kinder des Dekans. Trafen wir uns des Abends bei ihr zu Hause, klopfte ihr Vater, je später es wurde, desto häufiger, an ihre Zimmertür und wies darauf hin, wie spät es »schon« sei. Es sei wohl Zeit, ins Bett zu gehen. – Und zwar jeder in seiner Wohnung. Für sie habe ich meinen ersten Maibaum gesteckt, wie es sich nach altem schwäbischen Brauch für die Liebste gehört. Ganz einfach war es nicht, den mit viel Hingabe und reichlich Bändchen geschmückten Frühlingszweig vor ihrem Fenster anzubringen. Denn Marie-Luise wohnte mit ihren Eltern leider nicht im Erdgeschoß, sondern im 1. Stock – und außerdem in allernächster Nähe des Uracher Schlosses. Ohne meinen Freund Stephan konnte diese Tat nicht vollbracht werden: Schließlich mußte die Alarmanlage am Schloß umgangen werden, bevor in der ersten Nacht des Wonnemonats der Weg per Leiter hinauf zu ihrem Fenster frei war. Anschließend konnte ich die Nacht vor lauter Aufregung nicht schlafen. Schön war, daß Marie-Luise den nicht zu übersehenden Zweig dann auch tatsächlich so schätzte, wie ich es mir gewünscht hatte.

Meine Eltern waren von unserer Liaison anfänglich nicht begeistert. Aber sie waren auch nicht explizit gegen eine deutsche Freundin. Ihre größte Angst war, daß ich eine Freundin haben würde, die in ihren Augen »typisch deutsch« gewesen wäre. Die den Mund nicht aufkriegt und anderen Klischees dieser Art entsprechen würde. Sie wünschten sich eine, die herzlich, offen, lebenslustig wäre.

Meine größte Angst war und ist bis heute, womöglich einmal einen Hochzeitswalzer tanzen zu müssen. Ich weiß nämlich nicht, wie ich das überleben soll. Wie ein tief sitzender Komplex plagt mich die Vorstellung, beim Tanzen nichts als feinmotorische Störungen zu entwickeln. Ich bin seit jeher absolut überzeugt, nicht tanzen zu können, gerate vor lauter Streß ins Schwitzen, mir wird heiß, ich glaube über beide Ohren zu glühen, wenn ich auf eine Tanzfläche gezerrt werde. Keine Beschneidungsfeier und keine türkische Hochzeit, ohne daß der Abgeordnete Özdemir »vortanzen« muß oder gar eine spontane Ansprache halten darf. Einfach nur dabeisein und sich ungezwungen amüsieren, das geht nicht mehr.

Wie hieß das damals? Das Politische ist privat, und das Private ist politisch. Der Umweg über das Interesse an der politisch aktiven Schülerszene hatte mich zu meiner ersten »Beziehung«, zu Marie-Luise, geführt. Irgendwann während des letzten Jahres auf der Realschule lernte ich den Aktivisten Robert kennen. Der den Kontakt zu Marie-Luises Bruder, Hans-Martin, herstellte. Der wiederum war dabei, als wir uns das erste Mal trafen. Über den »Ermstalrebellen« Hans-Martin kam ich später auch zu den Grünen.

Sie waren für die meisten nur verrückte bunte Vögel. Die Berichte über sie zeigten meist Männer mit langen Haaren und ähnlich langen Bärten. Manche Frauen stillten in aller Öffentlichkeit, Männer strickten. Beides damals so wenig schicklich wie heute, im besten Fall skurril. Latzhosen und schlabbrige Strickpullover gehörten ebenso zum Standard wie ausgebeulte Birkenstock-Sandalen oder Turnschuhe. Eine Ansammlung von zotteligen Typen, die sich für Schwule und Lesben einsetzten – igitt –, und spätestens wenn auch das haarsträubendste »Argument« nicht mehr zog, waren sie am Ende nichts als Ex-Kommunisten, Rote unter einer andersfarbigen Tarnkappe.

Und die Gescholtenen antworteten: Jawoll, wir sind die, vor denen uns unsere Eltern immer gewarnt haben. Ich fühlte mich zu ihnen hingezogen, zu ihrer nichtmartialischen Variante der Rebellion. Im Alter von 14, 15 Jahren gehörten zerschlissene Jeans und Latzhosen zu unseren Lieblingsklamotten, sie waren unsere Insignien des Bruchs mit bürgerlichen Konventionen. Man trug kein Halstuch, sondern selbst eingefärbte lila oder rosa Windeln oder eines aus dem Dritte-Welt-Laden. Die Haare fielen bis auf die Schultern, und spätestens hier war die Langmut der Eltern dann doch einmal erschöpft. Sie haben sich »für mich geschämt« vor den anderen türkischen Familien, und einmal mußte eine mir ganz besonders ans Herz gewachsene Jeans dran glauben. Sie war meinem Vater entschieden zu oft geflickt.

Eines Abends lernte ich Robert in einer Kneipe kennen, weit vor der Sperrstunde, versteht sich. Ich war kaum 15 Jahre alt und meine Eltern hatten meinen abendlichen Ausgang bis 21.00 Uhr – »Spätestens, Cem!« – befristet. Mein Freund Stephan ging mit Robert auf die Oberschule und machte uns bekannt. Danach besuchte ich Robbie häufiger. Ihn, den Einzelgänger, der überall und nirgends war, bewunderten viele – ich auch. Er wirkte abgeklärt, erfahren, sympathisch, ein hagerer Typ mit dunklem Teint, dessen Erscheinung an Che Guevara und Cat Stevens erinnerte. Einige Jahre später fuhr Robbie nach Thailand. Er kam nie zurück. Seine Familie vermutete, er habe sich das Leben genommen. Durch Robert war ich Fan von Bob Marley und Cat Stevens geworden, kaufte Schallplatten meiner neuen Stars von meinem Idol Robbie. Wenngleich Robbies Kontakt zu den ersten interessierten Uracher Grünen und zum Politischen Arbeitskreis schon wieder recht locker geworden war, war er es doch, der mich in diese Kreise einführte.

Robbie erzählte bereits am Tag unserer ersten Bekanntschaft von dem Grünen Kreisverband, dessen Mitglieder sich monatlich in Reutlingen trafen. Es gäbe auch, berichtete er, einen »Politischen Arbeitskreis« in Urach, der sich mit diversen Themen beschäftigte. Zu dieser Gruppe hielt er nur locker Kontakt. Zum ersten Treffen des Arbeitskreises mußte ich mich also allein aufmachen. Die Gruppe, beinah ausnahmslos Gymnasiasten, traf sich in den Räumen des Dekanats. Eine kleine verschworene Gruppe, so erschienen sie mir. Mit großem Lampenfieber traute ich mich zu ihnen. Sie trafen sich nur abends, meist bis spät nachts, und ich mußte anfänglich, wie gesagt, um neun Uhr spätestens zu Hause sein.

Grün hinter den Ohren, grün in der Politik

Im Politischen Arbeitskreis liefen viele Fäden zusammen. Es war die eigentliche Keimzelle für meine Politisierung. Reihum wurden Referatsthemen verteilt, die auf den nächsten Treffen zu diskutieren waren. Ich bekam allerlei Broschüren. Die mußten gelesen und durchgearbeitet werden, beinah wie Hausaufgaben – aber ich hatte das Gefühl, eigenverantwortlich zu arbeiten und für mich zu lesen. Wir organisierten Verkäufe von Dritte-Welt-Waren in der Stadt; eine Sache, die ich auch in die Schule getragen habe. Standen wir mit unserem Dritte-Welt-Stand in der Stadt, reagierten viele unserer Mitbürger in Urach anfangs noch leicht konsterniert. Ging jemand aus der kleinen türkischstämmigen Community vorüber, schienen sie mich mit Blicken des Bedauerns zu mustern. Als wollten sie sagen:

»Der ist zu den Hippies übergelaufen.« Meine Eltern waren die ersten Uracher Türken, die im Dritte-Welt-Laden und im Ökoladen einkauften. Ich drängelte so lange, bis meine Mutter zum Einkauf keine Plastiktüten mehr benutzte. »Jute statt Plastik« – der Schlachtruf globaler Verantwortung. Daß diese Verantwortung auch auf den klassischen Bereich der Menschenrechte bezogen werden mußte, lernte ich in diesem Kreis. Zuvor hatte ich von den »urgent actions« von amnesty international noch nie etwas gehört. Von nun an beteiligte ich mich an diesen Brief- und Postkartenaktionen, mit denen die Menschenrechtsorganisation sich um Unterstützung politischer Gefangener bemüht, die aufgrund gewaltfreier Oppositionspolitik von Freiheitsstrafen und Folter bis hin zur Todesstrafe bedroht sind.

Angeregt durch den Arbeitskreis bemühten wir uns in der Schule auch um den Einsatz von Umweltschutzpapier. Die Alternative zum weißen Papier vorzuschlagen und einzufordern, war viel revolutionärer, als man meinen sollte. Manche Lehrer sahen Katastrophen voraus: Das Umweltpapier würde sich nach drei Wochen in Wohlgefallen auflösen, haben sie gesagt. Also durften wir es bei einigen Lehrern auch nicht verwenden. Keine Frage: Wir setzten uns natürlich ordentlich oppositionell weiter gegen die Verschwendung ein und wußten nicht recht, ob wir über die Uneinsichtigkeit mancher Leute lachen oder weinen sollten.

Im Arbeitskreis habe ich erfahren, daß es Atomkraftwerke gibt und daß es sie besser nicht geben sollte, allein schon deshalb nicht, weil uns Schwierigkeit oder Unlösbarkeit im Umgang mit Atommüll noch eine halbe Ewigkeit beschäftigen wird. Von möglichen Strahlenunfällen ganz zu schweigen; den Beinahe-GAU von Harrisburg hatte es bereits gegeben, die große Katastrophe von Tschernobyl lag noch vor uns. Mein Fünfer in Physik schreckte mich nicht ab, die Argumente gegen AKWs zu pauken, um in der Auseinandersetzung mit den Befürwortern bestehen zu können.

Gerührt wurde in vielen Töpfen. Als die Zeit der Friedensbewegung mit den vielen kleinen und einigen großen Friedensdemos gegen die Nato-Nachrüstung kam, war auch das unser Thema: Der Kampf der Widerstandsgruppen in El Salvador durfte natürlich auch nicht fehlen.

Als ich in die Gruppe kam, wurde gerade eine Umweltkarte für Urach fertiggestellt. Sie markierte die umweltpolitischen Schandtaten in unserem Tal, vom geplanten Steinbruch über einen Militärübungsplatz bis zum möglichen Atomkraftwerk in Mittelstadt. Die Präsentation der Karte wurde mein erster öffentlicher Auftritt. Ich durfte ein Kapitel vorstellen. Einige meiner Lehrer saßen im Publikum und lauschten meinen Worten über Dinge, die sich mir erst langsam erschlossen.

Unser Treiben paßte eigentlich ganz und gar zu dem, was im Sinne von Verantwortung und Gerechtigkeit für die Welt zu den Essentials von Öko-, Frauen- und Friedensbewegung gehörte, die die Grünen repräsentierten. Robbie nahm mich bald mit zu einer Versammlung der Partei. Wolf-Dieter Hasenclever, Landtagsabgeordneter aus Tübingen und der prominenteste Landesgrüne damals, war zu einer Veranstaltung nach Urach eingeladen worden. Hasenclever sprach über die damals noch kaum bekannten Ideen der Partei und von der Politik und den Erfahrungen im Landtag. Auf mich wirkte seine von jedem religiös-politischem Eifer freie Art sympathisch, ansprechend. Nach seiner Rede war klar: Bei denen wollte ich dabei sein. Ich war begeistert. Ich wurde Gründungsmitglied des Grünen Ortsverbandes von Bad Urach und in den Ortsvorstand gewählt. Das war wegen der geringen Anzahl der Aktivisten nicht besonders bemerkenswert, für mich persönlich aber dennoch ein ganz bedeutender Schritt. Einige Zeit später gehörte ich dem Kreisvorstand der Grünen im Kreis Reutlingen an. Bei uns Uracher Grünen ging es nur anfänglich einigermaßen harmonisch zu. Dann begann die Auseinandersetzung um die die Grünen lange Jahre dominierende Strömungsfrage: Realos gegen Fundis.

Die Faust in der Tasche, fand ich anfangs auch, alles müßte sich radikal ändern. Nur keine falschen Zugeständnisse und faulen Kompromisse bei der Arbeit, das zerstörerische System zu demaskieren und zu ändern. Das von den Grünen erfundene Rotationsverfahren für Abgeordnete, die nach zwei Jahren aus den Parlamenten für grüne Nachrücker ausscheiden mußten, fand ich zunächst spitze. Genauso spitze wie »imperatives Mandat« und die Forderung, das Abgeordnetengehalt – von dem ich heute lebe – auf Facharbeiterniveau zu senken! Mit stolzgeschwellter Brust durfte ich in der mündlichen Abschlußprüfung im Gemeinschaftskunde-Unterricht die Grünen Modelle zur Verhinderung des Berufspolitikers erläutern – und erhielt dafür eine Eins! Denn »Machtanhäufung« zu verhindern und den »etablierten« Parteien mit ihren »Betonstrukturen« und zementierten Hierarchien solche Alternativmodelle zu präsentieren, unsere bis ins letzte geltende »Basisdemokratie« dagegen zu setzen, das war doch eine ehrenwerte Angelegenheit! Auf dem ersten Landesparteitag, den ich besuchte, habe ich bei einer Abstimmung für die Rotation gestimmt – Asche auf mein Haupt.

Weil er die Rotation für völlig falsch hielt, ging der Stuttgarter Rezzo Schlauch direkt nach der Abstimmung ans Mikrofon. Und er gab seinen Verzicht auf die Kandidatur für den Bundestag bekannt. Diese konsequente Haltung eines Realos nährte bei mir erste Zweifel an der Richtigkeit der Idee, daß alle prinzipiell austauschbar sind. Aber es brauchte diese Erfahrung, damit ich seine Argumentation nachvollziehen konnte: Wie sollte man professionell gegen die Profis von der Konkurrenz bestehen, wenn man nach der Lehrzeit im parlamentarischen Geschäft, der Hälfte der

Wahlperiode, schon wieder aus dem Verkehr gezogen wurde? Diese Argumente der Rotationsgegner haben mich schließlich überzeugt.

Sich mehr und mehr als Reformer zu sehen war bei den Uracher Grünen ein hartes Brot. Sie waren in ihrer Mehrheit Fundis, die die Grünen am Rande der Gesellschaft sahen. Für kleinstädtische Verhältnisse mochte das überraschen, wo man von großstädtischen und studentischen Theoriezirkeln relativ abgeschieden lebte und lebt. Für mich wurden Aktive wie die Landtagsabgeordneten Fritz Kuhn und Winfried Kretschmann zu Fixpunkten und Orientierungsmarken und schließlich auch zu guten Freunden.

Zu den ersten Höhepunkten meiner politischen Laufbahn gehörte die Kandidatur bei den Gemeinderats- und Kreistagswahlen. Damals galt bei uns in Urach die Frauenquote noch nicht. Unsere einzige Kandidatin stand nicht an erster Stelle, sie kam auf Platz 5. Auf dem Stimmzettel zur Kreistagswahl im Oktober 1984 mit unseren acht Grünen Kandidaten stand ich als Mitglied des Uracher Ortsverbandes ganz oben. Auf der Liste für den Gemeinderat war ich auf Platz 4 nominiert. Für den Einzug in den Kreistag oder den Gemeinderat reichte unser Wahlergebnis nicht.

Aber für mich war diese Kandidatur trotzdem eine ganz besondere Sache: Im ersten Jahr meiner neuen Staatsbürgerschaft durfte ich also nicht nur wählen, sondern auch selbst kandidieren. Neben der Umgehung des Wehrdienstes in der Türkei war das der Grund gewesen, einige Energie in meine Einbürgerung zu investieren, was damals bitter nötig war: bei der Einbürgerungsbehörde in Urach und Reutlingen, gegenüber dem türkischen Konsulat für die notwendige Ausbürgerung und gegenüber meinen Eltern, denen bei meinem Vorhaben anfangs gar nicht wohl war.

Mein langer Marsch gegen die Institutionen oder: Wie ich Deutscher wurde

Über die Türkei wußte ich nicht viel mehr, als daß die Anreise mit dem Auto knappe drei Tage und Nächte dauerte. Um den 16. Geburtstag herum dämmerte mir allmählich, was ich einige Zeit noch verdrängte, was aber dann zur bedrückenden Gewißheit wurde: Es drohte der türkische Militärdienst. Mit meinem türkischen Paß war ich wehrpflichtig – in der Türkei. Ich wollte so ziemlich überall hin, nur dahin nicht. Es gab und gibt in der Türkei keine Möglichkeit, den Wehrdienst zu verweigern. Und mit einem besonderen Ernährungsplan würde man in der türkischen Armee auf mein Vegetariertum gewiß auch keine Rücksicht nehmen. Die Konsulate verschicken (bis heute) für türkische Staatsangehörige die Einberufungsbescheide, und die im Ausland erscheinende türkische Presse veröffentlicht in regelmäßigen Abständen die Bulletins der Armee, in denen jahrgangs- und quartalsweise zur Einberufung befohlen wird.

Es ging mir aber nicht nur um die Wehrpflicht. Ich wollte als aktiver Umweltschützer und Grüner natürlich auch gerne wählen gehen, sobald ich volljährig würde. Abgesehen davon, daß es schon mehr als merkwürdig war, im Luftkurort Urach auf der Schwäbischen Alb geboren zu sein und aufzuwachsen, aber weiterhin einen »anderen« Paß zu haben: Vom Laternenfest am Martinstag bis zu Weihnachtsbaum und Osterhasen oder der Freizeit im evangelischen Jugendwerk unterschied mich nichts von den Biografien meiner »echt deutschen« Freunde. Keinen deutschen Paß zu haben schien mir absurd – daß ich ihn extra beantragen mußte, nicht minder.

Für meine politischen Aktivitäten hatte meine Staatsangehörigkeit gravierende Folgen. Wenn wir Friedensdemos gegen die Stationierung von Raketen, die Nachrüstung von

Atomraketen gegen die Sowjetunion, organisierten, durfte ich nicht richtig mitmachen. Wenn wir uns zu Sitzblockaden vor einem Raketendepot auf der Schwäbischen Alb in Großengstingen aufmachten, durfte ich zwar mitfahren. Aber spätestens vor Ort brach regelmäßig der große Streit darüber aus, wie weit ich mitgehen durfte. Ich wollte mitblockieren, meine Freundin und alle Freunde erklärten mich deshalb schlicht für blöd. Ich solle das lassen, mich nicht auf die Straße setzen, weil ich damit meine Einbürgerung gefährden könnte.

Denn es war damals wie heute keine Rede von einem Geburtsrecht auf Einbürgerung für einen wie mich, auch wenn man bereits das fünfte Mal im Herzen der Schwäbischen Alb wiedergeboren worden wäre. Wer als Einwanderer oder deren Kind anders als beim Straßenkehren auffiel, konnte sich den Good-Will der Beamten bei der »Ermessensentscheidung« über das Ja zur Einbürgerung bös verscherzen. Und die Militärpolitik, die Nato-Raketen, waren nicht nur eine Frage der nationalen Sicherheit, sondern galten als eine Entscheidung über den Weltfrieden. Ich war stocksauer, immer danebenstehen zu müssen. Nur so dabeisein vor dem Raketensilo genügte mir nicht.

Meine Eltern waren nicht eben glücklich über meinen Entschluß, einen Einbürgerungsantrag zu stellen und die türkische Staatsbürgerschaft aufzugeben. Es gab aber nur diese eine Lösung: Ausbürgerung aus der Türkei und Einbürgerung in Deutschland. Vor allem was die türkischen Bekannten anging, hatten sie größte Bedenken. Was würden sie tratschen? Es grenzte damals ans Absurde, den türkischen Paß abgeben zu wollen. As time goes by: Da schüttelten damals Bekannte den Kopf, denen ich heute, zehn, zwölf Jahre später, beim Ausfüllen ihrer Einbürgerungsformulare helfe.

Der Aus- und Einbürgerungsakt wurde eine Odyssee. Das zuständige türkische Konsulat ließ keine Chance aus, um mir das Leben zu erschweren. Nichts wollten sie schriftlich machen. Es sollte durch nichts beweisbar sein, daß ich mich um die Ausbürgerung glaubwürdig bemühte. Denn die Einbürgerungsbehörden bestanden auf dem Nachweis der »glaubhaften Bemühung« um Ausbürgerung, bevor sie überhaupt einmal daran dachten, in Erwägung zu ziehen, den deutschen Paß herauszurücken. Heiliges Ausweispapier!

Die Besuche im türkischen Konsulat waren wie Irrläufe. Ich sprach ein miserables Türkisch. Sie schickten mich von Pontius zu Pilatus, erklärten mir, ich solle doch erst mal ein richtiger Mann werden, zur Armee gehen, richtig Türkisch lernen und dann wiederkommen. Dann könne man sich von Mann zu Mann unterhalten. Wieder vor der Tür fragte ich mich, was das nun gewesen war, klopfte wieder, und wurde aufs nächste Mal vertröstet. Dann ein Anruf: Ich sollte zusammen mit meinem Vater kommen. Und dann nahmen sie sich meinen Vater richtig vor: Er solle seinen Sohn richtig erziehen. Er solle mir doch ins Gewissen reden usw. Er wurde unsicher und ließ sich fast überzeugen, aber mein Entschluß blieb unverrückbar.

Die Erfahrungen im Uracher Rathaus waren nicht viel erbaulicher als die im türkischen Konsulat. Es war für mich, der immer in Deutschland gelebt hatte und auf die Schule gegangen war, völlig unverständlich und entwürdigend, daß die Dame auf der Einbürgerungsbehörde darauf bestand, daß ich vor ihren Augen einen handschriftlichen Lebenslauf formulierte. Was sollte das? Sie sprach breitestes Schwäbisch mit mir, und ich sprach breitestes Schwäbisch mit ihr. Ich empfand es als ganz und gar daneben, auf die Weise beweisen zu müssen, daß man dazu gehört. Verschiedene Uracher Honoratioren verwendeten sich schließlich für mich und setzten sich bei den Behörden dafür ein, daß ich auch ohne die türkische Ausbürgerungsurkunde eingebürgert würde. Irgendwann war es dann soweit, auch ohne

Ausbürgerung, die eigentlich Voraussetzung war. (Die türkischen Behörden haben mich erst viel später aus der Staatsbürgerschaft entlassen; in der Türkei, so erzählte mein Onkel, hatten schon die Feldjäger nach mir gefragt und gefahndet.)

Es war eine Riesenfreude, als ich das Papier endlich hatte. Das Ereignis, meinen deutschen Personalausweis zu besitzen, wurde mit einer Einbürgerungsparty, einem halben Maskenball gefeiert. Einige Freunde konnten es nicht begreifen: Was freut der sich, daß er jetzt ein Deutscher ist? Sie fanden es sogar furchtbar: Alles innerhalb des aufgeklärt links-liberalen Spektrums schämt sich dafür, deutsch zu sein, und er freut sich! Es wollte nicht in ihre Köpfe, was es heißt, mit einem türkischen Paß in der Tasche die rosige Aussicht auf Wehrdienst in einem Land zu haben, das man nur von Urlauben kannte. Wer die Möglichkeit zum Zivildienst hat, kann anderen leicht empfehlen, ihren Paß zu behalten, auch wenn sie dann irgendwo zur Armee müssen.

Und es ging auch nicht in ihre Köpfe, was es heißt, überall auf unsichtbare Mauern zu stoßen. Nahezu überall vor verschlossenen Grenzen zu stehen, weil überall ein Visum nötig ist. Das Schlüsselerlebnis in dieser Hinsicht hatte ich während einer Klassenfahrt im 8. oder 9. Schuljahr. Ich hatte mir nie viele Gedanken darüber gemacht, »nicht deutsch« zu sein. Es hatte auch kaum eine wirklich entscheidende Rolle gespielt. Alle Freunde sprachen Schwäbisch, ich sprach Schwäbisch. Nur ich sprach außerdem noch mit meinen Eltern etwas Türkisch, hatte Verwandte im Ausland, in der Türkei, was die anderen nicht hatten. Das war's. Doch dann kam diese Klassenfahrt. Und ich habe gemerkt: Ich bin doch nicht so wie die anderen, etwas ist anders.

Es ging zum Schüleraustausch nach England. Die Fahrt führte durch Belgien, an die belgische Küste. Von dort sollte es mit der Fähre weitergehen. Vor der Überfahrt gab es dann eine Paßkontrolle. Die Beamten waren zunächst sehr nett. Dann zückte ich meinen türkischen Paß, und die Mienen verfinsterten sich. Sie fragten mich nach meinem Durchreise-Visum. Ich hatte natürlich keines. Niemand hatte daran gedacht. Ich war in der Schule wie alle anderen auch. Keine besonderen Auffälligkeiten, nur politisch ein bißle aufmüpfig. Aber sonst eben »der Cem«. Daß es eine entscheidende Frage war, welchen Paß der hatte, war niemand bewußt. Mir nicht, den Lehrern nicht, den Mitschülern nicht. Und dann saßen wir da in Belgien im Zug: Keine Reisefreiheit für deutsche »Ausländer«, die keinen deutschen Paß haben – Verhältnisse, die sich bis heute kaum merklich gebessert haben.

Die belgischen Grenzer meinten, ohne Durchreise-Visum würde ich mich illegal in Belgien aufhalten. Unsere Lehrerin wollte vermitteln und sagte: »Das ist der Cem. Der fährt mit uns nach England. Das hat alles seine Ordnung.« Die Grenzer ließen sich davon nicht beeindrucken und pochten auf ihren Standpunkt, schließlich sei ich türkischer Staatsbürger. Und als solcher könne ich nicht durch Belgien ohne Durchreise-Visum. Es ging hin und her, die Lehrerin meinte, sie sollten sich nicht so haben, es sei doch nur eine Gruppe von Schülern, die nach England fahre, wir wollten doch gar nicht in Belgien bleiben. Es half nichts. Ein Durchreise-Visum mußte her.

Dann berieten sich die Grenzbeamten etwas abseits von uns. Einer der beiden war ein harter Knochen, sein Kollege bot schließlich zwei Möglichkeiten an: Entweder ich würde zurückfahren und mir ein Visum bei einem belgischen Konsulat ausstellen lassen und könne der Klasse dann nachreisen, oder sie könnten ein Visum in Belgien ausstellen. Derweil lief die Zeit. Auch damals verkehrten Fähren nach festgelegten Fahrplänen. Ich mußte raus aus dem Zug, saß dann in einem Polizeiwagen. Wir fuhren zu irgendeiner belgischen Hafenbehörde. Ich mußte allerlei Angaben machen, woher, warum und wieso und wohin und wie lange undsoweiter. Dann gab es den begehrten Stempel: das nachträgliche Durchreise-Visum.

Die anderen waren natürlich längst auf dem Schiff. Mit einem Affenzahn brachten die Beamten mich zur Fähre. Das Schiff war startklar, die Gangway längst abgebaut und eingeholt. Nur vorn und hinten hingen noch zwei Schiffstaue schlaff auf der Kaimauer. Ich durfte mit der Strickleiter aufs Schiff. Meine Klassenkameraden standen oben und haben mich das letzte Stück der Kletterpartie über die Reeling gezogen. Da war der Horror aber noch nicht zu Ende. Was würden nun die Engländer sagen? Ich hatte selbstverständlich auch kein britisches Visum. Bei der Einreise stellte sich unsere Lehrerin neben mich. Sie hielt es für angeraten, etwas zu sagen, um späteren Ärger zu vermeiden. Aber der englische Beamte winkte nur und rief »weiter, weiter«. Auf einer Höhe mit dem Grenzer bemühte sich die Lehrerin noch einmal, zu intervenieren. Der Beamte blieb dabei: »Weiter, weiter. Ich habe doch schon gesagt: weiter.« Nach dem Theater in Belgien waren wir einigermaßen erleichtert, keinen neuen Ärger zu bekommen. Heutzutage sind die Kontrollen schärfer, die europäische Integration grenzt die aus, die nicht Staatsbürger eines EU-Landes sind, auch wenn sie seit 20 oder 30 Jahren hier leben. Für ein Visum sind oft Reisebuchung, Vorlage von Kontoauszügen, zwei Paßbilder, Angabe von Gründen für die Reise nötig. Spontan mal eben über die Feiertage nach London, Paris oder Rom? Davor kommen die Grenzbalken.

Was heißt »Erzieher« auf Türkisch?

Das politische Engagement in der Schule, mein Vegetarismus, das Drängen auf den Einkauf im Öko-Laden, die Teilnahme an Raketen-Blockaden, mein Dritte-Welt-Interesse, das Engagement bei den Grünen – was ich trieb, verlangte meinen Eltern viel Geduld und reichlich Verständnis ab. Was sollte nur aus dem Jungen werden? Mein Berufswunsch setzte dem Ganzen die Krone auf: Erzieher wollte ich werden.

Nach dem Abschluß der Realschule war ich damals 17 Jahre alt. Diesen Entschluß hatte ich gemeinsam mit meinem Schul- und Politikfreund Hartmut gefällt. Es war ein Beruf für Leute mit unserem Background, fanden wir. Bloß nichts typisch mackerhaftes, Automechaniker oder so. Mit Ärmelschonern in einem Büro zu landen, war ebenfalls eine Horrorvorstellung. Die Berufswahl mußte schon aus dem Rahmen fallen. Männer als Erzieher in Kindergärten war so etwas. Irgendwie hielten wir in unserer Clique das alle für einen ganz tollen Beruf. Und ich hatte manche persönliche Erfahrung mit leicht absurder Pädagogik im Kopf: Meine Bestrafung im Kindergarten wegen der verschwundenen Wasserpistole, das Dasein in der Krokodilsgruppe in der Grundschule, das autoritäre Bestrafungsgehabe unserer Lehrer. Das mögen Gründe dafür gewesen sein, warum ich als Erzieher selbst zeigen wollte, daß es auch anders gehen kann, daß Kinder keine Angst haben müssen, wenn sie in den Kindergarten gehen. Es kam noch hinzu, daß ich Einzelkind bin.

Meine Eltern waren alles andere als begeistert. Sie hätten lieber etwas Handfestes gehabt, einen Beruf, den sie kannten: Schlosser, Gärtner, Taxifahrer, Lehrer oder Chefarzt, etwas in der Art. Aber ein »Erzieher«, was macht der? Für meine Eltern war das jahrelang ein großes Problem. Was sollten sie sagen, wenn sie von anderen Türken oder Verwandten in der Türkei gefragt wurden, was ihr Sohn macht? In der Türkei gab es »Erzieher« erst recht nicht: Das war dort erst recht kein Männerberuf. Für meine Eltern war das immer eine wichtige Frage: »Wie erklären wir, was du jetzt machst?« Auf die Auskunft: »Er spielt mit Kindern, er arbeitet im Kindergarten«, lautete die typische Gegenfrage: »Ja, als was? Als Arzt, als Hausmeister?« In welcher Funktion kann ein Mann im Kindergarten arbeiten? Als Leiter, als Chef vielleicht. Alles andere war nicht vorstellbar.

Ein Mann als Erzieher, sollte sich noch herausstellen, war auch für die meisten Kollegen, Kinder und Eltern in den Kindergärten, in denen ich arbeiten würde, während der ersten Wochen immer eine beinah unmögliche Begegnung der dritten Art. Auch Nevin, eine türkische Kollegin, die ich während meines Anerkennungs-Praktikums in einem Reutlinger Kindergarten kennenlernte, war völlig perplex. Sie war fünf Jahre älter als ich und eine durchaus nicht konservative, gestandene Frau, aufgeschlossen für alles und mit viel Kontakt zur »deutschen« Szene. Aber ein türkischer Mann im Kindergarten? Sehr seltsam, fand auch Nevin. Öfter mal was Neues, war meine Antwort. Es würden neue Zeiten anbrechen. Daran mußte sich auch Nevins damaliger Gatte gewöhnen, der anfänglich mit einem gewissen Mißtrauen reagierte, als seine Frau tagsüber bei der Arbeit plötzlich einen männlichen Kollegen hatte, der noch dazu »Türke« war.

Auch manche Kinder waren leicht irritiert. Sie bohrten hartnäckig nach, was ich »eigentlich« machen würde. Die Antwort, bei ihnen im Kindergarten zu arbeiten, mochten sie nicht akzeptieren: »Ja, aber deine richtige Arbeit, wo ist denn die?« war die prompte Gegenfrage. Es war den Kindern nicht recht zu vermitteln. Sie waren überzeugt, daß ich vorbeikäme, weil ich mit ihnen spielen wollte, aber dann des nachts noch auf Schicht ginge, um Geld zu verdienen. Schließlich haben wir die, die es gar nicht glauben wollten, in ihrem Glauben belassen, daß ich nebenher noch eine andere, »richtige« Arbeit hätte.

Für Einrichtungen, in denen es einen höheren Anteil von Einwandererkindern gab, stellte sich der Einsatz von Mitarbeitern, die sich mit den Eltern in deren Muttersprache unterhalten können, als ganz praktisch heraus. Die türkischen Eltern reagierten anfangs natürlich auch leicht konsterniert – aber neben Nevin einen weiteren Ansprechpartner zu haben, half über diese Hürde hinweg. Die Beteiligung an den Elternabenden wurde größer. Und die Eltern akzeptierten es auch, wenn ich mir mit den Macho-Kindern, unseren türkischen Jungs, den Spaß erlaubte, sie gerade in der Kindergartenküche ordentlich ranzunehmen. »Die Mädels machen die Küche, und die Jungens spielen«, so wurden manche zu Hause erzogen.

Vieles regelt sich bisweilen durch eine gute Übersetzung. Für meine Eltern war das Problem mit der Berufswahl ihres Sohnes schließlich an dem Tag erledigt, als ein Türke aus Urach, selbst Ingenieur, in der Änderungsschneiderei meiner Mutter hereinschaute. Wie das so üblich ist, kam die Plauderei schließlich auf den Punkt: Wie geht es dem Sohn, was macht er? Der Ingenieur schaute mich an, wandte den Blick dann wieder meiner Mutter zu. »Cem, erklär du es«, sagte sie. Ich sagte: »Erzieher.« Und ich schob nach, daß er sicher wisse, wie schwierig diese Angelegenheit aus vielerlei Gründen auf Türkisch zu erklären sei – allein, weil es mangels männlichen Erziehern in der Türkei keine passende Vokabel dafür gäbe. Der Ingenieur fand die bündige Formulierung für die Zukunft. »Hör mal gut zu«, sagte er, »du bist ›Eğitmen‹.« Egitmen war die adäquate aber interpretierbare türkische Übersetzung für »Erzieher«. Denn ein Eğitmen ist im weitesten Sinne im pädagogischen Bereich tätig. Ab dem Zeitpunkt hatte sich das Problem gelöst. Ich wußte, was ich war. Meine Eltern wußten, was ich war:

Eğitmen. Die Palette der möglichen Übersetzungen reicht von Lehrer bis Heimleiter. Im Grunde alles mögliche. Wenn meine Eltern erzählten, ihr Sohn sei »Eğitmen« in Reutlingen, traute sich niemand zu fragen, was der Sohn denn aber genau mache. Alle nickten vielsagend, obwohl niemand wußte, um was es genau ging. Als sich meine Eltern allerdings das erste Mal anschauten, wo ich arbeitete und was ich da machte, war die Reaktion eine Mischung aus Überraschung und wohlwollendem Kopfschütteln. Da sahen sie mich mit kleinen Kindern Türmchen bauen. Einerseits fanden sie das faszinierend. Andererseits war es für sie eine recht komische Angelegenheit: Wie soll er denn einmal eine Familie ernähren? Wie ist es später, wenn er erwachsen ist, um sein gesellschaftliches Ansehen bestellt? Aus der Sicht der Eltern keine unwichtigen Fragen.

Das Vorpraktikum für die Erzieherausbildung konnte ich im »Kinderhaus« in Reutlingen leisten. Die Einrichtung war aus der Studentenbewegung in den siebziger Jahren entstanden. Kein Amt und kein Wohlfahrtsverein konnte hier dreinreden. Das Kinderhaus wurde von den Eltern selbstverwaltet, Elternmitarbeit war gefragt. Obwohl ich ja Erzieher werden wollte, war die Situation etwas merkwürdig, als es mit der Arbeit ernst wurde. Als Einzelkind aus einer Kleinfamilie war ich ziemlich unerfahren, den Umgang mit Kindern und vielen Menschen nicht gewöhnt. Als Kind war ich eher unselbständig und immer rundum von den Eltern versorgt gewesen.

Die Eltern der Kids im Kinderhaus waren zum Teil extrem politisiert und aktiv. Bei einigen herrschte ein gewisses elitäres Bewußtsein. Ein Vater etwa nahm seinen Sohn regelmäßig zu Friedensdemonstrationen und zu Schweigeminuten zu diesem und jenem Thema mit. Das Kind konnte das nicht verarbeiten und erzählte im Kindergarten häufig von Atombomben. Probleme mit den pädagogischen Ambitionen eines 17jährigen waren unvermeidlich.

Eines Tages war ein Vogel gestorben, lag leblos auf dem Spielplatz des Kindergartens, und irgendeines der Kinder hatte ihn gefunden. Was macht man mit totem Kleintier normalerweise? Hoffen, daß die Kids es vergessen, und dann landet es normalerweise ohne größere Umstände in der Mülltonne – damals gab es noch keine Biotonne –, oder es wird fix in der Erde ein kleines Loch gemacht und rein damit. Meine Schutzbefohlenen wollten das tote Federvieh nach der ersten Aufregung aber partout nicht vergessen. Was tun? Jeux Interdit, verbotene Spiele: Es wurde ein Begräbnis zelebriert. Das entsprach ganz meiner Neigung, manche auch eher nichtige Angelegenheiten, ob zum Spaß oder im Ernst, etwas auszustatten und auszuschmücken.

Der Vogel sollte also nicht mal eben so beerdigt werden. Wir inszenierten eine richtige Beerdigung. Wir schmückten einen Schuhkarton aus, in den wir den Vogel schließlich betteten. Eine kleine Grube wurde ausgehoben. Um die standen wir dann herum. Chopins Trauermarsch war eingeübt, bis die Kinder ihn auswendig summen konnten. Schließlich fuhr der Vogelsarg an Paketschnüren hinab in die Mini-Grube. Und jedes Kind durfte noch ein bißchen Erde daraufschütten. Ich war noch nie bei einer Beerdigung gewesen, aber genauso kannte ich die Zeremonie aus dem Fernsehen. So inszenierte ich sie mit den Kindern. Schließlich wurde das Vogelgrab noch bepflanzt und ein Kreuz darauf angebracht. Wir wollten, daß dieser Vogel auch christlich beerdigt würde. Die Angelegenheit sorgte für höllischen Ärger. Die Kinder hatten zu Hause erzählt, bei uns sei jemand beerdigt worden. Und sie hatten den Trauermarsch noch auf den Lippen. Die Eltern hielten das für Blasphemie, schwarzen Humor oder sonst etwas, das ihren Vorstellungen von politisch korrekter Pädagogik auf jeden Fall widersprach. Danach war mir klar: So was darfst du nicht nochmal machen, wenn du das Praktikumsjahr hier ohne Ärger beenden willst.

Theoretisch und in dieser allgemeinen Form ließ sich

das für den jungen, idealistischen Erzieheranwärter prima schlußfolgern. Alltagsbedürfnisse und Phantasie sind aber mitunter stärker als die guten Vorsätze. Eines Tages hatten meine Kinder aus Bauklötzen Burgen gebaut, Ritter hinein- und aufs freie Feld dazwischen gestellt. Und sie versuchten, sie im Spiel irgendwie abzumurksen. Eine Weile schaute ich zu, dachte dann: Na, also wenn schon, dann richtig. Wir bauten also richtige Kanonen, Katapulte aus länglichen Bauklötzen, deren kleinere Brüder als Wurfgeschosse prima dazu paßten. Etwas erhöht entstand die Burganlage. Darauf wurden kleine Männchen aus Legosteinen plaziert. Es gab zwei gegnerische Mannschaften. Das Ziel war: die Burg zu stürmen. Dazu mußten die Ritter von der Burg heruntergeschossen werden. Zum Schluß waren die Kids wie elektrisiert. Niemand wollte mehr ein anderes Spiel spielen. Auch die Mädchen waren ganz scharf darauf. Als emanzipatorischer Erzieher behielt ich natürlich strikt im Auge, daß auch die Mädchen bei den etwas weniger gewaltfreien Spielen paritätisch beteiligt waren. So machten wir also mit viel Spaß an der Sache die Burg zusammen alle. Oder wir studierten griechisch-römischen Ringkampf ein.

Bis mit einem Mal die Erzieherin in der Tür stand, völlig außer sich: Wenn das die Eltern erfahren würden! Also war das Spiel verboten. Denn unsere Kinder waren natürlich alle zu Pazifisten zu erziehen. Wie wird man zum überzeugten Pazifisten? Pistolen und ähnliches Spielzeug waren strikt tabu. Was machen Kinder, die nicht mit Pistolen-Imitaten spielen dürfen? Sie erfinden ihre Waffen selbst. Ich hatte damit keine Probleme. Es war im Gegenteil aus meiner Sicht eine gute Möglichkeit, mit Aggressionen umzugehen. Den Kindern machte es Spaß, mir machte es noch mehr Spaß. Wo lag das Problem? Es war aber eine Zeit, als mit solchen Spielen nicht zu spaßen war. Manche Eltern fanden das gar nicht lustig. Ihre Befürchtung: Aus den Kindern könnten Schwerverbrecher werden.

Vom Mohammedaner zum Moslem

Direktor Stoffel, Mitglied im Oberkirchenrat und Leiter der evangelischen Erzieherschule in Freudenstadt, grinste. Er schaute auf meine Bewerbungsunterlagen, die vor ihm auf dem Tisch lagen, schaute wieder hoch, grinste mich an. Das Vorstellungsgespräch für die zweijährige Ausbildung hier hatte in freundlicher Atmosphäre und ganz locker begonnen. Und nun grinste er aus unerfindlichen Gründen. Wohl eine halbe Minute lang passierte nichts, er grinste nur. Schulleiter Stoffel hatte sich den Spaß nicht nehmen lassen wollen, sich den ersten und einzigen »Türken« in seiner Einrichtung vor der Aufnahme höchstpersönlich einmal anzuschauen. Und was wollte er wissen? Welche Religion ich denn hätte. Nanu? Das war für mich nie ein Thema gewesen. »Ich bin Mohammedaner«, antwortete ich. Religionszugehörigkeit Islam, das stand schließlich auch in meinem Paß und meiner Geburtsurkunde.

»Hmm«, antwortete da der Schulleiter, rieb sich das Kinn und grinste sich eins. »Mohammedaner sind Sie also.« Aber was gab es dabei zu grinsen, warum grinste mein künftiger Chef jetzt? Allerlei fixe Erklärungen schossen mir durch den Kopf. Könnte Mohammedaner vielleicht ein Problem sein, weil die Erzieherschule eine evangelische Einrichtung war? Da mußte er nun wohl raus mit der Sprache. »Aus Ihrer Antwort schließe ich, daß Sie kein gläubiger, praktizierender Moslem sind. Einen ›Mohammedaner‹ gibt es nämlich nicht. Es gibt nur Muslime.« Das mußte mir der christliche Schulleiter aus dem Oberkirchenrat erklären!

Er war übrigens der erste, der es mir erklärte. Meine Kenntnisse über den Islam und andere Religionen stammten bis dahin nämlich samt und sonders aus dem christlichen Religionsunterricht während der Schulzeit. »Kein gläubiger Moslem«, das war gut! Daß das stimmte, berührte mich nicht weiter. Aber ich war wie geplättet, jahrelang einen falschen Begriff im Kopf gehabt zu haben. War das mehr als eine Lücke in der Allgemeinbildung? Sollte ich nun froh sein, wieder etwas dazugelernt zu haben, oder war die Vorstellung nur peinlich, weil ich nicht wußte, was ich »war« bzw. eigentlich »nicht war« – schließlich war ich kein Gläubiger? Hätte ich es besser wissen müssen, nur weil ich Özdemir heiße und meine Eltern aus der Türkei stammen?

Ich war bereits im Religionsunterricht in der Realschule ein Musterschüler. Religion war eines der wenigen Fächer, in denen ich eine Eins hatte. Es blieb auch während der weiteren Ausbildung mein bestes Fach. Und Bad Urach ist nicht nur eine mehrheitlich evangelische Stadt, geprägt durch den schwäbischen Pietismus. Das christliche Moment hat mich immer begleitet, von der Kindheit über das Jugendwerk der Kirche in Urach bis in den Freundeskreis. Meine erste Freundin war die Tochter des Uracher Dekans. So hätte ich dem Direktor der Erzieherschule während des Aufnahmegesprächs einen Vortrag über den Unterschied zwischen katholischer und evangelischer Kirche, die Bedeutung der Heiligen Sakramente, des Alten und Neuen Testaments, Ost-Rom, Byzanz, die Orthodoxe Kirche und den Protestantismus halten oder den Unterschied zwischen historisch-kritischer Exegese und der Verbalinspiration erklären können. Aber daß die Gläubigen im islamischen Kulturkreis nicht in Ableitung vom Namen des Propheten als »Mohammedaner« bezeichnet werden, daß das grundfalsch war, da Mohammed der Prophet, aber eben nicht der leibhaftige Sohn Allahs war, das war mir neu.

Unser Gespräch war indes für uns beide ein Schlüsselerlebnis. Für den Schulleiter, weil er nun sicher war, mich guten Gewissens in seine Schule aufnehmen zu können. Wer Mohammedaner sagte, würde wohl kaum missionarisch für den Islam tätig werden. Gleichwohl kokettierten manche Ausbilder später durchaus noch ein bißchen damit, nun einen »Muslim« in der Lehre zu haben. Das offenbarte weniger missionarischen Geist als eher das Bedürfnis, sich selbst einer liberalen Geisteshaltung zu versichern und das auch dann und wann – beiläufig, versteht sich – in einem Halbsatz zur Kenntnis zu geben.

Auf der Erzieherausbildung wollte ich mich aber noch nicht ausruhen. Es war zwar eine schöne Zeit während der Praktika und des Anerkennungsjahres in den Kindergärten. Auf Dauer schien mir das aber doch bald ein sehr eingeschränktes Betätigungsfeld zu sein. Viele Freunde und Freundinnen studierten schließlich auch. Es durfte also noch ein wenig mehr Ausbildung sein.

Wegen des schlechten Notendurchschnitts im Abschlußzeugnis der Realschule war die Aufnahme in ein Gymnasium in Baden-Württemberg nicht möglich. Im Ländle galten scharfe Bestimmungen, aber das Fachabitur war möglich. Mein Ex-Mitschüler aus Kindheitstagen, Hermann aus der Grundschule, fand eine Lösung via Einschreibung an einem Wirtschaftsgymnasium in Hamburg. Man mußte nur in einem anderen Bundesland ins System rutschen, um auch in Baden-Württemberg wieder offene Türen zu finden. Aber allein schon aus Heimweh habe ich mich nach einer Woche in Hamburg wieder abgemeldet und wechselte an ein Wirtschaftsgymnasium in Reutlingen. – Ein Horrorunternehmen. Einer unserer Lehrer rühmte sich, die Namen der Durchfaller bereits zu Beginn des Schuljahres vorhersagen zu können. Die Schüler der älteren Jahrgänge erzählten, er behalte – perfides Kunststück – meist Recht. Andere hielten wegen ihrer hohen Durchfallquote große Stücke auf sich. Der Besuch dieser Schule war ein einziges Fiasko. Rechnungswesen, Betriebswirtschaftslehre, Volkswirtschaftslehre: Ich verstand nur Bahnhof. Ich haßte diese Fächer, diese Fächer haßten mich.

Weil ich die Erzieherausbildung abgeschlossen hatte, war es möglich, das Fachabitur in einem Jahr auf dem Berufskolleg in Nürtingen zu erreichen. Nach einem halben Jahr jobben als Erzieher während der Wartezeit auf einen Studienplatz begann Anfang 1990 das Studium an der Evangelischen Fachhochschule für Sozialpädagogik in Reutlingen.

Weg von zu Hause, hinein in die türkische Community

In dieser Zeit, 1989/90 überschlugen sich die Ereignisse förmlich. Kurz vor dem Beginn des Studiums war ich 1989 in den Landesvorstand der Grünen Baden-Württemberg gewählt worden; kurz darauf verließ ich mein Elternhaus Richtung Tübingen und bekam in der Wohngemeinschaft mit dem türkischen Tübinger Künstler Nedim Sönmez – und durch ihn – nach meiner Kindheit ersten Kontakt zur türkischen Community. Der Umzug aus Urach war ein wirklicher Einschnitt. Das Elternhaus hatte ich bis dahin nur einmal vorübergehend verlassen. Während der zweijährigen Ausbildung in der Erzieherschule wohnte ich die Woche über in Freudenstadt im Wohnheim der Schule. An den Wochenenden aber war ich daheim in Urach. Meine Mutter empfand diesen Teilauszug als eine recht harte Zeit: Das einzige Kind, das bahnte sich zum ersten Mal an, würde das Haus beizeiten ganz verlassen. Bevor ich nach den Wochenenden Sonntag abends oder montags in der Früh wieder losfuhr, drückte mir mein Vater während der beiden Freudenstädter Jahre regelmäßig »Telefongeld« in die Hand. Damit die Ausrede obsolet wurde, das Kleingeld für den täglichen Anruf bei meiner Mutter gerade einmal wieder nicht in der Tasche gehabt zu haben. Der Umzug nach

Tübingen kam ebenso überraschend wie kurz zuvor die Wahl in den Parteivorstand. Denn für einige Jahre lang hatte ich mich für die Grünen kaum noch interessiert, ja sogar an einen Parteiaustritt gedacht.

Mein damaliger Mitbewohner Nedim ist Künstler, Spezialist für die hohe Schule des Marmorierens, in der Türkei ausgebildeter Lehrer und Betriebswirt, seit Anfang der achtziger Jahre in Deutschland. Nevin, meine Arbeitskollegin während meines Erzieher-Praktikums, die zur guten Freundin wurde, machte uns miteinander bekannt. Nedim brauchte einen Übersetzer. Er arbeitete für den Ravensburger Verlag an einem Buch über das Marmorieren. Er schrieb auf Türkisch, ich sollte es ins Deutsche übertragen. Alles sei vorbereitet und also null problemo. Sagte Nedim. Und ich sagte zu. Es wurde der Beginn einer wunderbaren Freundschaft. Nahezu täglich rollte er dann bei uns in Urach an. Nicht immer hatte er, wie es besprochen war, einige Manuskriptseiten dabei. Weil die Vorarbeiten dann doch noch nicht so weit gediehen waren, wie er zuvor hoch und heilig versichert hatte. Das ging einige Wochen so, war aber wegen der ständigen Fahrerei anstrengend für ihn. Als wir uns kennenlernten, lebte Nedim gerade in Trennung von seiner deutschen Ehefrau. (Im Herbst letzten Jahres zog er, verheiratet mit einer Türkin, in die Türkei zurück.) Kurz nachdem wir uns damals kennenlernten, wurde in seiner Wohnung mehr als ein Zimmer frei. »Willst du nicht zu mir ziehen?« fragte er mich. Dann würde auch die Arbeit am Buch leichter von der Hand gehen. Die Übersetzung kam tatsächlich nur schleppend voran, sobald Nedim mich nicht mit zusätzlichen Erklärungen und Umschreibungen durchs Manuskript führte und ich allein über dem türkischen Text brütete. Nach jeder zweiten Zeile surrte der Computer stand-by vor sich hin, weil ich im Wörterbuch festhing. Was wußte ich schließlich von Kalligraphie, Carragheen-Moos oder Suminagashi-Papier? Ich hatte ja schon auf Deutsch Probleme, die ganze Dimension dieser Kunst zu erfassen. Oder wissen Sie, was Marmorieren ist und wie man's macht?

Ob ich das Angebot zum Umzug nicht annehmen sollte, fragte ich mich auch aus einem ganz anderen Grund. Last not least wurde es langsam Zeit. Es hatte, über die zwischen Eltern und Kinder normalen kleinen Streits hinaus, nie wirkliche Auseinandersetzungen zu Hause gegeben. Aber ich war Mitte 20 und wohnte immer noch daheim, hatte die Füße bei den Eltern unter dem Tisch. Also wurden die Bündel geschnürt.

Mein gesprochenes Türkisch war in den ersten Tübinger Jahren noch immer schlecht, vom Schriftlichen (bis heute) ganz zu schweigen. Wenn es nicht unbedingt nötig war, mich an einem Gespräch in türkischer Sprache zu beteiligen, hielt ich den Mund; nur gegenüber meinen Eltern war das natürlich anders. Mit ganz wenigen Ausnahmen bestand mein Freundes- und Bekanntenkreis bis zum 23. oder 24. Lebensjahr aus »deutschen« Freunden oder anderen anatolischen Schwaben. Nun in der WG mit Nedim änderte sich das, der Kreis erweiterte sich. Und damit auch die Sprachkenntnisse. Aber es war mir peinlich, mit Nedim, dem in der Türkei ausgebildeten Türkisch-Lehrer, Türkisch zu sprechen. Dieses Gefühl habe ich mit Englisch gegenüber englischen Muttersprachlern nie gekannt. Nedim gewöhnte mir diese Zurückhaltung, Türkisch zu sprechen, langsam aber sicher ab. Ich lernte von ihm, sog alle Tips, Hinweise, Verbesserungen, Vokabeln, Redewendungen und Anleitungen zur Aussprache förmlich auf.

Die Welt der türkischen (Pop-)Musik hatte mir meine Praktikumsvorgesetzte Nevin nahegebracht: Sie schenkte mir – ich war Anfang 20 – meine erste eigene türkische Kassette von Sezen Aksu. Als Kind hatte ich zu Hause natürlich oft türkische Musik von Cem Karaca oder Barış Manco, den Superstars der siebziger Jahre gehört. Und ich gab mein Taschengeld für alles mögliche aus. Aber auf die Idee, es für türkische Musik auszugeben, war ich nie gekommen. Die erste Cassette, die mir gehörte, war also dieses Geschenk von Nevin. Aber wie das so ist mit Geschenken, über die man sich freuen soll, aber sich nicht wirklich freut. Ich nahm sie natürlich an, sagte freundlich Danke und dachte: »Türkische Musik, naja.« Bis ich sie endlich doch anhörte. Ich war völlig verzaubert. So begann meine große Liebe zur türkischen Musik und zu Sezen Aksu, der Diva der Musikszene in der Türkei, im besonderen. Als ich sie kürzlich nach einem Konzert in Stuttgart kennenlernte, habe ich ihr diese Geschichte erzählt. Mittlerweile zählen so bekannte türkische Musiker wie Edip Akbayram, Zülfü Livaneli, Ferhat Tunç, Yeni Türkü, Leman Sam oder Tolga Çandar zu meinem Bekanntenkreis.

Die Zeit verging. Durch das Leben in der WG mit Nedim schlossen sich nicht nur meine riesigen Türkisch-Lücken mehr und mehr, durch ihn wurden aber auch andere Interessen geweckt. Nedim war pingelig in Fragen der Haushaltsführung, ich dagegen neigte zur Haufenbildung, die zu Hause in Urach meist meine Mutter abarbeitete, wenn sie sich zu hoch türmten. Er »lobte« mein fehlendes Talent in Küchenangelegenheiten, besonders am Herd, gern und ausführlich in großer Runde. Aber Nedim hatte eine Engelsgeduld. Nicht zu vermeiden war, daß ich mich oft an der Spüle beim Abwasch wiederfand. Kam Besuch, gab es immer Früchtetee. Zu unseren Lieblingsgerichten gehörten Aufläufe. Wir hatten reichlich Spaß in meiner ersten WG, es war eine schöne Zeit.

Für viele aus der Einwanderer-Community war unsere WG eine Besonderheit. Männer wohnten nicht zusammen – und wenn, dann mußte etwas im Busch sein. Offenes

Schwulsein gilt in der Türkei als schwere Krankheit, Homosexuelle sind beinah vogelfrei. So sehen das auch viele ältere Türken in Deutschland. Mit Blick auf die Verbreitung und Bedeutung in der Geschichte des Landes eine sehr heuchlerische Einstellung. Gleichwohl können Schwule oder Transvestiten, wie der im Herbst 1996 verstorbene Zeki Müren, zu absoluten Superstars der türkischen Musikbranche aufsteigen.

Es war ein brütendheißer Sommertag im August. Wir arbeiteten in unseren Zimmern am Schreibtisch, nur mit Shorts an. Nedim hatte locker einen Kimono übergeworfen und trug Pulswärmer. Eine zugegebenermaßen etwas ungewöhnliche Art, sich zu kleiden. Ein gemeinsamer Freund von der Uni schaute vorbei. Einer, der häufig mit einer neuen Bekannten auftauchte. Diesmal kam er mit einer Türkin. Ein nettes Mädchen, dem Eindruck nach eher ruhig und zurückhaltend. Sie schaute Nedim an, schaute mich an und zeigte einen Anflug von Verwirrung. Sie hatte sich wohl vorgestellt, wir würden uns schämen und etwas überziehen. Es ging mit einigen Hallos in die Vorstellungsrunde. Seine Begleitung, sagte unser Freund, sei eine Verwandte, die »Tochter des Onkels«, also seine Cousine – man sagt im Türkischen »amcamın kızı« ..., was manchmal direkt ins Deutsche übersetzt wird, also Onkels Tochter statt Cousine.

Wir wollten ihn verlegen machen: Du hast wohl nur Frauen in der Familie? Keine männlichen Verwandten? Denn du kommst immer mit Frauen. Die Plauderei nahm ihren Lauf, und Onkels Tochter reagierte zunehmend irritiert. Es dämmerte uns: Sie hielt uns für schwul. Wir nahmen das Spiel auf, und als sie uns schließlich verließen, klopfte sie unserem Bekannten draußen vor der Tür auf die Schulter: Prima die Jungs, sagte sie zu ihm, endlich habe sie zwei Türken gesehen, die ihre Homosexualität nicht versteckten. Dieses Spielchen klappte oft, manchmal ganz unbeabsichtigt. Ein falsches Wort, und es kam zu den schärfsten Situationen. So nahm z.B. Nedim einen Anruf aus der Türkei entgegen und ließ die Anruferin – eine Parlamentsmitarbeiterin in Ankara – wissen: »Wir leben zusammen.« Daraufhin herrschte am anderen Ende geschocktes Schweigen. Es mußte schon die nur halbverfängliche Wendung »wir wohnen zusammen« sein, um die Phantasien einigermaßen zu zügeln.

Kleinere Irritationen produzierten wir immer mal wieder durchaus auch in anderer Hinsicht. Zu einer Art Feldversuch in Sachen Multikulti geriet ein Experiment mit dem Anrufbeantworter. »Grüß Gottle, hier isch der audomatische Orufbeandwodda von Nedim Sönmez und Cem Özdemir. Es dud uns arg läud, aber mir sin grod net dahäum. Se kön' uns gern a Nachricht aufs Band schwätze ... Adele.« Die schwäbische Ansage auf dem Band fanden die deutschen Freunde Klasse. Die türkischen dagegen waren wenig begeistert und fanden es geradezu unerträglich, daß ich selbst auf dem Band noch mit dem schwäbischen Dialekt anfing. Also wurde die Ansage geändert: »Gutten Tack, hier sprechen automatische Beantworteanruf von Nedim Sönmez und Cem Özdemir. Wir nix sein zu Hause. Du können trotzdem sprechen eine Nachricht. Du warten bis kommen eine Signalton, du sprechen jetzt.« Da wiederum war die Reaktion umgekehrt. Die Türken bogen sich vor Lachen, die deutschen Freunde waren entsetzt: »Wie kannst du über so etwas nur lachen? Das ist doch nun wirklich nicht lustig.«

Der türkische Bekanntenkreis, aus dem einige dauerhafte Freundschaften erwuchsen, hatte sich wenige Monate vor der Zeit in der WG mit Nedim schon erweitert. Ich hatte das Glück, mit Özlem eine Mitarbeiterin der »Reutlinger Initiative für deutsche und ausländische Menschen« (Ridaf) kennenzulernen, und konnte ein Sechs-Monats-

Praktikum bei diesem Verein absolvieren. Das war für mein anstehendes Sozialpädagogikstudium notwendig und bedeutete eine quasi hauptamtliche Beschäftigung. Ridaf war einer dieser Vereine oder Initiativen, die sich in vielen Städten der Republik zusammengefunden hatten, nachdem die institutionalisierte »Ausländerarbeit« der Wohlfahrtsverbände im Laufe der siebziger Jahre zunehmend als unpolitisch – und damit stabilisierend für die wenig emanzipatorische staatliche »Ausländerpolitik« – kritisiert worden war. Auch in diesem Bereich wurde der große Einfluß der neuen gesellschaftlichen Bewegungen, der Frauen-, Friedens-, Ökologie- und Internationalismusbewegung, spürbar.

In den ersten ca. 15 Jahren seit der Anwerbung hatte auch aus der Sicht der eingewanderten Arbeiterinnen und Arbeiter keine Notwendigkeit bestanden, größere Integrations-Anstrengungen zu unternehmen. Sie hielten an der »Rückkehr« fest, die allenfalls bis Mitte der siebziger Jahre noch realistisch war. Sie bemühten sich, möglichst nicht aufzufallen, nichts zu tun, das als »Ärger machen« hätte aufgefaßt werden können, und sie versuchten, ihren Kindern dieses Verhaltensmuster als wichtigste Lebensregel mitzugeben. »Ausländerarbeit« wurde in erster Linie als Sozialfürsorge von den Wohlfahrtsverbänden betrieben, aktives ehrenamtliches Engagement fand lange Zeit so gut wie nicht statt.

Es wuchs derweil eine Generation von Nichtdeutschen heran, die zwar größtenteils noch in den Herkunftsländern geboren worden war, aber gleichzeitig anfing, sich vermehrt kritisch mit ihrer Situation als Einwanderer in Deutschland auseinanderzusetzen. Sie wurden ermutigt durch die Aufmüpfigkeit der deutschen Jugendlichen.

In dieser Situation entstand Ende der siebziger Jahre bundesweit eine Vielzahl von Vereinen, in denen mit großem Elan und ehrenamtlichem Einsatz versucht wurde, auf die gesellschaftliche Rolle der Menschen nichtdeutscher Herkunft Einfluß zu nehmen und gleichzeitig deren Emanzipation zu fördern. Trotz aller Klischees, die bei einem Teil der deutschen »Ausländerfreunde« bestanden und die die Einwanderer in erster Linie als Opfer von Rassismus und Imperialismus wahrnahmen, trotz – aus heutiger Sicht – verqueren Weltverschwörungstheorien und realitätsfernem Revolutionseifer, die einen Teil der deutschen wie nichtdeutschen Aktiven erfaßt hatten, kann die Arbeit, die in diesen Initiativen geleistet wurde und deren Auswirkungen ich bei Ridaf noch erlebt habe, nicht hoch genug eingeschätzt werden.

Hier wurden viele meiner älteren nichtdeutschen Freundinnen und Freunde »groß«. Was diese Generation der heute Ende 30- bis Mitte 45jährigen für uns jüngere Nichtdeutsche an Liberalisierung erreicht hat, ist durchaus vergleichbar mit der Leistung, die die 68er Generation für die bundesdeutsche Gesellschaft erbracht hat.

Ob es um Sprachkurse ging, um Frauenemanzipation, um die Formulierung politischer Forderungen oder auch nur um Begegnung und das Feiern von Festen: Hier fand ein großer Teil der jungen nichtdeutschen Generation erstmals Zugang zur deutschen Gesellschaft, hier erschlossen sich ihnen Möglichkeiten der persönlichen Entfaltung, hatten sie eine Plattform für ihre Interessen und waren als Personen gefragt. Hier schlossen sie nationalitätenübergreifende Freundschaften.

Hatten die Umbrüche der sechziger und siebziger Jahre die Migranten der ersten Generation nur wenig berührt, weil sie mit sich selbst und der Vorstellung ihrer Rückkehr ins Herkunftsland beschäftigt waren, war die zweite Generation damals noch zu jung, eben erst geboren. Erst das Aufwachsen der Kinder sollte eine wesentliche Änderung markieren. Was wir heute in der zweiten und inzwischen auch dritten Generation erleben, und was bereits für viele

Diskussionen in Migranten-Vereinen wie Ridaf sorgte, ist eine Art Nachvollziehen der Umbrüche in der bundesdeutschen Gesellschaft. Es geht ein Generationenkonflikt um die Frage der Zugehörigkeit und Loyalität zur Kultur der Eltern über die Bühne. Der Zerfall überkommener oder vermeintlich überkommener sozialer Strukturen – traditionelle patriarchalische Verhältnisse zum Beispiel – erfaßt auch Einwanderer mit dem entsprechenden time-lag, der Zeitverzögerung. Anders als für die Elterngeneration, die die »Rückkehr« im Kopf hatte und dann damit beschäftigt war, sich eine Existenz aufzubauen, gibt es diese Sorgen für deren Kinder und Kindeskinder nicht mehr: Sie mußten nicht neue Inländer werden, sie sind es von Anfang an gewesen, waren immer hier oder von früher Kindheit an.

Vieles vom ehrenamtlichen Schwung in den interkulturellen Vereinen wie Ridaf ist längst passé. Die einen privatisieren, vieles wurde professionalisiert, wenige Ehrenamtler blieben. Viele Jüngere und neu Hinzugekommene entwickelten gegenüber den Einrichtungen ein eher funktionales Verhältnis – als Ort der Beratung, der Begegnung oder der Freizeitgestaltung. Manche Aufgabe ist obsolet geworden. Private und gesellschaftliche Emanzipation, um die es in den Gründerjahren ging, entwickelte sich zum Selbstläufer. Andererseits kommt es parallel dazu bei einem Teil der Einwanderer der ersten Generation, teilweise aber auch der zweiten oder gar zu einer Gegenentwicklung oder Selbstethnisierung. Menschen, die in der Türkei nicht religiös gewesen sind, werden religiös; aber da mögen auch Alter und Isolation in der für sie fremd gebliebenen Umgebung ihre Rolle spielen.

Wenn heute zunehmend beklagt wird, ein Teil der Einwanderer drohe in nationalistisches und islamistisches Fahrwasser abzudriften, weil die Menschen sich alleingelassen fühlen, dann ist hierfür auch der Mangel an professioneller Sozialarbeit verantwortlich. Die müßte in Kombination mit ehrenamtlichem Engagement erheblich stärker gefördert werden. Vereine wie Ridaf wurden finanziell immer zu kurz gehalten. Und wo keine Mittel sind, da ist auch kein Weg, wenn die Anforderungen wachsen. Die notwendigen, aber fehlenden Aktivitäten könnten durchaus auch in den vorhandenen interkulturellen Vereinen angesiedelt sein. Sie sind, gerade weil sie keine Wohlfahrtskonzerne sind, bestens geeignet, sich z.B. der wachsenden Zahl von nichtdeutschen Ruheständlern anzunehmen. Aus ihrer Arbeit könnten die notwendigen Impulse kommen, damit sich die deutsche Gesellschaft endlich für diese Menschen öffnet, die noch weit mehr als die Jüngeren ausschließlich als Arbeitskräfte wahrgenommen wurden. Angebote zur Integration – aber auch für Betreuung und Pflege – stehen ihnen nach einem langen Arbeitsleben zu.

Die etwas andere Ochsentour in den Parteivorstand

Meine bis zum Umzug nach Tübingen und bis kurze Zeit vor der Wahl in den Landesvorstand anhaltende Distanz zu den Grünen hatte sich allmählich entwickelt. Sie schmorten mir zu sehr im eigenen Saft, führten zu viele theoretische Debatten. Der Friedenskreis – in dem auch meine »Abla«, die »große Schwester« Marit, mitarbeitete – war mir auf Dauer zu kirchlich. Meine zunehmende Politisierung hatte ohnehin für einige Zeit zu einem gewissen Auseinanderleben von mir und Marit und Stephan geführt. Die Distanz wurde größer, nachdem ich in den Politischen Arbeitskreis eintrat. Jeder suchte und ging seiner eigenen Wege.

Ich gehörte nun auch zur Clique des »Ermstalrebellen«. Klaus Hofmann, Wolf Biermann, Hannes Wader und Zupfgeigenhansel hießen da, passend zum politischen Engagement, unsere Musikidole. Erst über die Friedensbewegung fanden wir wieder zusammen, als es galt, gemeinsam eine Menschenkette von Kirche zu Kirche in Urach zu organisieren oder wir zur Demo gegen die in Großengstingen stationierten Kurzstreckenraketen fuhren.

Marit und ich kamen auf die Idee, einen Verein für »Recycling und Naturschutz« zu gründen. Wir hatten es gern etwas praktischer als manche Theoretiker in unseren Kreisen. Wir machten uns auf zu »Waldputzaktionen« und organisierten Sammlungen für das Recycling von Aluminium und Weinkorken. Zwar hatte keiner von uns bis dahin je einen Korkbaum wachsen sehen. Aber daß so ein Gewächs schon einige Jahre gedeihen muß, bis eine verwertbare Korkrinde ausgebildet war, das fanden wir auch aus der grauen Theorie heraus recht eindrücklich. »Erst wenn der letzte Baum gestorben, der letzte Fluß vergiftet ist ... werdet ihr sehen, daß man Geld nicht essen kann«, dieser Spruch der Grass-Roots-Bewegung war quasi unser Nachtgebet.

Unser Recyclingverein erarbeitete eine »Müllkarte«, die für Bad Urach alle Müllsammelstellen verzeichnete. Das Projekt wurde später mit einem Sammel- und Verwertungssystem für Styropor angereichert. Die Stadt und viele Bürger haben uns anfangs nur belächelt, statt Müll zu trennen (oder besser gleich zu vermeiden). Unfug sei das, fanden sie. Und funktionieren würde die Sammlerei schon gar nicht. Wir waren schließlich rund zwei Monate damit beschäftigt, Müll zu sortieren. Einige unserer liebenswürdigen Mitbürger waren damals überfordert oder verhielten sich, als seien sie überfordert: Nicht nur Babywindeln wurden in unsere Sammlung »entsorgt«.

Aus dem Recyclingverein wurde schließlich eine Ortsgruppe des Bundes Natur- und Umweltschutz (BUND). Der BUND verzeichnete eine Zeitlang im Vergleich zu anderen Regionen bei uns den stärksten Mitgliederzuwachs. Es war schon immer meine Passion – und ist es auch heute noch – offensiv Mitglieder zu werben. Es gibt bis heute keine Veranstaltung für die Grünen, die ich ohne Eintrittserklärungen in der Tasche besuchen würde. Damals richtete sich die Werbung für den BUND ein Stückweit gegen den Grünen-Ortsverband. Und Marit unterstützte mich in meinem ehrgeizigen Vorhaben, beim BUND deutlich mehr Mitglieder als die Grünen zu haben. Sie sollten sehen, was man machen konnte, wenn weniger debattiert würde, wenn, statt theoretisch die Weltrevolution voranzutreiben, praktische Reformen vorgemacht würden. Wir hatten schließlich 30 Mitglieder; die Grünen brachten es aber nicht einmal auf eine zweistellige Zahl. Das endgültige Aus bei den Uracher Grünen brachte das Scheitern des Versuchs, für eine Kommunalwahl eine gemeinsame Kandidatenliste aus den Reihen des BUND und der Grünen zu bilden.

Über das Engagement beim BUND wuchs mein Interesse am alternativen Verkehrsclub VCD. In Reutlingen wurde ein Ableger des »Verkehrsclubs Deutschland« gegründet. Der setzte sich bereits damals anders als die Bleifüßler vom ADAC für eine Begrenzung des PKW-Verkehrs ein, verteufelte ihn nicht, sagte aber: Es muß mehr für einen Umweltverbund, mehr für Bus und Bahn, Fahrrad und Fußgänger getan werden. Ich wurde in den Kreisvorstand gewählt und VCD-Pressesprecher in Reutlingen. Zu unseren Projekten gehörte die Zukunft der Ermstalbahn, die Urach früher mit der Nachbarstadt Metzingen verbunden hatte und seit Jahren stillgelegt war. Klar, daß diese Anti-Bahnpolitik den Plan für den »notwendigen« Bau einer neuen Umgehungsstraße um Urach nach sich zog. Bis heute ließ sich leider die Wiedereröffnung der Bahnverbindung nicht erreichen, geschweige denn die neue Piste damals verhindern.

Meine persönlichen Erfahrungen mit dem Individualverkehr waren eher betrüblich. Um bald einen Totalschaden zu bauen, brauchte ich zunächst einmal knapp ein Jahr für den Führerschein. Die theoretische Prüfung ging zwar glatt – allerdings mit der peinlichen Panne, ausgerechnet beim Energie- und Umweltbogen zwei Fehlerpunkte zu kassieren. Bei der Fahrprüfung fiel ich indes gleich zweimal durch. Beim ersten Test war ich zu vorsichtig, fand der Prüfer und erklärte das recht plastisch: Hätte er bereits seine dritten Zähne gehabt, sie wären ihm durch meine ständigen Versuche, an Ampeln oder Vorfahrtstraßen bis in den ersten Gang zurückzuschalten, herausgefallen. Bei der zweiten Prüfung wurde ich als zu energisch beurteilt. Der Kommentar diesmal: »Herr Özdemir, nicht jeder muß einen Führerschein haben.« Das hätte als Zitat aus einem Wahlprogramm der Grünen stammen können – daß es ausgerechnet mich treffen sollte, fand ich weniger erbaulich. Ich wollte schon aufgeben: Was brauchte ein echter Grüner auch einen Führerschein? Marit und Stephan redeten mir gut zu, durchzuhalten. Um endlich zu bestehen, brauchte ich insgesamt ca. 50 Fahrstunden. Bezahlen mußte ich sie zum Glück nicht alle. Der Fahrlehrer hatte Mitgefühl.

In der ersten Zeit war es mit meinen Fahrkünsten auch nach bestandener Prüfung nicht weit her. Es regnete auf einer Rückfahrt von Freudenstadt. Stephan und ich waren im Auto meines Vaters auf dem Weg zurück nach Urach. In Freudenstadt hatte ich mich auf der Schule in eine junge Frau verguckt. Es wurde wieder einmal Mai. Und ich wollte einen neuen Maibaum stecken. Dies Unternehmen immerhin ging gut: Wir hinterließen für sie auch eine mit weißer Farbe vor die Tür gemalte Brezen, was den Brauch des Maibaumsteckens abrundete. Aber dann war da auf der Rückfahrt nach Urach die berüchtigte Maienwald-Kurve. Wir landeten mit dem Auto im Straßengraben. Der Schreck verflog. Was tun? Passanten empfahlen: Erst einmal nach Hause gehen, darüber schlafen, und das Auto am nächsten Tag abschleppen lassen. Kaum zu Hause im Bett, stand die Polizei vor der Tür. Die Alkoholprobe fiel natürlich negativ aus, ich hatte keinen Tropfen getrunken. Was mir damals in Zeiten der Friedensbewegung über Blockaden vor den Raketendepots nicht gelungen war, sollte mir jetzt völlig unerwartet gelingen: Ich mußte mich wegen Fahrerflucht verantworten und stand das erste und (bisher) einzige Mal in meinem Leben vor Gericht. Aufgrund meines Engagements für den BUND und bei den Grünen war ich bekannt. Für einen verrückten Rowdy hielt mich das Verkehrsgericht deshalb nicht. Der Staatsanwalt schmunzelte vor sich hin. Zur Strafe mußte ich 100 Mark an den BUND spenden, außerdem 30 Stunden im Uracher Krankenhaus in der Küche schuften. Eine dieser Schichten endete wegen einer Darmblutung mit stationärer Behandlung. Auch aus der Liebesgeschichte wurde nichts. Sie wollte nichts von mir wissen. Das Auto war völlig umsonst kaputt, mein Vater sauer, Stephan sauer, ich im Krankenhaus.

Ein Zufallstreffen und der Weg in den Vorstand

Bei den Grünen war ich nach Jahren der Abstinenz zwar noch Mitglied, aber ihre Sympathiewerte bei mir waren tief im Keller. Ich dachte sogar an einen Parteiaustritt, als die Fundamentalistin Jutta Ditfurth in der Bundespartei immer fester im Sattel saß und die Außendarstellung der Grünen prägte. Es war wieder der Stuttgarter Rezzo Schlauch, der mir ein grünes Schlüsselerlebnis bescherte, nachdem mich seine Haltung in Sachen Abgeordneten-Rotation vor Jahren schon sehr beeindruckt hatte. Durch die Aktivitäten beim BUND und beim VCD, wo wir uns um Unterstützung durch die Landespartei und die Landtagsfraktion bemühten, war mein Kontakt zum Reformflügel der Grünen ohnehin nie abgebrochen. Es hatte auch gemeinsame Aktionen gegeben. So etwa eine »Begehung für Naturschutz« statt einer neuen Panzerstraße auf dem Truppenübungsplatz bei uns in der Region.

Die Begegnung mit Rezzo Schlauch war purer Zufall. Wir trafen uns zufällig im »Vorstadt-Café« in Nürtingen, wo ich unterdessen auf der Fachschule angekommen war, um das Fachabitur nachzumachen. Und da wusch mir Rezzo Schlauch den Kopf. Als ich ihm die Überlegung beichtete, womöglich bei den Grünen auszutreten und zur SPD zu gehen, da machte er mich frisch, was das Zeug hielt. »So tief darfst du nicht sinken!« Aufgeben zähle nicht, immer dranbleiben, sei angesagt. Nur dann würde sich etwas ändern. Er packte mich bei meiner Ehre. Das Ergebnis der Standpauke: Ich ging wieder einmal zu den Grünen, als Rekonvaleszent zur Wiedereingewöhnung auf ein Reformertreffen.

Es wurde wieder spannend. Unsere damalige Landesgeschäftsführerin, die ehemalige Frauenbeauftragte Inge Leffhahn und die damalige Landesvorstandssprecherin und heutige Bundesgeschäftsführerin der Grünen, Heide Rühle, guckten mich vor der Bundestagswahl 1989 als Kandidat für den Landesvorstand der Partei aus. Sie schlugen mir vor, mich doch auf Landesebene zu engagieren.

Ich hatte Heide Rühle und Inge Leffhahn auf einem Frauenkongreß kennengelernt, über den ich als freier Mitarbeiter der Uracher Lokalzeitung, des ›Metzinger-Uracher-Volksblatts‹, berichten sollte. Meine journalistische Klein-Karriere hatte übrigens auch im Politischen Arbeitskreis in Urach begonnen, wo Hans-Martin mich in die Grundregeln der Veranstaltungsankündigungen und -berichte einführte. Später besuchte ich ein Seminar, das die Lokalzeitung gemeinsam mit der Volkshochschule anbot. Dort kam dann das Angebot, als freier Mitarbeiter für unsere Zeitung zu schreiben. Ich lernte das Zeilenschinden, um das kärgliche Zeilenhonorar zu mehren, und kaufte mir meine erste Spiegelreflexkamera. Schließlich wurden für jedes Foto 10 Mark extra gezahlt! Der ›Reutlinger Generalanzeiger‹ machte mir schließlich ein Angebot, das ich nicht ablehnen konnte: Ich sollte, inklusive An- und Abfahrt, für jeden erteilten Auftrag nach Stundenlohn bezahlt werden.

Heute als MdB kommt es mir sehr zupaß, daß ich mich damals auch eine Zeitlang als freier Mitarbeiter beim neuen Lokalradio in Reutlingen mit Berichten über den Uracher Gemeinderat versuchte: Diese Erfahrungen halfen sehr, mich frühzeitig an den starren Zeitrahmen – »Sag's in einer Minute dreißig« – von Radio und Fernsehbeiträgen zu gewöhnen.

Nun also die Idee, für den Landesvorstand der Grünen zu kandidieren: War das nicht eine Nummer zu groß? Ich fühlte mich etwas überwältigt. Schließlich hatte ich von der »großen Politik« keinen Schimmer. »Keine falsche Scheu«, sagten die Ratgeber; »probier es mal, interessant ist es allemal.« Mehr als schiefgehen könne es doch nicht. Ich sollte mir auch bei der Kandidatur nicht zu viele Hoffnungen machen. Schließlich würde ich auf einem Landesparteitag das erste Mal in Erscheinung treten, sei praktisch unbekannt. Aber immerhin könnte ich einige Erfahrungen sammeln.

Der Landesparteitag ging 1989 in Heidenheim über die Bühne. Ich hatte, wie es Usus war, eine schriftliche Bewerbung eingereicht. Vor der Kandidatenvorstellung nahm mich ein erfahrener Realo beiseite. Motto seiner Schnellschulung: Paß höllisch auf! Gute Ratschläge und Tips prasselten auf mich ein. Denk an dies und das und jenes, riet er.

Der Crash-Kurs für politisch korrektes Verhalten auf Parteitagen vergaß auch das Stichwort »Frauenpolitik« nicht: »Vorsicht, ein Minenfeld, sag nur nichts Falsches.« Wahrscheinlich dachte er, dem Türken muß in dieser Hinsicht nochmal ein besonderer Tip gegeben werden. Am Ende hatte ich jeden Fleck auf meinem Waschzettel beschrieben und wußte nicht mehr, was überhaupt drauf stand, geschweige denn, wo. Ich ging ans Mikro. Und ich verlor mich, verzettelte mich, hatte Schweiß auf der Stirn, eine zittrige Stimme - alle starrten mich an. Es kam der Punkt, als ich dachte: Jetzt oder nie, den Spickzettel vergessen und durch. Ich habe von dem Moment an einfach erzählt, was ich mache und in den vergangenen Jahren gemacht hatte. Von der Gründungsmitgliedschaft bei den Uracher Grünen, den Friedensdemos, vom Müllverein über den BUND bis zum VCD. Und am Ende bekam ich die meisten abgegebenen Stimmen. Mein Ratgeber war durchgefallen. Er war zu seinem Standpunkt in der Frauenfrage gefragt worden. Seine Antwort: »Ich mag Frauen.« Das war offensichtlich nicht unbedingt das gewesen, was die Parteifreundinnen und -freunde hatten hören wollen.

Politik, professioneller

Im neu gewählten Landesvorstand waren die Mehrheitsverhältnisse wenig erbaulich. Von damals insgesamt 15 Vorständlern waren wir gerade mal vier Reformer. Als Landesverband der Reformer galt Baden-Württemberg trotzdem schon immer. Dieses Bild war durch die Landtagsfraktion und die Kommunalpolitiker geprägt. Im Vorstand saß eine linke Mehrheit. Einige verließen uns schließlich gen

PDS. Und es waren auch die wenig erquicklichen PDS-Debatten, die diese Zeit prägten. Wie sollten sich die Grünen der SED-Nachfolgepartei gegenüber verhalten, war sie unser »natürlicher« Bündnispartner, waren sie die linke Alternative, die historische Chance gar für das »bessere« Deutschland? In diesem Promillebereich des politischen Alltagsgeschäfts bewegten sich unsere Leute. Für mich war die leidige PDS-Frage schon damals geklärt: Weder eine Koalition noch eine Duldung durch die PDS liegt im Bereich des Vorstellbaren, solange wir die Partei der Bürgerrechte sind.

Auf den Vorstandssitzungen mußten wir Realos also, um überhaupt einmal den Hauch einer Chance auf eine Mehrheit zu haben, genau kalkulieren: Wer ist heut' krank, wer fehlt aus anderen Gründen? Durchzählen war angesagt. Wir konnten die Sitzungen nicht einfach verlassen, konnten nicht gehen, wenn die Zeit einmal drängte, sondern mußten aushalten bis zum letzten Tagesordnungspunkt der Vorstandssitzungen, was nicht selten nach Mitternacht war, so daß der neue Tag gleich mit einer Abstimmungsschlappe begann. Dennoch: Die Arbeit in der Landesparteizentrale war spannend, ich investierte dort viel Zeit. Außerdem waren die Tübinger Grünen, mein Kreisverband nach dem Umzug aus Urach, eine Hochburg der Fundis, und damit für mich das falsche Pflaster, wie ich fand.

Und dann sollte ich bereits gut ein Jahr nach der Wahl in den Landesvorstand die ersten Erfahrungen als Kandidat bei einer Bundestagswahl machen dürfen. Kurze Zeit vor dem Urnengang sondierten die Grünen aus dem Nachbarkreis Esslingen, ob ich mir vorstellen könne, bei ihnen als Direktkandidat anzutreten. Ihre Kandidatin war aus persönlichen Gründen abgesprungen. Es ging nur um eine Zählkandidatur, darum, die Grünen im Wahlkampf vor Ort zu repräsentieren. Die Aufstellung der für kleinere Parteien wie die Grünen wichtigen Landesliste war ohnehin längst abgeschlossen. Daß ich nach der Wahl auf keinen Fall im Bundestag sitzen würde, war damit klar. Denn nur wer auf den ersten sechs bis acht Plätzen der Landesliste stand, würde ins Parlament einziehen, wenn die Grünen die Fünf-Prozent-Hürde überhaupt schafften.

Egal, ob eine Kandidatur Aussicht auf Erfolg hat oder nicht, einen Schwung Arbeit bedeutet sie allemal. Aber warum nicht kandidieren, dachte ich? Man muß alles mal probiert haben. Ich würde in Diskussionen zu einer großen Themen-Palette gefordert sein. Das allein sollte interessant und spannend genug sein. Ich wurde Esslinger Direktkandidat der Grünen bei der ersten gesamtdeutschen Bundestagswahl 1990.

Es lief überraschend gut. Nach einem Wahlkampfauftritt in einem Pfarramt bekam ich später noch einige Male Post vom Veranstalter: »Wir würden Sie als Experten gerne wieder auf dem Podium haben« – ein schöner Experte war ich. Die Podiumsdiskussion sollte sich um Sozialpolitik drehen, und ich war kaum geeignet, die Kompetenz der Grünen in dieser Frage unter Beweis zu stellen. Ich hatte schlicht keine Ahnung vom Fach. Der Esslinger Parteifreund und Landesvorstandskollege Martin Lesny hatte kurz vor der Veranstaltung versucht, mich fit zu machen. Aber ich verhedderte mich bei einer anschließenden Zusammenfassung, der Generalprobe, ganz und gar. Doch auf dem Podium lief es wie am Schnürchen. Ich bekam reichlich Applaus. Mein Esslinger Coach fragte anschließend, ob ich gedopt gewesen sei. Ich hatte zwischen drögen Expertenknochen gesessen, die den Zugang zum Publikum nicht fanden. Das war wohl das Geheimnis gewesen.

Das Problem des gesamten grünen Bundestagswahlkampfs war die Bundespartei, mit deren Kurs wir alles andere als einverstanden waren. Von da gab es keinen Rücken-, sondern eher Gegenwind. Der Wahlslogan war, gelinde gesagt, völlig daneben: »Alles spricht über Deutschland, wir reden vom Wetter«, und das zur ersten Wahl nach der Wiedervereinigung. Damit war nicht viel Staat zu machen. Die Wiedervereinigung war nun mal das alles überlagernde Thema.

Das beschäftigte zwar auch die Partei – aber dieser Epochenbruch paralysierte uns bekanntlich. Es war beinah so, als wollten wir nicht wahrhaben, was unabänderliche und doch auch erfreuliche Realität war. Die Debatte nach der Wiedervereinigung war bei den Grünen teilweise ins Hysterische abgeglitten: Wie halten wir es mit der »Nation«? Standen wir am Ende der Leipziger Montagsdemos, die schließlich in eine »Wir-sind-ein-Volk«-Bewegung umgestrickt worden war, vor einer »Wiedergeburt des Nationalen«, gegen die nur noch das Bekenntnis »Nie wieder Großdeutschland« half? Unsere Aufgabe konnte und kann nicht sein, eine Negativ-Abgrenzung aufzubauen, den Teufel an die Wand zu malen und denen, die überkommenen Vorstellungen anhängen oder sie revitalisieren wollten, die häßliche Fratze freizulegen. Schuldzuweisungen schön und gut. Aber was weiter? Was war, was ist unser Entwurf für die Zukunft? Werben für das bessere Modell meiner Ansicht nach. Die Definition davon, was Deutschland und was ein deutscher Staatsbürger ist, darf nicht den Rechten überlassen bleiben.

Konnte die akribische Kritik am »Nationalen« als Programm helfen? Die »Nation« in all ihrer typisch deutschen Konnotationsweite und Assoziationsbreite, sie hatte uns mit aller Brutalität wieder eingeholt, war aber doch offenkundig überlebt. Sie wird auf dem Friedhof der Geschichte ihre verdiente letzte Ruhestätte finden. Unser Gesellschaftsmodell ist das einzig realitätstüchtige, es steht in bester demokratisch-republikanischer Tradition. Der Staat, die Republik – und meinetwegen die Nation – als Zusammenschluß freier Bürger aus freien Stücken und Überzeugung.

Es war immer einer der Grundfehler von vielen Linken und Nichtdeutschen hierzulande, zu sagen: Die deutsche Staatsbürgerschaft ist nicht annehmbar, weil sie die »Assimilierung« verlange. Diese Haltung, die ich nie geteilt habe, nimmt den Sieg der anderen Seite vorweg. Die gesellschaftliche Realität, das Wesen der Bundesrepublik Deutschland ist kein statischer Begriff. Auch ich definiere, was ein deutscher Staatsbürger ist. Ein typischer deutscher Staatsbürger war anno 1955, als das erste »Anwerbeabkommen« für ausländische Arbeitskräfte abgeschlossen wurde, ein anderer, als er es heute ist.

Keine Mythenbildung: Für mich war das Thema »Wiedervereinigung« damals auch eines. Nur nicht unter dem alt-ehrwürdigen Heinrich-Heine-Label. Es hat mich nicht um den Schlaf gebracht. Ich fand, die deutsch-deutsche Vereinigung sei erstens sowieso nicht zu verhindern. Und müsse zweitens auch gar nicht verhindert werden. Damit ein Problem zu haben, war etwas, daß die Amerikaner wohl auch als »deutsche Krankheit« bezeichnen. Es gibt eine Art damit umzugehen, für die das Wörtchen Komplex im doppelten Wortsinn passend ist. Der Deutschland-Komplex als Summe aller neuen, teils erledigt geglaubten Widrigkeiten und Herausforderungen (wer hat schon noch mit Verve vor '89 über »Nation« und »Volk« diskutiert?) und die verklemmten Reaktionen darauf.

Manche vermittelten das Gefühl, als bewegten sie sich hier im Land ex-territorial. Als ging sie die Realität nichts an, als stünden sie quasi jenseits dieser Gesellschaft – deren Teil man ja nun aber einmal ist. Was sollte Schlimmes daran sein, wenn Mauern fallen? Es ist im Gegenteil etwas Erfreuliches, wenn sich Menschen näher kommen. Über das Prozedere kann man sich streiten und auseinandersetzen, und wird das in Teilen noch längere Zeit tun müssen. Aber über die Zweifel an der Erfreulichkeit des Mauerfalls konnte ich nur den Kopf schütteln.

Viele ganz Aufrechte haben politisch korrekt mit dem Kopf geschüttelt und beim Winken mit dem moralischen Zeigefinger mächtig Wind gemacht, als ein Teil der damaligen grünen Bundestagsfraktion sich mit den anderen Kollegen erhob und zur Maueröffnung in die Nationalhymne einstimmte. Sollte es jeder halten, wie er wollte. Ich bin kein guter Nationalhymnensinger. Da wirken negative Erinnerungen aus der Schulzeit nach, wo wir im »Muttersprachlichen Ergänzungsunterricht« die türkische Hymne absingen durften. Von mir aus können wir gern auf Hymnen verzichten. Ich brauche keine. Oder halten wir es wie in der Spätphase der DDR oder wie in der Schweiz: nur Musik, kein Text. Die Schweizer sind, heißt es, mit dem Text unzufrieden. »Einigkeit und Recht und Freiheit«: Schön, wenn wir uns einig sind; Freiheit ist sowieso gut, und wer wollte etwas gegen Rechtsstaatlichkeit haben? Wen aber rührt dieser längst gequält wirkende Pathos noch an? Daß Vaterland auch nach der Rechtschreibreform nicht mit F geschrieben wird, mag der Rave-Generation zu dieser Vokabel vielleicht noch einfallen. Und sonst? Diese Atmosphäre ist wohl spätestens bei 130 beats per minute zerhämmert worden. Ob diese Leere das Vakuum sinnvoll füllt, ist eine andere Frage. Aber nationaler Pathos wie das Abspielen der Hymne, das der nach Bismarck dienstälteste Kanzler aller Zeiten zum Programmschluß bei den Öffentlich-Rechtlichen vor Jahren durchdrückte, wirkte eher wie ein Beerdigungsmarsch für die quotengeplagten Staatsfunker denn wie eine allgemeine Vitalisierungsmaßnahme. Man erinnere sich, wie unsere Staatsmänner das Deutschlandlied damals am Brandenburger Tor verpunkt haben? Kein Johnny Rotten hätte das besser machen können.

Im Esslinger Wahlkampf wollten wir uns von den zehrenden Einheit-Nein-Danke-Debatten der Bundespartei nicht vereinnahmen lassen. Wir organisierten eine Art Privatwahlkampf und legten Bundesprogramm und offizielle Wahlkampfplakate dezent beiseite. Unsere Wahlwerbung wurde eher eine Gaudi mit viel Kultur, Musik, Theater. Wir luden in einen Disco-Zug ein, zum Rockkonzert, zum Kohl-Imitator Stefan Wald. Als Wahlhelfer hatten wir Schwergewichte vom Reformerflügel, wie Joschka Fischer und Rezzo Schlauch, zu Gast. Und natürlich gehörte auch Multikulturelles ins Wahlkampfprogramm: Für uns trat das türkische Kabarett Knobi-Bonbon – in deutscher Sprache – an. Ich konnte im Wahlkampf für meine Themen werben: für Ökologie und für »eine weltoffene Republik«, wie der Slogan lautete. Es ging mir um die Gleichberechtigung derer, die längst Inländer waren, aber Ausländerinnen und Ausländer genannt und zunehmend auch von der Bundesregierung für Probleme auf dem Arbeits- und Wohnungsmarkt verantwortlich gemacht wurden, die mehr und mehr als Fremdkörper im Jahre eins der »deutschen« Wiedervereinigung betrachtet wurden. Nach West-Betriebsbesichtigungen von Ostdeutschen war damals schon zu hören, die »Ausländer« könnten ja nun »nach Hause« gehen, »hier« würden sie wohl nicht mehr gebraucht. Die Kandidatur sollte auch ein Signal dafür sein, daß sich Migranten oder deren Kinder einmischten, und das nicht nur im zweiten Glied symbolisch, sondern als Direktkandidat an durchaus exponierter Stelle. Es war ja auch bei den Grünen noch immer üblich, Politik *für* »Ausländer« zu machen, weniger mit ihnen.

Unser Wahlergebnis war am Ende ganz passabel. Wir lagen über der Fünf-Prozent-Hürde. Aber der Bundesdurchschnitt bescherte den Grünen einen grausamen Dämpfer. Wir West-Grünen konnten nicht in den ersten gesamtdeutschen Bundestag einziehen, waren an der Fünf-Prozent-Hürde gescheitert. Nur die Bürgerrechtler aus den neuen Ländern schafften es. Wie sollte es mit den Grünen weitergehen? Es ging ein Ruck durch die Partei, denn es war klar: Grund für das Ergebnis waren die ewigen öffentlichen

Streitereien zwischen den Flügeln der Partei. Wenn wir überleben wollten, mußte einiges anders werden. Altbekannte Realos erschienen wie Phönix aus der Asche wieder auf der Bühne, etwa Fritz Kuhn, der jetzige Fraktionschef der Grünen im Landtag von Baden-Württemberg. Die Mehrheit der Fundis im Landesvorstand war immer vor allem eine Schwäche der Reformer gewesen: Während die Fundamentalisten immer reichlich Kandidaten aufbieten konnten, herrschte bei den Reformern blanke Personalnot, wenn es um die Vorstandswahlen ging. Sie waren ziemlich ausgepowert oder hatten sich auf Mandate in Kommunalparlamenten oder im Landtag konzentriert.

Für mich bedeutete die Arbeit im Landesvorstand auf Dauer den Abschied von meinem so lange gepflegten Thema Ökologie. Die Umwelt- und Naturschutzarbeit in enger Anlehnung an Verbände wie den BUND hatte ich bei meiner ersten Vorstandsbewerbung als mein zentrales Interesse genannt. Und für den Bundestagswahlkampf 1990 machte ich noch einen Aktionsvorschlag zum Thema »Sondermüll Auto«.

Uns ging es nicht nur um Tausende Tonnen Lackschlamm-Sondermüll, der bei der Produktion anfiel. Wir versuchten, die Notwendigkeit des Recyclings von Altautos ins Bewußtsein zu rücken. Die Autoindustrie mußte dringend aufs Rücknahme-Gleis geschoben werden – eine Angelegenheit, für die, wie in den allermeisten Umweltfragen, bis zum Durchbruch dicke Bretter gebohrt werden müssen. Eine akzeptable Lösung mit langlebigen, voll recyclebaren Produkten haben Bundesregierung und Hersteller bis heute nicht geschafft. Auch Grüne sind nur Menschen: In unserem Aktionsvorschlag fehlte der mahnende Fingerzeig nicht, daß es empfehlenswert sei, bei Aufbau von Info-Ständen nicht mit einer Karosse vorzufahren.

Gemeinsam mit Günter Künkele, einem Hauptschullehrer und engagierten Ökologen, den ich über die Naturschutzarbeit in Urach kennengelernt hatte, und der »Arbeitsgemeinschaft Wanderfalkenschutz« war es schließlich noch ein Herzensanliegen, die boomende Freizeitkletterei zu zähmen, die die Schwäbische Alb in anarchischer Wild-West-Manier für sich erschloß. Den Klettersportlern, die unsere Kritik als Kreuzzug empfanden, war keines dieser letzten Zeugnisse der Eiszeit heilig. Experten schätzen, diese seien bereits von rund 5 000 mit Haken und Abseilringen gespickten Routen durchzogen. Mit Akkubohrern und Klebepistolen zogen die Akrobaten ihre Spuren durch schützenswerte Ökonischen. Die Behörden ignorierten dieses Treiben geflissentlich, der renommierte Alpenverein bohrte und stocherte schließlich kräftig mit. Selbst gesperrte Areale waren nicht tabu. Manche forderten, doch Anfahrten bis an die Felsen zu planieren, und tarnten sich mit grünem Mäntelchen: Nur offizielle Zufahrten könnten wilde Trampelpfade verhindern, die unweigerlich schützenswerte Flecken ruinieren und seltene Pflanzenarten und Vogelbruten zerstören würden. Der kompromißlose Einsatz von Günter Künkele führte zumindest im Ermstal zu einem vernünftigen Kompromiß, der die Kletterfans nicht völlig verbannte und dem Naturschutz zu seinem Recht verhalf.

Doch mit dem Ökologie-Thema war es, wie gesagt, aus. Ich kam damit nicht weiter. Nach der ersten Zeit im Landesvorstand drängte sich mir der Themenkomplex Migration und Bürgerrechte geradezu auf. Diese Arbeit war eine Herausforderung, weil sie im Vorstand bislang weitgehend unbearbeitet geblieben war – und es bestand durch den Prozeß der Wiedervereinigung wachsender Bedarf. Als die nicht endenden rassistischen Übergriffe und Mordanschläge einsetzten, bestand schließlich geradezu die zwingende Notwendigkeit, offensiv zu reagieren. Die Mordanschläge von Mölln, Solingen, Rostock und Hoyerswerda geschahen in dieser Zeit und haben meine Arbeit maßgeblich bestimmt.

Ich stieß mit den Fragen Einwanderung und Bürgerrechte

auf viel Resonanz. Obwohl ich das bei der Kandidatur gar nicht im Sinn gehabt hatte. Einwanderer oder Angehörige der Zweiten Generation, wie ich, mußten sich endlich stärker in die Politik einmischen. Aber ausschließlich auf das Thema »Ausländer« abonniert zu sein, war nicht meine Absicht gewesen. Doch zu diesem Komplex wurde ich fortwährend befragt. Die Einladungen aus den Orts- und Kreisverbänden bekam ich nicht, um zu einem Thema wie »Klettersportregelungen« zu referieren und die grüne Position dazu in Diskussionen zu vertreten. Ich sollte über die »Ausländerpolitik« der Grünen und, was anfänglich noch schwerer war, aus der Einwanderer-Community berichten. Anfangs fand ich diese neue Ausrichtung bedauerlich. Aber der Bedarf war da. Und schließlich hatte es etwas mit Authentizität zu tun, wenn sich jemand wie ich, ein Kind von Einwanderern, mit diesem Thema politisch auseinandersetzt.

Auch grüne Kollegen lernten langsam – einmal war es sogar unter dem Punkt »Sonstiges« auf der Tagesordnung angemerkt –, daß Cem Özdemir nicht »Zem« oder »Chem« hieß, wie manche durch die Zähne zischten oder guttural aus den Tiefen des Rachens hervorstießen, sondern daß es ganz einfach war: Cem, sprich Dschäm (mit einem kurzen, nur angedeuteten ä). Und wenn schon grüne Infos in bester Absicht auch in türkischer Sprache herausgegeben wurden, dann, fand ich, war es simples Gebot der Höflichkeit, dabei auch orthografisch und grammatikalisch auf der Höhe zu sein. »Ich schreiben ja auch nix in Ötzel-Brötzel-Deutsch zu euch, oder?«, hatte ich Kollegen vom Landesverband Rheinland-Pfalz gelegentlich einmal wissen lassen und sie gebeten, ein Info doch zurückzuhalten, weil sich die Adressaten durch die vielen Fehler »leicht veräppelt vorkommen« könnten und solche Pannen wahrlich keine Werbung für uns seien. Auch die in politisch korrekten Kreisen damals beliebte geschlechtsneutrale Schreibweise »man/frau« ging z. B. in einer Übersetzung der Volkshochschule

Stuttgart schon mal nach hinten los: »Insan veya Kadin«, wurde die Wendung ins Türkische übersetzt, zu deutsch: »Menschen oder Frauen«.

Persönlich fühlte ich mich durch solche Angelegenheiten nicht auf den Schlips getreten. Schließlich mußte ich selbst schwer büffeln, um ein einigermaßen akzeptables Türkisch zu sprechen, vom Schriftlichen ganz zu schweigen. Und mit bitterem Ernst an diese Dinge heranzugehen, war noch nie meine Passion. »Vielleicht manche denken, das seien nix ganz so schlimm, viele türkisch Leute auch nix sprechen gute Deutsch – oder?« Anmerkungen dieser Art, etwa in Leserbriefen an Zeitungen, halte ich für sehr viel wirksamer, um auf unnötig viele Fehler hinzuweisen, die bei der Umsetzung einer an sich guten Idee wie der Ankündigung einer Einbürgerungsaktion mit türkischer Titelzeile passierten. Die Adressaten reagieren meiner Erfahrung nach auf so gehaltene Hinweise recht aufgeschlossen.

Für mich kamen in der Vorstandsarbeit noch wichtige Themen wie das Asylrecht und der Krieg in Ex-Jugoslawien, der Völkermord in Bosnien hinzu. Sie wurden zu persönlichen Anliegen, dazu schweigen wollte und konnte ich nicht. Ähnlich wie Politik und Strafverfolgung dem rechten Mob bei uns in Deutschland anfangs die Straße überließ, schien – um ein Vielfaches verstärkt – die Internationale Gemeinschaft in Ex-Jugoslawien zu versagen. Die Nichteinmischungs-Haltung der Grünen empfand ich als völlig falsch. In Bosnien tobte nach meinem Verständnis kein »Bürgerkrieg«, in dem alle gleich viel Dreck am Stecken hatten, wie viele argumentierten. Es war aus meiner Sicht vielmehr anfänglich eindeutig, wer Täter und wer Opfer war und daß es sich um Völkermord an den bosnischen Muslimen handelte.

Die grüne Haltung war nach meinem Empfinden einem völlig falschen Verständnis von Pazifismus – und vielleicht auch Angst vor der eigenen Courage – geschuldet. Die Debatte, wie sie mehrheitlich in der Partei geführt wurde, schien mir entrückt, viel zu abstrakt in den Höhen der Welt- und Sicherheitspolitik geführt: Gestorben wurde ja nicht bei uns, sondern woanders. Natürlich mußte der sicherheits-, europa- und weltpolitische Kontext Teil der Debatte sein – aber die große Mehrheit bei uns schien sich dahinter zu verstecken. Dafür gab es einige Indizien: Waren wir bei anderen Krisen oft ganz vorne dabei – wenn es um die Menschenrechte in Ex-Jugoslawien und die Unterstützung von humanitärer Hilfe für die Menschen dort ging, blieben die Partei und viele Intellektuelle im Gegensatz zu Frankreich hier merkwürdig zurückhaltend. Wir konnten uns gerade mal auf – sicher wichtige – humanitäre Hilfe einigen.

Für mich war es – entgegen der damaligen grünen Linie – klar, daß Bosnien nicht allein gelassen werden durfte – auch um der jetzt leider eingetretenen Gefahr der Radikalisierung auf bosnischer Seite zu begegnen. Wir waren nur eine Handvoll, die auf einem Landesparteitag 1993 in Kehl einen Antrag formulierten, in dem das Ende des Waffenembargos gegen die Bosnier gefordert wurde: Weil den Menschen das Recht auf Notwehr gegen Völkermord zugestanden werden mußte. Sich mit dieser Position für die Wiederwahl in den Landesvorstand zu bewerben, dessen Neubesetzung auf eben diesem Parteitag anstand, war nicht die beste Strategie. Aber ich wurde – auch zu meinem Erstaunen – trotz dieser Position wiedergewählt, obwohl unser Bosnien-Antrag nur – oder immerhin? – etwa 20 Prozent Zustimmung bekommen hatte. Offensichtlich vermochten die Delegierten eine abweichende Position von der Mehrheit in einer Gewissensfrage zu akzeptieren – auch ein Zeichen für eine entwickelte Debattenkultur.

Auch in der Schlammschlacht um das Asylrecht Stellung zu beziehen, war eine Aufgabe, die die Arbeit im Landesvorstand bestimmte. Die Demontage des Grundrechts auf

Asyl, des Artikels 16 im Grundgesetz, den Koalition und SPD zur Rechtsruine machten, war für mich Demontage von Menschenrecht. Dabei war die Parole von den »Offenen Grenzen«, die ein Teil meiner Parteifreunde vertrat, nie meine. Wie die Demonteure aber mit Asylsuchenden umsprangen, das war Diskriminierung von Staats wegen in höchster Potenz. »Am Kragen packen und raus damit«, forderten selbst führende Sozialdemokraten. Die echten Knüppel schwangen andere. Wenn Flüchtlinge heute nahezu widerspruchsfrei von gekürzter Sozialhilfe leben müssen und mit Arbeitsbeschränkungen belegt sind, dann ist das auch eine Folge der fatalen Asyldiskussion, die viel Porzellan zerschlagen hat – selbst wenn ihre Asyl-Anträge womöglich auch nach wohlwollender Prüfung schließlich abgelehnt würden, haben sie für mich einen Anspruch auf menschenwürdige, den allgemeinen sozialstaatlichen Mindest-Standards entsprechende Behandlung. Was da zu uns kommt, sind nicht »Schmarotzer«, sondern Menschen. Die plakative Wendung, mit der damals versucht wurde, gegen die Kampagne der Großen Anti-Artikel-16-Koalition und um Zivilcourage gegen rassistische Gewalt, um Solidarität zu werben, mag heute vielleicht auf mehr Einsicht stoßen: Heute die, morgen du. Wir haben nicht nur ein »Asylbewerberleistungsgesetz«, das unterhalb der Sozialhilfe liegt; wir haben auch ein »Lohnabstandsgebot«, das für alle gilt, die auf Sozialhilfe angewiesen sind. Nicht der eigentliche Bedarf ist für die Berechnung der Hilfe Maßstab, sondern der Abstand zu niedrigen Durchschnittslöhnen muß gewahrt sein. Die schon lange geltende Schlechterstellung von Flüchtlingen bei der medizinischen Versorgung kann man im Gesamtkonzept als Test, Vorstufe, Menetekel für den fortschreitenden Abbau von Leistungen im Rahmen der Gesundheits-»Reformen« betrachten.

Yesiller-Grüne und Immi-Grün

Anfang März 1992 gründeten mein Freund Ozan und ich den Verband »Yesiller«, türkisch für »Die Grünen«, in dessen Vorstand ich gewählt wurde. Zur Gründungsversammlung in Frankfurt fanden sich über 50 Interessierte aus allen Teilen der Republik ein. Gegen den immer deutlicher spürbaren Ausgrenzungsprozeß im Zuge der Deutschen Einheit und die steigende Zahl von Anschlägen auf »Ausländer« wollten wir die Stimmen der »Ausländer« in der Politik bündeln, eintreten für die vollen Bürgerrechte in dem Land, in dem wir leben. Das war einer der Gründungsgedanken.

Die meisten hatten, anders als ich, noch keinen deutschen Paß. Es ging nicht nur um die Änderung der Staatsangehörigkeitsrechte, sondern darüber hinaus auch darum, daß sich in Deutschland langsam ein Drei-Klassen-Recht etablierte. Hier die deutschen Staatsangehörigen mit vollen Rechten. Da die Staatsangehörigen aus den Staaten der EU, die aufenthaltsrechtlich und auf dem Arbeitsmarkt Deutschen gleichgestellt waren und aufgrund der EU-Integration bald das erste Mal bei Kommunalwahlen würden mitabstimmen dürfen. Und dort die Einwanderer ohne deutschen oder ohne EU-Paß, die bereits bis zu 35 Jahre im Land lebten, aber am Ende der Schlange eingereiht wurden. Wenn ein Kommunalwahlrecht für EU-»Ausländer« eingeführt wurde, müßte das wohl auch für sie gelten. Dieser Einsatz für Bürgerrechte war eines der Yesiller-Ziele.

Außerdem sollten Deutsch-Türken und Deutsch-Kurden, die sich immer mehr auseinanderzuleben drohten, in einer Organisation zusammenfinden, die den Einstieg in die deutsche Innen- und Parteipolitik erleichtern würde. Sie sollten ermutigt werden. Und es galt, den Blick auf die Zukunft im Einwanderungsland der Eltern, dem Heimatland des Nachwuchses, zu lenken; viel zu viele ließen sich von den Konflikten in der Türkei zu sehr vereinnahmen und beeinflussen. Viele auch aus der zweiten Generation, das wußte ich von vielen Kontakten besonders der letzten Jahre, hatten trotz der fortschreitenden Emanzipation und ihres Hineinwachsens in diese Gesellschaft Probleme, die Schwelle in die deutsche Partei- und Innenpolitik zu überwinden. Das hat nicht nur persönliche Gründe: Nicht selten geht es in Initiativen oder Parteien recht introvertiert zu. Neue Interessierte werden eher störend wahrgenommen als wirklich willkommen geheißen.

Natürlich wollten wir auch Mitglieder für die Grünen gewinnen – die sollten dann aber auch ihre eigene Lobby innerhalb der Partei aufbauen. In Zukunft sollten Einwanderer die »Ausländerpolitik« selber aktiv mitgestalten. Wenigstens bei den Grünen sollte Schluß sein mit der Stellvertreterpolitik. Die Partei hatte unter dem Druck der von Bonn initiierten Anti-Asyl-Kampagne viel zum Thema Asyl gesagt und gemacht – ohne Zweifel zu Recht –, dabei hatten wir aber übersehen, daß seit über 30 Jahren Menschen unter uns lebten, die weitgehend rechtlos geblieben waren.

Last not least hatten wir uns als Yesiller vorgenommen, Kontakte zur grünen Partei in der Türkei aufzubauen. Ein Unternehmen, das sich leider von selbst erledigte. In der Türkei konnten sich die Grünen nur kurz halten, kamen im Grunde über die Struktur von Initiativen an verschiedenen Orten des Landes nicht hinaus. Schließlich ereilte diese Partei dasselbe Schicksal wie Dutzende anderer Parteien in der Türkei: Sie wurde aus formalen Gründen staatlicherseits aufgelöst.

Leider standen wir mit Yesiller nach einiger Zeit nicht wie erhofft ganz vorne im Kampf um Bürgerrechte, sondern fanden uns mitten im türkisch-kurdischen Disput wieder. Die bittere Lektion: Es gelang uns nicht nur nicht, womöglich bestehende Differenzen zu überbrücken, abzubauen oder (her-)auszuhalten. Der Konflikt zwischen »Türken«

und »Kurden« – wobei ich nie begriff, wo ich dabei hingehören sollte – wurde auch in personellen und politischen Fragen instrumentalisiert. Den einen waren wir zu Türkei-kritisch, den anderen zu Türkei-nah (wenn wir uns beispielsweise mit dem türkischen Botschafter trafen). Diese Erfahrungen bestätigten einmal mehr die Notwendigkeit einer Arbeitsgemeinschaft im Umfeld der Grünen, die für Interessierte jeglicher Nationalität offen ist, die die Möglichkeit des Engagements bietet und das auch ausdrücklich so formuliert. War Yesiller noch ausschließlich mit Blick auf die Einwanderer aus der Türkei und deren Kinder gegründet worden, ging es uns deshalb bei der Gründung von »Immi-Grün, Bündnis der neuen InländerInnen« um einen Arbeitskreis für Immigranten und deren Nachwuchs, unabhängig von ihrer Herkunft. Längst hatten auch griechische, persische und spanische Interessierte, Freundinnen und Freunde der Grünen, kritisch angefragt, ob sie nun etwa jeweils eigene parteinahe Organisationen gründen sollten.

Das Ergebnis dieser nicht ganz leichten Geburt hieß also Immi-Grün: die erste parteinahe Organisation, die nicht ausschließlich für Angehörige *einer* Nationalität gedacht ist, wie es bei anderen Parteien der Fall ist. Selbst die Berliner wenden sich mit ihrem CDU-nahen Kreis allein an Türkinnen und Türken, ebenso der FDP-Ableger »CTDV«. Die Ausrichtung dieser Initiative steckt schon im Namen (Liberale Türkisch-Deutsche Vereinigung), wie auch bei der SPD-nahen »Föderation der sozialdemokratischen Volksvereine aus der Türkei«. Der Zuspruch gerade unter jungen Ex-«Ausländern« bestätigt, daß wir bei Immi-Grün richtig damit liegen, eine für alle offene Organisation aufzubauen.

Die Zeit vor den Lichterketten

> Das Land, das die Fremden nicht schützt, wird bald untergehen.
>
> *Altes Testament*

Wie nötig und überfällig es war, daß Einwanderer und die zweite Generation der neuen Inländer sich endlich in die Bürgerrechtspolitik einmischten, wurde in den Jahren nach der Maueröffnung zunehmend deutlich. Als am 9. November 1989 die Mauer fiel, freuten sich darüber auch die meisten aus der Einwanderer-Community. Für viele kam ein erster Schock, als aus dem Ruf »WIR sind das Volk«, der Ruf »Wir sind EIN Volk« wurde. Menschen, die sich längst als neue Inländerinnen und Inländer fühlten, mußten einsehen: Wir sind damit nicht gemeint. Die Chance wurde verpaßt, aus dem Fall des Eisernen Vorhangs und der Vereinigung ein neues Gemeinwesen heranwachsen zu lassen, das die liberalen Traditionen der alten Bundesrepublik fortsetzte und gleichzeitig die Impulse der friedlichen Revolution in der DDR aufgriff.

Stattdessen dümpelte das Land mehr und mehr zwischen Orientierungslosigkeit und Chauvinismus hin und her. Edmund Stoiber kam in dieser Atmosphäre die Wendung von der »durchmischten und durchrassten« Gesellschaft über die Lippen; Spitzenleute der CDU boten die »deutsche Schicksalsgemeinschaft« als Sinnstiftung an. Das alles lief – parallel zum Vorgehen gegen Flüchtlinge und das Asylrecht – auf geistige Mittäterschaft an den Übergriffen gegen Einwanderer und Flüchtlinge hinaus. Innerhalb von gut drei Jahren seit der Wiedervereinigung sind über 50 Menschen umgebracht, hunderte verletzt worden. Wenn die einst von Helmut Kohl angekündigte »geistig-moralische Wende« irgendwo nachhaltig zu spüren war, dann hier.

Nahtlos schien sich ein Rückschlag an den nächsten zu reihen. Eine ätzende Melange der Ausgrenzung wurde da zusammengebraut. Da war das neue »Ausländergesetz«, das die rechtliche Sonderbehandlung nicht endlich radikal beendete, sondern zementierte. Gewiß: Einbürgerung wurde erleichtert. Das aber kam nur einer Minderheit wirklich entgegen. Plötzlich wurde vielmehr wieder allen ins Gedächtnis gerufen, daß eine nicht ausreichend große Wohnung das Aufenthaltsrecht gefährden konnte, daß die Abhängigkeit von Sozialhilfe den Aufenthalt beenden konnte. Die obersten Wächter über das Reinheitsgebot fürs deutsche Blut, die Juristen in den Innenministerien, wollten sogar sämtliche »öffentliche Stellen« verpflichten, Mitteilung zu machen, sobald sie bei ihrer »Ausländer«-Klientel feststellten, da sei möglicherweise im Sinne des »Ausländergesetzes« etwas nicht ganz astrein.

Und dann, dann setzten ohne Ende Horrormeldungen von »Übergriffen«, Gewalttaten gegen »Ausländer« infolge von Asyldebatte und Wiedervereinigung ein. Der Glauben daran, daß ihr Leben genauso geachtet und respektiert würde wie das der Deutschen, ging bei den meisten Nichtdeutschen verloren. »Wir sind«, meinten viele, »eine verlorene Gemeinschaft.« In der Entscheidung, die Einbürgerung nicht um den Preis der Ausbürgerung beantragt zu haben, sahen sich viele durch die Meldungen und Berichte von Überfällen bestätigt, die wie die Wetterkarte beinah zum festen Bestandteil der Tagesschau gehörten. Was hätte es schließlich genützt, einem Skinhead noch schnell den neuen deutschen Paß vorzulegen, bevor er einem eins mit dem Baseballschläger überzog.

Während RAF-Anschläge den gesamten Staatsapparat in Bewegung gesetzt hatten, bekam man hier den Eindruck, als handele es sich um bedauerliche, aber kaum vermeidbare Vorgänge. Dutzende Politikeräußerungen legten das nahe: Sie fanden reichlich Verständnis für desorientierte Jugendliche. Daß es auch bei aller möglicherweise zutreffenden Desorientierung und allen Zukunftsängsten eines rassistischen Weltbildes bedurfte, um Menschen anzugreifen, zu ermorden, abzufackeln, weil sie »anders« waren, dunkelhaarig, dunkeläugig, dunkelhäutig, Türken, Kurden, Griechen, Schwarze, Juden, Behinderte und schließlich Obdachlose, scheinen manche bis heute nicht begriffen zu haben.

Einen Staatsnotstand sah man nicht in Deutschland – noch nicht: Den gab es allenfalls weit weg in Somalia oder, etwas näher, auf dem Balkan, den damals auf der internationalen Agenda aktuellen Killing Fields. In der Bundesrepublik war die Reizschwelle für spürbare, nachhaltige Gegenmaßnahmen auch mit täglichen Meldungen von Gewalttaten und über Mordversuche noch immer nicht überschritten. Diese Schwelle schien proportional mit den Zahlen über rassistisch motivierte Anschläge in die Höhe zu schnellen.

Dabei lebte ein Teil dieser Gesellschaft – knapp 10 Prozent im Westen der Republik, in manchen Städten bis zu 25 Prozent der Einwohner – in Angst und Schrecken. Und die große Mehrheit im Land merkte es kaum. Nichts belegte deutlicher, wie sehr in diesem Land offenbar zwei Bevölkerungen in Parallelwelten lebten und leben, wie begrenzt die Kommunikation miteinander – nicht übereinander – ist.

Einwanderer, Nichtdeutsche, tauschten sich darüber aus, ob ihr Treppenhaus aus Holz, Stein oder Beton bestand – Stein war sicherer, Holz würde gut brennen. Man überlegte Fluchtwege, falls ein Molotow-Cocktail des Nachts durch die Fensterscheibe krachte. Konnte man sich vom Balkon oder aus einem Fenster abseilen? Wie würde man die Kinder aus dem Haus bekommen? Mein Freund Ozan Ceyhun zeigte mir bei einem Besuch in Rüsselsheim, wo er die Befestigung für die Strickleiter angebracht hatte und erklärte, wie er, seine Frau und die Kinder sich für den Ernstfall vorbereitet hatten.

Etwas Ähnliches hatte mir nur einmal eine deutsche Familie erzählt: Wie abends vor dem Zubettgehen Kleidung für die Kinder bereit gelegt worden war, die sie besonders schnell überwerfen konnten, wie die Schuhe direkt am Bett abgestellt wurden, wie die liebsten persönlichen Sachen und die wichtigsten Papiere für die in der kommenden Nacht vielleicht notwendige plötzliche Flucht aus dem Haus oder aus der Wohnung bereitgestellt wurden. Diese Familie hatte mir von den Bombennächten des Zweiten Weltkriegs berichtet.

Kaum fünf Jahre sind vergangen, seit viele Familien in Deutschland sich Feuerlöscher angeschafft haben, Hausbesitzer Alarmanlagen installierten, weil Killer-Kinder oder erwachsene Wahnsinnige mörderisches Schicksal spielten. Bei vielen stand plötzlich ein Wachhund im Garten, auch schon mal, welche Ironie, ein Deutscher Schäferhund. Kinder wurden nachts von Alpträumen aus dem Schlaf gerissen: Es brenne, hatten sie sich eingebildet. Hatte es wieder irgendwo in der Republik einen Anschlag gegeben, hielten manche Eltern abwechselnd Nachtwache. Was machten die, die im Schichtdienst arbeiteten? Und es geschah ja auch am hellichten Tag, daß eine Ausländerin oder ein Ausländer oder Menschen, die man dafür hielt, auf der Straße, an der Straßenbahn- oder Bushaltestelle überfallen wurde. Die Stimmung unter den potentiellen Opfern war kurz davor, in Panik umzuschlagen.

Ausnahmezustand für »Ausländer«

Meine Gedanken waren in dieser Zeit so oft wie nie zuvor in meinem Leben bei meinen Eltern. Sie waren türkische Hausbesitzer und hatten nicht zuletzt durch meine Aktivitäten keine unbekannte Adresse. Auch wir diskutierten darüber, eine Strickleiter anzuschaffen. Ich nahm Verbindung mit der Polizei auf. Wenn ich nach Besuchen zu Hause – ich wohnte ja inzwischen in Tübingen – das Haus verließ, überhäuften mich meine Eltern, bewegt von bohrender Angst, mit Mahnungen: Nimm niemanden im Auto mit, schließ die Wohnungstür doppelt ab usw. Wir telefonierten beinah täglich. Bekannte und Freunde, auch im Ausland, teilten diese Ängste.

War das also, fragten sich die Alten wie die Jüngeren, der Dank für bis zu 30 Jahre Plackerei in Deutschland? Ob die Angegriffenen, Angepöbelten, Verletzten, Ermordeten »Gastarbeiter« waren, Flüchtlinge oder Asylanten, machte keinen Unterschied: Es ging gegen Ausländer, das war die Botschaft jedes Anschlags, gegen die, die nicht deutsch waren.

Was sollen wir tun, fragten sie sich in den Kneipen und Teestuben: Wenn so ein Skinhead angreift und vielleicht erwischt wird, ist er nach einer kurzen Strafe bald wieder frei. Wenn wir uns zur Selbstverteidigung bewaffnen, mit Gas- oder Schreckschußpistolen, oder uns offensiver selbst verteidigen, werden wir am Ende womöglich noch ausgewiesen!

Auch mich führte der Zorn über dieses »häßliche Deutschland«, das nicht das Deutschland war, in dem ich geboren und aufgewachsen war, an den Rand von Verzweiflung und Resignation. Langsam aber stetig wuchs die Furcht vor einer Gesellschaft, in der die Menschen – nicht ohne Grund – überzeugt waren, sich zu ihrem eigenen Schutz bewaffnen und zur Selbstjustiz greifen zu müssen. Aus Rostock und anderen Städten der Republik flimmerten uns die Bilder des staatlichen Versagens in die Wohnzimmer. Einem fanatischen, rassistischen Mob wurden die Opfer von der Polizei überlassen, die am Rand stand, zuschaute, weil ihr Einsatzbefehl so lautete. Mit welchen Argumenten sollte ich meinen türkischen Freunden erklären, daß es trotzdem falsch wäre, sich zu bewaffnen? Ich habe, bei aller Verbitterung, immer vor Rache und Selbstjustiz gewarnt. Ich halte es für effektiver und wichtiger, sich zu engagieren, sich einzumischen, nicht den Mund zu halten, sich dagegen zu wehren, nur auf multikulturellen Festen als kulinarische Beigabe mißbraucht zu werden. Rassismus und Antisemitismus lassen sich nun mal nicht wegtanzen und wegkochen.

Ich war trotzdem nie der Meinung, der Faschismus stehe vor der Tür. Aber die Tatsache, daß die politisch Verantwortlichen es für kurzfristige politische Zwecke – die Bekämpfung und Abschaffung des Grundrechts auf Asyl und die nächsten Wahlen – geradezu billigend in Kauf nahmen, daß Neonazis auf den Straßen tobten: Das habe ich ganz einfach nicht begreifen können. Die Polizei schaute zu oder zog sich zurück, während das Leben von Flüchtlingen und ihrer Helfer – zum Beispiel in Rostock – auf dem Spiel stand. Wie konnte man so leichtfertig mit Menschenleben, mit dem gesellschaftlichen Frieden umgehen? Das hinterließ nichts als Fassungslosigkeit. Für mich hatte Deutschland immer Sicherheit bedeutet. Für mich stand dieses Land trotz der völlig verkorksten Bürgerrechtspolitik immer für eine gewisse innere Ausgeglichenheit, einen gesellschaftlichen, inneren Frieden. Der wurde durch Mölln, Solingen, Rostock zerstört.

Bonn setzte in der schändlichen Debatte und bei den verhaltenen Reaktionen auf die Übergriffe des Mobs immer noch eins drauf. »Beileidstourismus« helfe nicht weiter, ließ der Kanzler den Regierungssprecher nach den Morden von Mölln verkünden. Der Kanzler mochte folglich auch die Überlebenden der Solinger Familie Genc nicht besuchen. War so viel Autismus in Regierungsverantwortung erlaubt? Die historischen Verdienste Helmut Kohls in der Europa-Frage und in Sachen Deutsche Einheit stehen außer

Frage. Aber wenn die Historiker eines Tages die Ära Kohl bilanzieren, dann werden sie, meiner Ansicht nach, zwei ganz und gar unrühmliche Fehlleistungen auf der Soll-Seite zu verbuchen haben: die anfängliche Schlußstrich-Mentalität im Umgang mit der Geschichte Nazi-Deutschlands, die in einem Staatsakt an den Gräbern von SS-Schergen gipfelte, und den Umgang mit Nichtdeutschen in unserer Gesellschaft, das Versagen bei der Integration, das im Affront des verweigerten Besuchs der Opfer von Mölln und Solingen gipfelte.

Daß der Bundeskanzler nicht willens war, die Mutter der Opfer von Solingen, zu empfangen, das habe ich nie verstanden. Spätestens bei der Trauerfeier hätte Helmut Kohl sein Mitgefühl zum Ausdruck bringen können. Spätestens dies war der Zeitpunkt, an dem gerade der Bundeskanzler durch seinen Besuch hätte Flagge zeigen müssen, zeigen müssen, wo diese Republik steht, zeigen müssen, daß dieses größere Deutschland ein Land ist, das Integration nicht nur auf höherer internationaler Ebene meistern kann. Spätestens hier hätte Kohl in der Diskussion um die Einbürgerungsfrage Farbe bekennen sollen.

Das Bedürfnis, Zeichen der Solidarität zu setzen, verspürten nur wenige Bonner Größen, wie der damalige Bundespräsident Richard von Weizsäcker. Statt dessen kabelte die Bundesregierung Beileidstelegramme nach Ankara, wo der Kanzler schon vorher während eines Besuchs sein Mitgefühl geäußert hatte. Was hatte Ankara mit den Morden an Einwanderern in der Bundesrepublik zu tun? Da hätte die Bundesregierung sich selbst das Beileid aussprechen können – das hätte in zweifacher Hinsicht nähergelegen: sowohl geographisch als auch politisch. Diese Bonner Reaktion brachte einmal mehr zum Ausdruck: für »die Ausländer« sind wir nicht zuständig, das sind nicht »unsere« (Lands-) Leute. Die Botschaft kam durchaus an. Plötzlich schwenkten Jugendliche aus Einwandererfamilien türkische Fahnen, wurden stolz, Türken zu sein – selbst wenn viele die Sprache der Eltern nicht mehr richtig sprachen. Natürlich durften die PKKler mit ihrem »Schmuck« nicht fehlen. Was sollten sie auch tun? Sich selbst ein Identität und Zugehörigkeit stiftendes Ausländergesetz basteln und darauf einen Eid schwören? Jetzt ist erst einmal Schadensbegrenzung angesagt.

Wer Mevlüde Genc und ihre Familie traf, lernte eine bewundernswerte Frau kennen. Eine einfache Frau, die trotz all der schlimmen Erlebnisse nicht verbitterte, sondern noch immer von Toleranz und von Nächstenliebe reden kann. Beinah unvorstellbar. Seit einigen Besuchen bei der Familie telefonieren wir unregelmäßig miteinander, auch meine Eltern haben sie besucht und kennengelernt. Mevlüde Genc wurde für ihre Aufrufe zu Toleranz und friedlichem Zusammenleben nach dem Solinger Mordanschlag schließlich mit dem Bundesverdienstkreuz geehrt.

Es war mir ein persönliches Bedürfnis, dieser Frau und ihrer Familie die Hand zu reichen, mein Mitgefühl auszusprechen, Anteilnahme zu zeigen. Sämtliche nationalistisch-extremistischen türkischen Organisationen versuchten übrigens, sie für ihre Zwecke zu mißbrauchen. Das widerte mich geradezu an. Ein Teil der türkischen Presse versuchte das wirklich furchtbare Schicksal der Familie Genc nationalistisch und auflagensteigernd auszuschlachten. Es ging schlicht um Propaganda, anti-deutsche Hetze in einer Situation, die ohnehin extrem angespannt war. Ich hatte zuvor nicht einmal geahnt, was mir nun schlagartig bewußt wurde: Wir dürfen das Feld nicht denen überlassen, die anderes im Schilde führen als Solidarität mit den Opfern und die nicht eine interkulturelle Gesellschaft als Ziel vor Augen haben.

Den Mißbrauch erkennen, aber nicht in der Lage zu sein, ihn abzustellen: Das war auch hier das Problem der demokratischen Öffentlichkeit.

Die Trauerkundgebungen von Mölln und Solingen konnten deshalb zum Spiel- und Aufmarschfeld extremistischer und eigenbrötlerischer Gruppen werden. Erstmals seit langem traten die faschistischen Grauen Wölfe wieder in Erscheinung. Sie hofften, wie manche exil-linken türkischen Splittergruppen, die vorher ebenfalls faktisch politische Leichen gewesen waren, auf ein Rebirthing.

Nach der Wahl in den Bundestag habe ich es auch als meine Aufgabe verstanden, den Betroffenen von Anschlägen – egal, von welcher Seite mutmaßlich oder tatsächlich verübt – meine Solidarität und Anteilnahme auszusprechen. Vorfälle dieser Art passieren noch immer dutzendfach; daß diese traurige Tatsache im Bonner Alltag kaum Beachtung findet, ist vielsagend. Ein Teil der Bevölkerung in den Wahlkreisen wird von den Abgeordneten offenkundig kaum wahrgenommen. Irgendwann schien sich die demokratische Mehrheit doch noch – spät, aber immerhin – zu besinnen. Aber es brauchte erst den Anstoß aus den Reihen der Nichtdeutschen. Es war der Deutsch-Italiener Giovanni di Lorenzo, Kind aus einer italienischen Familie, Redakteur der Süddeutschen Zeitung und Fernsehjournalist, der nach dem Brandanschlag von Mölln den Anstoß für die Organisation der ersten großen Lichterkette in München gab. – Und in den Feuilletons brach prompt ein Streit darüber los, ob solche Zeichen zu setzen sinnvoll sei oder nicht.

Ich war froh, daß die Lichterketten das politische Koordinatensystem zurechtrückten und zeigten, wo die Mehrheit in Deutschland tatsächlich steht. Auch Tübingen erlebte verschiedene große Demonstrationen auf dem Tübinger Holzmarkt. Es zeigte sich, daß viele darauf gewartet hatten, daß endlich ein erster Schritt in diese Richtung getan würde. Langsam stellte sich etwas wie Aufbruchstimmung gegen die Wogen der Gewalt und Ausgrenzung ein. Das Interesse und die Kooperation ging weit über Parteigrenzen hinaus; es beteiligten sich viele, die mit Politik wenig oder gar nichts am Hut hatten. Es machte Mut, nicht nur die Berufs-Engagierten dabeizuhaben. Es zeigte sich, daß es eine große Mehrheit gab, die nicht mehr zusehen wollte. Viele Politiker, die sich in der Asyl- und Ausländerdiskussion als geistige Brandstifter betätigt hatten, begriffen, daß sie einen Fehler mit schlimmsten Folgen begangen hatten: Heute ist man zumindest in der Wahl der Worte vorsichtiger.

Aber eine umfassende Katharsis blieb aus. Mit ihrer strikten Weigerung, ihre Zuwanderungs- und Integrationspolitik zu entideologisieren, verfolgt die Bundesregierung und vor allem die CSU weiterhin eine Politik der Ausgrenzung, schürt damit indirekt unberechtigte Ängste in der Bevölkerung und bestärkt rechte Krakeeler. Bundesinnenminister Kanther ist nach wie vor bemüht, den Grenzwall gegen Flüchtlinge auch nach der Grundgesetzänderung immer noch weiter zu verstärken und das elende Thema »Ausländer als kriminelle Gefahr« für das Wahljahr 1998 ins Spiel zu bringen. Der rigide Kurs gegen die Kriegsflüchtlinge aus Bosnien knüpft an die »Schmarotzer«-Kampagnen in der Schlammschlacht gegen das alte Asylgrundrecht an. Es scheint, als stehe der Konsens nach Mölln und Rostock im Vorfeld der kommenden Bundestagswahl vor dem Ende.

Die CDU beschloß Anfang des Jahres eine Visumspflicht auch für die hunderttausende Ausländerkinder, die hier geboren und aufgewachsen sind. Von der Union bis hin zu Gewerkschaftsvertretern erschallt der Ruf nach Begrenzungen der Arbeitserlaubnis für Ausländer, um auf Kosten der Einwanderer von der Konzeptionslosigkeit der Bundesregierung in der Frage der Arbeitslosigkeit abzulenken. Auch die SPD entdeckt – immer mal wieder – die Aussiedler als »Belastung«, um sich – bisher wenig erfolgreich – bei den Wählern zu profilieren.

Kandidaten-Check
durch die Ethno-Brille

Mein Interesse an einer ernsthaften Kandidatur für den Bundestag – nach der überraschenden, aber erwartungsgemäß folgenlosen Zählkandidatur in Esslingen 1990 – wuchs lange vor dem eigentlichen Termin. Entscheidenden Ausschlag gaben die tragischen Ereignisse, die mit den Namen der Städte Mölln, Solingen, Kemnat und Hoyerswerda verbunden sind.

Wir diskutierten im deutsch-türkischen Freundeskreis häufig darüber, daß es nicht mehr genügte, abzuwarten und uns damit abzufinden, daß wir wieder einen deutschen Bundestag haben würden, in dem noch immer keine Abgeordneten nichtdeutscher Herkunft säßen. Dort, wo über Angelegenheiten geredet und entschieden würde, die alle Menschen dieser Gesellschaft berührten: auch diejenigen, die nichtdeutscher Herkunft sind, die Einwanderer und deren (Enkel-)Kinder. Dabei ging es uns nicht nur um »Ausländergesetze«, sondern natürlich auch um Steuer- und Rentenreform, um den Solidarzuschlag für den Aufbau Ost, um die Lage an den Schulen und Unis, die Verkehrspolitik, die Gleichstellung von Nichtverheirateten, von Lesben und Schwulen, Gesundheitspolitik und fehlende Kindergartenplätze, Entbürokratisierung und Innere Sicherheit. Betroffen sind von diesen Weichenstellungen alle Bürger, ob mit oder ohne deutschen Paß.

Nach gut 30 Jahren Einwanderung war es an der Zeit, daß endlich die, die noch immer mit dem »Ausländer«-Label bedacht wurden, auch auf der Bonner Bühne aktiv würden. Gemessen an »normalen« Kriterien wäre es nichts Ungewöhnliches gewesen, wenn jemand wie ich, der von Anfang an bei den Grünen dabei war, schließlich durch Mitarbeit im Landesvorstand der Partei auf die Idee gekommen wäre, Abgeordneter des Bundestages zu werden. Die Toten der ausländerfeindlichen Anschläge hatten gelehrt, was es heißt, wenn ein Land einen Teil seiner Bevölkerung zu Bürgerinnen und Bürgern minderen Rechts erklärt. Die Kandidatur sollte auch ein Signal für die vielen »ausländischen« Jugendlichen sein, die wie ich – angeblich »zwischen den Kulturen« – hier verwurzelt und aufgewachsen sind. Es geht mir darum zu zeigen, daß wir dieser Gesellschaft etwas zu bieten haben und unseren Platz darin einnehmen können und wollen. Dieses Land ist auch unser Land. Das mußte endlich auch durch Abgeordnete im Bundestag klar werden. Über 1 Million sogenannter Ausländer unter 18 Jahren, deren Heimat die Bundesrepublik ist, stehen da ohne die gleichen Aufstiegschancen und ohne die Möglichkeit, Beamte oder Apotheker zu werden wie ihre »deutschen« Klassenkameraden oder Studienkolleginnen. Selbst die Schornsteinfeger-Verordnung verlangt als »Qualifikation« vor der Zulassung als Kaminkehrer den deutschen Paß. Millionen Einwanderer haben nicht das Recht, sich frei in Europa zu bewegen, keine Aussicht auf das Wahlrecht auf kommunaler Ebene, wie es zumindest für Angehörige von EU-Staaten inzwischen gilt. Sie sind konfrontiert mit einem restriktiven Staatsangehörigkeitsrecht.

Es geht für mich, so stand es auch in meiner Bewerbung für die Kandidatur, um den Einsatz für Bürgerrechte in einem umfassenden Sinn: von der Modernisierung der Paß-Gesetze bis zur Erweiterung der demokratischen Mitbestimmung aller Bürgerinnen und Bürger durch Volksinitiativen, Volksbegehren, Volksentscheide, um das Recht auf Akteneinsicht, um das Recht auf informationelle Selbstbestimmung, das Recht auf selbstbestimmte Schwangerschaft, die Gleichstellung nichtehelicher und gleichgeschlechtlicher Lebensgemeinschaften. Außerdem müssen wir die Spitzenposition der Bundesrepublik bei Waffen- und Müllexporten ins Gegenteil verkehren.

Großmachtphantasien in der Außen- und Sicherheitspolitik haben die Grünen eigene Konzepte für eine Politik der Bekämpfung der Fluchtursachen und zum Schutz der Menschenrechte entgegenzusetzen. Regierungsparteien und die schlaffe SPD-Opposition hatten lange genug bewiesen, daß sie nicht in der Lage waren, die Einheit mit den fünf neuen Bundesländern und die Einheit mit allen hier lebenden Menschen demokratisch und offen zu gestalten.

Vor den Weihen eines politischen Mandats hat das Parteiengesetz die Hürden der Listenaufstellung aufgestellt. Daß Helmut Kohl und seine Koalition überreif zur Ablösung waren, das fanden die Parteifreunde in Tübingen zwar auch, aber als Erntehelfer mochten sie mich mehrheitlich nicht sehen. Da half auch ein Wahlaufruf nicht, den Einwanderer und politisch wie kulturell aktive Vereine für mich initiiert und unterzeichnet hatten.

Obwohl ich wußte, daß die Aussichten in Tübingen mit der Parteilinken als dominanter Kraft eher schlecht waren, wollte ich unbedingt dort kandidieren. Hier, wo ich wohnte, mich politisch engagierte, lebte. Es war ein Versuch, das Unmögliche zu schaffen, und endete mit einer Niederlage, die allerdings knapp ausfiel. Knapp deshalb, weil wir sehr viel Zeit und Arbeit investiert hatten, um die Mehrheitsverhältnisse umzudrehen. Als es in die entscheidende Phase ging, standen aber plötzlich wieder diejenigen auf der Matte, die zwar schon in der Gründerzeit in die Partei eingetreten waren, aber in der Regel nicht mehr auf den Mitgliederversammlungen erschienen. Diese Grufti-Fraktion war es, die die Abstimmung entschied.

Sie kamen, weil auch der Gegenkandidat kräftig mobilisiert hatte. Das Kopf-an-Kopf-Rennen auf der Kreismitgliederversammlung endete im zweiten Wahlgang mit 58 zu 65 Stimmen für meinen Konkurrenten. Daß er auf dem folgenden Landesparteitag bei der Aufstellung der Landesliste zur Bundestagswahl keine Aussicht auf eine Plazierung auf den entscheidenden vorderen Plätzen haben würde, war dabei eigentlich von Anfang an allen klar – außer vielleicht dem Kandidaten selbst.

Im wesentlichen hatten zwei Fragen die Auseinandersetzung in Tübingen bestimmt. Meine Position, dem Krieg in Bosnien auch mit militärischen Mitteln ein Ende zu bereiten, ging der Mehrheit zu weit. Diese Haltung, so hieß es, verstoße gegen die Grundsätze grüner Friedenspolitik. Sie lege nicht den »Schwerpunkt internationale Verantwortung auf langfristig humane Maßnahmen«. Wurde hier immerhin noch der Anschein einer inhaltlichen Debatte gewahrt, geriet die Auseinandersetzung um die türkisch-kurdische Frage zu einer politischen Groteske.

Am entscheidenden Wahlabend in Tübingen saßen wir zu fünft auf dem Podium, um uns vorzustellen. Drei Kandidaten, darunter eine Frau, waren in der engeren Auswahl. Dazu kamen noch ein paar Dauerkandidaten, deren Chancenlosigkeit von vornherein klar war. Alle hatten die gleiche Redezeit. Nur die Fragen waren etwas ungleich verteilt: Ungefähr 90 Prozent gingen an meine Adresse – inklusive heftiger Vorwürfe. Cem Özdemir, hieß es, betreibe in der Bosnienfrage Militarismus. Ich lag eben nicht ganz auf Parteilinie. Außerdem wurde mir, dem »türkischen« Kandidaten, quasi indirekt Agententätigkeit für den türkischen Geheimdienst vorgeworfen.

In der Zeit bis zu diesem Abend in Tübingen war uns die Situation mehr und mehr aus den Händen geglitten. Ich fand mich in einer Position, wie ich sie mir schlimmer nicht hätte vorstellen können. Mit einem Mal hatte ich das Thema »Türken/Kurden« wie einen Mühlstein am Hals. Und das war nun vor meinem Hintergrund besonders absurd: Als jemand, der in der Bundesrepublik Deutschland geboren und aufgewachsen ist, wurde ich plötzlich ständig aufgefordert, in dieser Frage Stellung zu beziehen. Ich sollte den Nachweis erbringen, daß ich, trotz türkischer Herkunft, kein Kurdenfresser war. Meinen Gegnern ging es darum, daß ich – ihrer Meinung nach – wegen meiner Abstammung gar nicht anders als kurdenfeindlich sein konnte. Zugleich kritisierten mich türkische Bekannte dafür, daß ich die Türkei in der Frage der Menschenrechte, der Folter und des Demokratiedefizits und in der Kurdenfrage zu heftig angreifen würde.

Kern der Kampagne gegen mich war die Teilnahme des türkischen Botschafters bei der Gründung des baden-württembergischen Landesverbandes der »Yesiller«-Grünen, mit dessen Hilfe einige Freunde und ich, Angehörige der Zweiten Einwanderergeneration für die Grünen zu interessieren und gewinnen hofften. Auf der Gründungsversammlung sprach der Botschafter ein langes Grußwort. Ich hatte die Sitzung geleitet und übersetzte, da sich niemand anderes dazu bereitfand. Später hieß es, meine Übersetzung habe die Statements des Botschafters geschönt: »Du hast besser übersetzt, als er gesprochen hat.« Ich hätte »Gefühl« in die Übersetzung gelegt, hätte den Botschafter quasi verbessert und damit positiver dastehen lassen.

Das war eine schöne Mausefalle: Hätte ich eine schludrige Übersetzung geboten, hätte der Vorwurf lauten können, ich hätte absichtlich schlecht übersetzt, um irgend etwas zu unterschlagen. Wenn jemand auf solche Vorwürfe aus ist, hat man immer verloren. Das funktionierte nach der Logik der Hexenverfolgung: Wenn eine Verdächtige ein Muttermal hatte, war sie eine Hexe; hatte sie keines, war sie auch eine, denn sie hatte das Mal weggehext.

Bereits auf dem Kehler Landesparteitag hatten die Initiatoren dieser Kampagne den Vorwurf in die Welt gesetzt, ich betriebe »Heimatpolitik«. Damit versuchten sie, mir die Türkei als Heimat aufs Auge zu drücken, für die ich Lobbyarbeit leisten würde. Sie verteilten Zettel mit »Informationen« über mich und boten ein »aufklärendes« Gespräch mit jedem einzelnen Delegierten als kostenlose Dreingabe an. »Kennt ihr überhaupt den Cem, wißt ihr, was das für einer ist?«

Am entscheidenden Abend der Kandidatennominierung in Tübingen schließlich lief es ähnlich: Zwei Vertreter eines kurdischen Vereins standen vor der Tür und verteilten Flugblätter. Die Vorwürfe: Ich hätte mich mit dem türkischen Botschafter getroffen und mit der Generalkonsulin. Und das sei Beleg dafür, in den Diensten des türkischen Staates stehe. Besonders absurd war das Ganze allein deshalb, weil der Vorsitzende des kurdischen Vereins Tübingen, der seine Apostel losschickte, mich recht gut kannte.

Ich hatte ihm mehrere Vorträge bei der den Grünen nahestehenden Landesstiftung in Baden-Württemberg besorgt, hatte auch schon einmal ein Referat für ihn redigiert. Auch sein »Informant« aus Stuttgart, der eigentliche Drahtzieher, und ich kannten uns über gemeinsame politische Aktivitäten. Wir besuchten uns sogar gegenseitig auf den Geburtstagsfesten. Man kannte sich also.

Dies hinderte sie jedoch nicht daran, mir Dinge an den Kopf zu werfen, die einem die Schamröte ins Gesicht treiben konnten. Eine schmerzliche Lernerfahrung, wie man mit subtilen Methoden fast eine Massenhysterie erzeugen kann, um einen Konkurrenten aus dem Weg zu räumen.

Dabei war die ganze Kampagne absurd. Seit ich im Landesvorstand für Einwanderungspolitik zuständig war und mich auch in der Diskussion um das Asylrecht engagierte, war mein Standpunkt in der Kurden- und Menschenrechtsfrage immer eindeutig gewesen. Als die kurdischen Flüchtlinge aus dem Nordirak am Ende des Golfkrieges zu Hunderttausenden in den Bergen im türkisch-irakischen Grenzgebiet festgehalten wurden, protestierte ich mit

Freunden aus dem Landesvorstand und der Landtagsfraktion gegen den Völkermord an den irakischen Kurden – unter den Demonstranten auch meine späteren Widersacher friedlich eingereiht. Als Grünen-Vorstand forderte ich in meiner Rede, die Türkei müsse endlich die Grenzen für diese Menschen öffnen, die seit Jahrhunderten um ihre Rechte betrogen wurden; es müsse in Baden-Württemberg endlich ein Abschiebestop für kurdische Flüchtlinge erlassen werden. Die, die mir da plötzlich den Stempel »türkischer Agent« aufzudrücken versuchten, wußten natürlich um meine Haltung, weil wir die Demos damals zusammen organisiert hatten.

Auch eine Auseinandersetzung um die Anerkennung kultureller Rechte für Kurden konnte beim besten Willen nicht als verkappte Geheimdienststrategie interpretiert werden. Es war darum gegangen, daß kurdische Namen von den deutschen Standesämtern anerkannt werden sollten. Die nämlich hielten sich an den Assimilationskurs Ankaras und gestatteten nur türkische Vornamen für den Nachwuchs, auch wenn die Eltern ausdrücklich auf einen Namen kurdischen Ursprungs bestanden. Die angeblich für die Ämter verbindlichen Namenslisten der türkischen Konsulate aber listeten so wunderschöne Namen wie zum Beispiel »Rojda« (kurdisch: »Sonnenaufgang«) für Mädchen nicht auf. Sie waren mithin auch in Deutschland nicht erlaubt oder nur mit größter Mühe durchsetzbar. Nur die – nicht minder schönen – türkischen Vornamen ließen die deutschen Behörden zu. Das Verbot machte etwas zum Problem, das eigentlich keines war: In den meisten kurdischstämmigen Familien bekommen die Kinder ohnehin türkische Namen, weil die Eltern sie schön finden; nur manchmal soll es eben kurdisch sein.

Wo ich im »Vorwahlkampf« auch auftauchte – das Rollkommando war schon da, um mich mit einer langen schriftlichen Auflistung meiner Verfehlungen zu empfangen. Jeder Kandidat stellte sich vor – ich hatte stets noch Kommentatoren, die meine Ausführungen »ins rechte Licht rückten«. Einer von ihnen gehörte zu der Fraktion der türkischen Exillinken, deren ideologischer Führer bis vor kurzem Enver Hodscha hieß, der ehemalige Diktator Albaniens. Er und seine Weggefährten waren bei den Grünen eingetreten. Seine Truppe rekrutierte sich aus diversen Fraktionen der dogmatischen türkischen Linken. Die politische Logik dieser Gruppe ging soweit, daß manche die Gefangenenlager in Bosnien als Propagandalügen darstellten. Da handele es sich um serbische Krebskranke, nicht um bosnisch-muslimische Gefangene. Die Auschwitzlüge wird unter Umständen mit Gefängnis bestraft, aber als »Linker« durfte man so etwas zum Völkermord in Bosnien sagen und galt sogar noch als Tabubrecher im positiven Sinn.

Während ich wegen der Teilnahme an öffentlichen Veranstaltungen im türkischen Generalkonsulat bereits auf der Gehaltsliste finsterer Kräfte in Ankara vermutet wurde, rühmte mein Gegenkandidat sich seiner guten Kontakte zum Konsulat. Wer mit denen gut könne, zähle was, glaubte er und wollte in der türkischen Community den Berater und Helfer spielen, wenn es etwas mit der diplomatischen Vertretung zu klären gäbe. Eine Zeitlang firmierte er als Türke, später »mutierte« er zum Kurden, um mehr Sympathien zu gewinnen. Seit häufiger über die alevitische Minderheit gesprochen wird, an deren Organisierungsprozeß ich seit gut drei Jahren mitwirke, ist er plötzlich Alevit. Er gehört zu den Leuten, die meinen, mit dieser Masche alle Leute um ihn herum an der Nase herumführen zu können. Ein Problem der interkulturellen Verständigung auf links.

Die Angelegenheit meiner Kandidatur nahm immer bizarrere Züge an. Pia, eine griechische Freundin aus Tübingen erzählte, sie sei von einem Griechen beiseite genommen worden, der wiederum von einem anderen Griechen gehört habe: »Sag mal, dieser Cem, auf den du so große

Stücke hältst, wußtest du, daß das ein Mann vom türkischen Geheimdienst ist? Der ist sehr raffiniert. Ich weiß es aus sicheren Quellen.« Nach drei Monaten Hexenjagd ging es mir richtig übel. Ich durchschaute die Intrigen der pseudolinken türkischen Fraktionen nicht, konnte diese bizarre Logik nicht begreifen.

Die Gegenseite warf ihre Netze natürlich auch in der Einwanderer- und Flüchtlingsszene aus – mit teilweise überraschendem Erfolg. Selbst liberale und demokratische Vereinigungen glaubten ihnen anfangs. So sollte ich gemeinsam mit dem Parteifreund Reinhard Hackl auf einer Veranstaltung der Kurdenvereinigung Komkar ein Grußwort sprechen. Hackl war als Abgeordneter des Wahlkreises gekommen, in dem die Versammlung stattfand, ich als Vertreter des Grünen Landesvorstands. Um uns kurz vorzustellen und nach dem weiteren Ablauf zu fragen, kam ich mit einer Frau ins Gespräch, die uns als Organisatorin vorgestellt worden war. Als ich zur Begrüßung die Hand ausstreckte, blieb sie in der Luft hängen. Sie begrüßte lediglich Reinhard Hackl, der neben mir stand. Zunächst dachte ich, sie hätte meine Hand vielleicht übersehen, versuchte es ein zweites Mal. Aber sie wollte nicht. Auch mein Begleiter war etwas konsterniert. Dann meinte sie, nur Hackel solle reden, ausschließlich. Reinhard blieb hartnäckig. Wir seien zusammen gekommen, wir würden auch nacheinander reden. Die Organisatorin fand das ungeschickt und beharrte, nur Hackl solle sprechen. Der ließ nicht mit sich reden. Schließlich holte unsere Ansprechpartnerin Verstärkung, offenbar ihren Ehemann. Der sprach mich auf Türkisch an: Ich solle wirklich besser nicht reden. Mit mir als »türkischem« Redner, das sei schwierig. Ich wurde verbal ruppig, nannte ihr Theater einen Affront gegen die Grünen, die drittgrößte Partei von Baden-Württemberg, deren Landesvorstand ich schließlich repräsentieren würde – und eben nicht die Türken oder die Türkei. Reinhard Hackls Reaktion war knapp und klar, er sagte: »Redet Cem nicht, rede ich auch nicht, dann gehen wir beide.« Und das sei dann eine Ausladung der Grünen und werde entsprechend interpretiert. Schließlich entschuldigte sich ein Dritter für den Eklat, sprach von einem Mißverständnis. Am Ende meiner Rede applaudierte der Saal. Ich bekam Blumen und Küßchen. Bei der Verabschiedung erklärten die Veranstalter mir, sie hätten zuvor »schlimme Dinge« über mich gehört. Und als Quelle war sehr schnell mein spezieller »Freund« in Stuttgart ausgemacht, der überall verbreitete, Cem Özdemir sei ein Kurdenfresser.

Inzwischen läßt die Dame, die damals meine Hand in der Luft hängen ließ, keine meiner Veranstaltungen in ihrer Umgebung aus.

Auch mit manchen, die die Kampagne damals billigend duldeten, arbeite ich heute eng und gut zusammen.

Daß auch Befürworter meiner Kandidatur intensiv bearbeitet worden waren, erfuhr ich erst später. Unter anderem hatten meine Freunde auch Sertac Bucak vom »Internationalen Verein für Menschenrechte in Kurdistan« gebeten, mich mit seiner Unterschrift unter einen Wahlaufruf zu unterstützen. Wir kannten uns damals nicht näher, heute arbeiten wir sehr gut zusammen. Mit seiner Unterschrift zögerte er seinerzeit nicht. Später erzählte er mir, wie groß deshalb der Druck auf ihn gewesen ist. Aus dem linksextremen türkischen und kurdischen Lager wurde er gewarnt, sich für einen Türken einzusetzen, der bekanntermaßen »Türkeilobbyist« sei.

Das Gefühl, gegen diese Kampagne aus den Reihen der eigenen Partei nicht anzukommen, wurde immer mächtiger. Wie konnte ich aus dieser Falle heraus, wie kam ich in die Offensive? Wie konnte ich verhindern, immer wieder erklären zu müssen, daß ich keinen türkischen Nationalismus predigte und nicht »anti-kurdisch« eingestellt war? Genausogut hätte man mir eine besondere Sympathie für radikale islamische Strömungen unterstellen können. Meine Kontrahenten setzten in dieser Frage wohl nicht ganz zu Unrecht auf meine Naivität.

Viel mehr als Kontakte zur kleinen Grünen Partei in der Türkei hatte es bis dato nicht gegeben. Ich hatte eine Kampagne zum Schutz von Schildkröten – gegen touristische Erschließung – unterstützt; eine Türkei-Reise mit der den Grünen nahestehenden Gesellschaft für Politische Ökologie hatte uns von einem Oppositionellen zum nächsten geführt. Meine Weste war weiß, weißer ging's nicht. Was ich bis dahin nicht wußte, weil ich nie in der türkischstämmigen (Exil)-Linken gearbeitet hatte und deren Methoden nicht kannte: Es genügte, das Gerücht zu streuen, jemand sei »Agent« des türkischen Geheimdienstes, und schon hatte derjenige diesen Ruf weg.

Ich dachte wie ein Inländer, ein Außenstehender sozusagen, und habe mich dem Thema »Türkei« auch so genähert. Mittlerweile habe ich gelernt, daß es eben doch nicht so einfach ist, daß da noch andere Kräfte und Kriterien, wie meine Herkunft und Abstammung, wirken.

Der Konflikt mit der türkischen Exil-Linken hatte wohl noch einen weiteren Grund: Es ging ihnen um Einfluß in der Partei, ganz einfach lästige »türkische« Konkurrenz in der »deutschen« Szene. Meine linken Parteifreunde in Tübingen sogen daraus genüßlich Honig. Es war paradox: Mit jedem Artikel, in dem das ›Schwäbische Tageblatt‹ Sympathien für mich bekundete, sanken meine Chancen auf einen Abstimmungserfolg. Das Weltbild der parteiinternen Gegner war abstrus: Wer als grüner Kandidat zu gut in der Presse wegkommt, mit dem stimmt irgend etwas nicht. Ein Grüner hat unbeliebt, ein gesellschaftlicher Outlaw zu sein. Mir eilte unter anderem der Ruf voraus, für einen Grünen nicht die adäquate Kleidung zu tragen. Was auch immer das heißen mochte. Meine Freunde beeilten sich schon, mir Kleidungstips für die Kanditatenkür im bis dahin mehrheitlich fundamentalistischen Tübingen zu geben, damit ich nicht »overdressed« erschiene. Das half allerdings auch nichts.

In der Presse war danach von »Kompatibilitätsproblemen« mit der damals stark fundamentalistisch geprägten Partei in Tübingen die Rede. Professionalität sei vielen suspekt gewesen, die sich im »Disput zwischen multikultureller Botschaft und urgrünem Traditionalismus« für einen Kandidaten entschieden, der ihnen selbst nicht als jemand erschienen sei, der den Grünen neuen Schwung verheißen würde. Über das Gezerre in Tübingen und eine knappe Wahlniederlage schüttelte wahrscheinlich die große Mehrheit der Grünen-Wähler in Tübingen den Kopf – Unverständnis war allerdings auch die Reaktion vieler Nicht-Reformpolitiker in der ganzen Landespartei. Viele Parteifreunde, die inhaltlich eher bei der Tübinger Mehrheit standen, reagierten fassungslos auf diese Wahlentscheidung.

Und noch etwas habe ich in dieser Auseinandersetzung gelernt: daß ich besondere Aufmerksamkeit erfahre. Das gilt nicht nur für die türkisch-kurdische, sondern auch für die deutsche Seite. Auf dieser höheren politischen Ebene stehe ich unter besonderer Beobachtung. Wahrscheinlich bekam niemand ein so umfangreiches Fragenprogramm wie ich, keinen solchen Check auf Herz und Nieren. Kein Landwirtschaftsexperte hatte zu beweisen, daß er auch etwas von Ausländer-Politik versteht, oder mußte darüber Auskunft geben, wie er zur Frauenpolitik steht. Ich mußte dagegen beweisen, daß ich auch etwas von Landwirtschaftspolitik verstehe ...

Mit welchem Recht lief das so? Die Situation ähnelte ein Stück weit der der Frauen zu Beginn ihrer Offensive in der Politik: Im Zweifelsfall mußt du etwas mehr leisten. Oder »Quotenausländer« mit Sprachschwierigkeiten und ohne weitere Ambitionen. Dann gibt's weniger Probleme. Beispiele dafür gab es durchaus. Eine kleine, aufschlußreiche Begebenheit ereignete sich kurz vor einer Kommunalwahl. Ich wollte eben unter die Dusche, da klingelte das Telefon. Eine Männerstimme am anderen Ende drängte auf einen sofortigen Termin mit mir. Er müsse sofort kommen. Er sei Türke und wolle für die Grünen antreten bei einer Gemeinderatswahl im Kreis Esslingen. Die Parteifreunde hätten ihm das angeboten. Er wolle nun von mir wissen, ob das sinnvoll sei oder nicht.

Mit der Antwort, das müsse er selbst wissen, war der Gute nicht abzuwimmeln. Nein, er müsse mit mir darüber reden, das sei sehr wichtig. Ich wollte nicht. Er drängte weiter. Einen Termin der Landesgeschäftsstelle lehnte er ab. Er könne nicht warten. Ich ließ mich breitschlagen. Unter der Dusche ging mir durch den Kopf, wen die Grünen für den Gemeinderat wohl angesprochen haben mochten? Sicher einen wie mich, einen Vertreter der jüngeren Generation, dachte ich spontan. Als es schellte, stand ich noch voll unter Schaum. – Er mußte einen neuen Geschwindigkeitsrekord aufgestellt haben. Mein WG-Partner Nedim öffnete. Ich rief ihm von der Dusche aus zu, er solle den Besucher in mein Zimmer lotsen. Nedim kam ins Bad und lachte, sagte nichts, lachte nur. Was denn los sei? Lachen. Nun ist es nicht meine Gewohnheit, die Wäsche mit ins Bad zu nehmen. Sie blieb im Zimmer. Wer konnte auch damit rechnen, daß plötzlich solcher Besuch auf der Matte stehen würde? Ich bat Nedim, mir die Wäsche aus meinem Zimmer zu bringen, rief aus dem Bad: »Du weißt ja, wo meine Unterwäsche ist.« Nedim bekam einen Lachkrampf. Diese unbekannte Person saß also in meinem Zimmer und hörte nur, wie ich rief. Nedim brachte mir etwas, aber die Hose fehlte. Ich mußte ihn nochmal hineinschicken. Endlich komplett, kam ich in mein Zimmer – und da saß dann ein älterer Herr, etwa so alt wie mein Vater. Er schaute leicht konsterniert. Dieses Wohn-Verhältnis konnte er nicht so richtig einordnen. Schon gar nicht, daß Nedim mir meine Wäsche brachte.

Der Ratsuchende entpuppte sich als die typische Personalauswahl für Parteifreunde, die sich selbst zum besseren Teil der Menschheit rechnen. Er hatte Probleme mit der Kandidatur, weil die Grünen doch so »pro-kurdisch« und »türkeifeindlich« seien. Ob er trotzdem kandidieren solle, wollte er wissen. Er war schon ein richtiger Fundi der anderen Art. Spontan wollte ich von der Kandidatur abraten, besann mich dann aber: Warum eigentlich abraten? Warum sollte nicht auch einer wie er das Recht haben zu kandidieren? Deutsche wurden schließlich auch keinem Intelligenztest für Gemeinderäte unterzogen. War ich der Richter für Türken? Wohl kaum. Wenn die örtlichen Grünen sich nach dem Motto »Hauptsache Ausländer!« einen Kandidaten aussuchten, der zwar für meinen Geschmack alle Kriterien für eine Ablehnung erfüllte, dann mal zu.

Wahlheimat Ludwigsburg

Trotz bekanntermaßen schlechter Aussichten, waren meine Freunde und Bekannten, die zur Wahl in Tübingen zum Teil aus Stuttgart angereist waren, ziemlich niedergeschlagen – und ich nicht viel weniger. Insgeheim hatten wir natürlich alle auf ein anderes Ergebnis gehofft. Als manche im Saal offen über meine Niederlage jubelten, so, als ob Deutschland noch einmal knapp vor dem Untergang, vor der anatolischen Gefahr oder dem Hunnensturm bewahrt worden wäre, entwickelte sich als Gegenreaktion eine Stimmung zwischen Wut und Trauer. Beim anschließenden Krisenrat und Wundenlecken in einer Kneipe beurteilten die Freundinnen und Freunde das Experiment eines Nichtdeutschen in der deutschen Politik als gescheitert. Sollten wir einen Rückzieher machen, aufgeben? Das Pendel schlug an diesem Abend hin und her. Dann fiel die Entscheidung für einen zweiten Versuch.

Aufgeben wollte ich nach der Niederlage in Tübingen trotzdem nicht. Es gab relativ schnell Angebote aus mehreren Nachbarkreisverbänden, mich aufzustellen. Ludwigsburg wurde schließlich zu meiner Wahlheimat: Die Parteifreundinnen und -freunde hier zeigten große Sympathie.

Die Wahl in Ludwigsburg wurde im Vergleich zu den Erfahrungen in Tübingen zu einem Spaziergang. Trotz Gegenkandidaten bekam ich eine deutliche Zweidrittelmehrheit. Aber ich mußte meine Koffer in Tübingen packen. Ich hatte den Umzug nach Ludwigsburg bei der Kandidatur versprochen – am Anfang nicht sehr begeistert.

Ludwigsburg war für mich nicht wie Tübingen, wo ich mich nach viereinhalb Jahren Wohnen und Leben wie ein Fisch im Wasser fühlte. Die Mehrzahl meiner Freunde und Bekannten wohnte hier. Ich kannte viele Leute über »die Szene« hinaus, sie kannten mich. Abgesehen von dem aus dem Ruder laufenden Kampf in der Partei fühlte ich mich in Tübingen sehr wohl. Der Umzug bedeutete eine gewisse Entwurzelung. Meine damalige türkische Freundin sagte klipp und klar, sie werde den Ortswechsel nicht mitmachen. Zu diesem Opfer für die Politik war sie nicht bereit. Die Beziehung ging in die Brüche. Auch Freundschaften, das sollte sich noch herausstellen, lassen sich nicht richtig pflegen und schon gar nicht neu aufbauen, wenn man mal hier, mal da ist und die meiste Zeit unterwegs.

Einige Monate arbeitete ich in Tübingen noch mit. Der Kreisverband wurde beinah zu einer Hochburg der Reformpolitik. Bei der Nominierung der Kreistagsfraktion, bei der Wahl des Kreisvorstandes, bei den Delegiertenwahlen für die Parteitage bekamen wir regelmäßig satte reformpolitische Mehrheiten. Am Ende votierten die Tübinger Delegierten bei der Aufstellung der Landesliste zur Bundestagswahl auf einem Landesparteitag sogar mehrheitlich für mich, obwohl der Tübinger, ihr eigener Kandidat, auch angetreten war, um vorne auf der Landesliste einen Platz zu bekommen. Heute habe ich sogar zu einem großen Teil derer, die damals gegen mich votierten, ein gutes Verhältnis, und alle beeilen sich, mir mitzuteilen, wie sehr sie ihre Wahl bedauern. Abwerbeangebote nach Tübingen nehme ich allerdings nicht an.

Auf nach Bonn

Der Check auf Herz und Nieren, den ich auf dem Weg zum Bundestagsmandat zu überstehen hatte, lieferte mir den Beweis, daß die Grünen auch nicht besser oder schlechter sind als der Rest der Gesellschaft. Und warum auch sollten sie bessere oder schlechtere Menschen sein? Auch in meiner Partei ließ sich auf der Klaviatur des Ethnizismus spielen. So wie die Gesellschaft sich an die nicht deutschstämmigen Abgeordneten erst gewöhnen muß, mußten sich offenbar auch manche grüne Parteifreunde an einen anatolischen Schwaben erst gewöhnen.

Es war kaum mehr ein Jahr bis zur Bundestagswahl am 16. Oktober 1994. Die Monate, die Wochen, die Tage vergingen rasend schnell. Ich lebte wie im Zeitraffer, mit Überdruck, hatte kaum noch freie Zeit, fürchtete fast den Medienoverkill. Manche der Ludwigsburger Parteifreunde reagierten anfangs spürbar konsterniert, als während des Wahlkampfes immer wieder Kamerateams und Journalisten anrückten. »Hebt der jetzt nicht ab?« oder »Sehen wir den nach der Wahl je wieder?« fragte man sich.

Der Bundestagswahlkampf war eine harte Schule. Meine Zeit als Amateur war engültig vorbei. Es herrschte völlige Überforderung mit allem, nicht selten ein Chaos. Es war, als sollte ein Dreirad zu einem Cadillac umgebaut werden. Da ging manches an Planungen daneben. Meine Stärken lagen darin, Politik zu vermitteln, andere zu überzeugen, und weniger, zu planen und zu verwalten. Dem Herrn sei's gedankt habe ich dafür heute gleich zwei Büros.

Das Publikum nahm mich gut bis sehr gut auf. Natürlich läuft man nicht nur offene Türen ein. Vielleicht besteht darin gerade der Reiz von Politik – ganz besonders in Wahl – kämpfen: auf Menschen in öffentlichen Veranstaltungen zu treffen, von denen ich weiß, daß ich sie überzeugen muß. Während des Wahlkampfes kamen am Ende der Veranstaltungen regelmäßig Zuhörerinnen und Zuhörer auf mich zu und sagten: »Mensch, Herr Özdemir, so hab ich mir das noch gar nicht überlegt.« Oder: »Sia send scho recht, bloß dia andre, wissad Se, dia machad uns d' Probleme.«

Dummerweise hatte ich zugesagt, ein eventuelles Defizit aus dem Wahlkampf selbst zu tragen – und das war am Ende nicht zu knapp.

Mediendemokratie

Der Wahltag schließlich begann nicht anders als die Monate und Wochen davor. Etwas zu früh für einen Sonntagmorgen klingelte um 8 Uhr der Wecker. Kurz darauf wartete bereits ein türkisches Fernsehteam, um mich zur Stimmabgabe ins Rathaus zu begleiten. Anschließend ging es nach Urach zu meinen Eltern, erwartet von weiteren Journalisten. Nochmal wählen: Für meine Eltern war es die erste Stimmabgabe ihres Lebens und zugleich der erste Urnengang, bei dem ihr Sohn zur Wahl stand. Wenige Tage vor der Bundestagswahl hatten sie ihre Einbürgerungsurkunde erhalten – ein wenig (Nach-)Hilfe war nötig gewesen, um den Amtsschimmel auf Trab zu bringen. Vermutlich waren sie an diesem 16. Oktober 1994 die glücklichsten Wähler Deutschlands.

Die ersten Stunden nach Schließung der Wahllokale harrte ich im Stuttgarter Landtag der Dinge, die da kommen sollten. Ich habe gezittert, gebangt. Die ersten Hochrechnungen für die Grünen fielen miserabel aus. Es war nicht klar, was das für die Landesliste bedeuten würde, wieviele Abgeordnete wir nach Bonn würden schicken können. Irgendein Neunmalkluger brachte mich ganz nach unten. Den ersten Hochrechnungen zufolge würden es fünf Baden-Württemberger Grüne sein, ließ er mich wissen. Ich stand auf Platz sechs der Liste. Die Minuten dehnten sich, als sei Schaltjahr. Mehr und mehr Medienleute rückten uns auf den Leib. Ich war nicht in der Lage, irgendwie zu antworten, irgendeinen vernünftigen Kommentar abzugeben – falls so etwas nach den ersten Hochrechnungen überhaupt möglich sein sollte. Es wäre die Große Depression, der Schwarze Freitag an einem Sonntag gewesen, wären die Stimmen ab dem fünften Baden-Württemberger-Listenplatz versiegt. Und ich war obendrein so pfiffig gewesen, einem türkischen Fernsehteam bereits am Morgen des Wahltags mein erstes »Statement nach der Wahl« zu geben! Dieser Sender arbeitete nicht mit Satellitenübertragungen ins Studio, die Kassette mit der Aufzeichnung mußte zur Sendung mit dem Flugzeug in die Türkei geschafft werden. So erklärte sich der etwas verfrühte Aufnahmetermin. Für eine Konserve dieser Art wirst du nicht noch einmal zur Verfügung stehen, habe ich mir damals geschworen. Als wirklich feststand, daß ich den Weg nach Bonn geschafft hatte, fuhr ich nach Ludwigsburg. Die Glückwünsche der Parteifreunde und die Wahlparty hier ließen die Anspannung der Stunden zuvor verschwinden. Außer meinen Eltern waren viele Freunde dabei, nicht nur die »politischen«. Es wurde ein schöner Ausgleich, beinah ein Happening. »Als nächstes«, scherzte ein Freund, »peilen wir die Kanzlerschaft an ...«

Die Nacht war kurz. Am Morgen nach der Wahl standen gleich mehrere Interviews an, am Nachmittag erwartete mich Wilfried Simonis, Chef der Ludwigsburger Kreiszeitung, zu einem Gespräch. Direkt danach ging es mit dem Zug nach Bonn – aber nicht ins Abgeordnetenhaus oder womöglich gar in den Bundestag. Die Mediendemokratie zeigte sich vom Tag 1 meines Abgeordnetendaseins von ihrer freundlichsten Seite. »Sat 1« hatte zu einem Talk nach der Wahl eingeladen. Was es geben sollte, war von der Redaktion nicht präzise angekündigt worden. Ich hatte an eine Art Talkshow mit vielleicht vier oder fünf Gästen gedacht, die sich über den Ausgang der Wahl unterhalten würden. Allerdings herrschte im Studio ein Riesenauftrieb. Die für den rund einstündigen Beitrag geladenen Gäste saßen in drei bis vier Reihen, darunter unter anderem Hans-Ulrich Klose, Norbert Blüm, Ex-Postminister Christian Schwarz-Schilling, der leider nicht wiedergewählte Ex-CDU MdB Stefan Schwarz, mein grüner Kollege Matthias Berninger, dazu Wahlkampfhelfer und ausscheidende Abgeordnete. Das Konzept der Sendung blieb mir verschlossen, die große Zahl der anwesenden Gäste war wohl dem Motto geschuldet: »Je mehr wir da haben, desto größer ist die Auswahl.« Am Ende der Sendung war ich als Bonner Newcomer und bundesweit kaum bekannter Kandidat vom Moderator Ulrich Meyer gleich zwei Mal angesprochen worden, während manche Bonner Promis »vergessen« wurden. Vielleicht war dieses Extrem ein Vorgeschmack darauf, wie gnadenlos im Bonner Betrieb gesiebt wurde?

Grund zur Klage über die Medien, das sollte sich schnell herausstellen, würde ich nicht haben. Die Anfragen im ersten Jahr waren überwältigend. Die Aufmerksamkeit, die der erste Bundestagskandidat nichtdeutscher Herkunft während des Wahlkampfes gefunden hatte, wurde in Bonn noch übertroffen. Die Journalisten meinten es gut mit mir. Während der ersten Zeit wurde ich als »Exot« vorgestellt. Das Programm, die Inhalte, waren eher Beiwerk als Anliegen der Beiträge. Der Person galt das Interesse: Was ist dieser Cem Özdemir für einer, woher kommt er, was hat er gemacht, wie fand er in die Politik, ist er Türke, Deutscher, Moslem oder alles in einem?

Das Magazin der Süddeutschen Zeitung lud mich zu einem Gespräch nach London ein: ein Treffen mit dem indisch-stämmigen britischen Labour-Unterhausabgeordneten Piara Singh Khabra. Vom ›Spiegel‹ über den ›Stern‹, ›Die Zeit‹, ›Die Woche‹, bis zum kleinsten Provinzblättchen und von ›Bild der Frau‹ (in einem Beitrag über Junggesellen, die noch zu haben seien) bis zu den Zeitschriften für Zeitgeist wie ›Max‹ (»Menschen des Jahres«) oder ›Marie-Claire‹ (»Männer, die uns Spaß machen«) – in all diesen Blättern fand ich mich porträtiert.

Nicht weniger wohlwollend interessiert zeigten sich die elektronischen Medien. ›Bonn Direkt‹ lud mich zu einem Termin vor der Adenauer-Villa in Bonn ein. Was mochte mich mit Konrad Adenauer verbinden? Wenn »der Alte« *das* geahnt hätte, daß nun ein »Türke« im Bundestag saß? Schließlich waren in seinen Kanzlerjahren mit den Anwerbegesetzen für »Gastarbeiter« die Weichen für das Einwanderungsland gestellt worden – eine Erbschaft, die sein selbsterklärter Enkel bis heute nicht wahrhaben will.

Manche Termine waren eher von den bisweilen merkwürdigen Vorüberlegungen zur Inszenierung der Auftritte geprägt als von den Gesprächen vor laufender Kamera. Thomas Gottschalks Redaktion überlegte, mich neben einer Beach-Queen in knappem Röckchen zu plazieren. Dies, wohl als Reiztest für den »Türken« gedacht, konkurrierte mit der Überlegung, mich von einem Gewichtheber auf die Bühne tragen zu lassen oder mit Gottschalk einen türkischen Volkstanz einzuüben – hätte ich denn einen beherrscht. Am Ende wurde es glücklicherweise ein normaler Auftritt ohne skurrile Beigabe. Gottschalk wollte auch keine Ulk-Nummer.

Mit jeder weiteren Woche und mit jedem weiteren Medienauftritt änderten und erweiterten sich Interesse und Aufmerksamkeit. Die inhaltlichen Schwerpunkte mal ausnahmslos politisch, mal eine Mischung aus Talk, Tratsch und Politik.

Es ging vom ›Talk im Turm‹, Bettina Böttingers ›B. trifft‹ im WDR in Friedrich Küppersbuschs ›Zak‹ und, gemeinsam mit meinem Vater, weiter auf den ›Boulevard Bio‹, Thema: »Väter und Söhne«.

Bis dahin war es üblicherweise meine Mutter, die das Wort ergriff, wenn sich in der Zeit kurz vor der Bundestagswahl und einige Zeit danach Fernsehteams in der Wohnung meiner Eltern im heimatlichen Bad Urach über ihren Sohn und ihre Sicht der Dinge erkundigten. Doch jetzt war erstmals mein Vater gefragt. Neben Leander Haußmann und seinem Vater waren auch Klaus-Dieter Heck und sein Vater zu Gast in der Biolek-Sendung. Meine Mutter machte vor unserer Fahrt ins Studio nach Köln den Eindruck, als seien ihre Tips für meinen Vater von der Befürchtung geleitet: »Hoffentlich blamierst du deinen Sohn nicht.« Ich muß gestehen, auch ich war mir zunächst sehr unsicher, wie mein eher schweigsamer Vater mit seinen nicht gerade perfekten Deutsch-Kenntnissen – noch dazu in der völlig ungewohnten Atmosphäre einer Fernseh-Sendung – zurechtkommen würde. Doch die Sendung wurde aufmerksam und intensiv vorbereitet. Ein Redakteur besuchte vorher meine Eltern und mich, um das Eis zum Schmelzen zu bringen. Zur Vorbereitung für Alfred Biolek wurde ein Gespräch mit meinem Vater aufgenommen. Dann war er endgültig von den guten Absichten der Fernsehleute überzeugt und nahm die Einladung an. Auch Biolek, zu dessen Fans mein Vater bereits aus den Zeiten von ›Bios Bahnhof‹ gehörte, war sehr freundlich und erläuterte uns den Ablauf der Sendung ausführlich.

Vater und Sohn Haußmann waren meinem Vater nicht weiter geläufig, dafür um so interessanter für mich. Auf Dieter Thomas Heck zu treffen, war dagegen – neben dem ersten Fernsehauftritt seines Lebens – ein besonderes Ereignis. Da traf er auf den Mann, dessen »Hitparade« wahrscheinlich jede türkische Familie der ersten Generation noch in guter Erinnerung hat. Und nun mit ihm nicht nur in einer Sendung, sondern im lockeren Plausch über die gute alte Zeit der 70er! Erst nach der Sendung, nach dem gemeinsamen Abendessen mit allen Beteiligten in Bios Stammrestaurant und nachdem mein Vater im Luxushotel in sein Einzelzimmer entlassen war, wurde mir klar, was dieser Abend für ihn bedeutet hatte. Für ihn, der vor über 30 Jahren mit nicht mehr als zwei Koffern eingewandert war, ohne eine Vorstellung davon, was ihn im Laufe der Jahre erwarten würde; für ihn, der einmal an einer Tankstelle gearbeitet hatte und nun von einem Chauffeur in das Hotel mit einer Suite gefahren wurde, in der er sich fast verlaufen konnte. Dazu – zum ersten Mal – eine An- und Abreise im ICE Erster Klasse. Alles zusammen ein bißchen viel auf einmal. Am nächsten Tag ging es weiter in die türkische Redaktion des WDR, und mein Vater war Gast – die nächste Premiere für ihn – in der Sendung, die er seit Jahrzehnten hörte und die sein Fenster in die türkische Heimat gewesen war, als die Rückkehr noch ernsthaft in Erwägung gezogen wurde.

Dieser Abend in Köln beeindruckte auch andere. Nach ›Boulevard Bio‹ geriet ein älterer Bundestags-Kollege von der CDU ganz aus dem Häuschen. Dieser herzliche Umgang von Vater und Sohn, das habe ihm besonders gefallen. So stelle er sich das Resultat christdemokratischer Familienpolitik vor. Da seien die Verhältnisse in Ordnung. Der Einblick in eine »gewöhnliche« türkische Familie erstaunte viele, bei denen die Generationen sich nichts mehr zu sagen haben. Ein Vater, der sich freut und stolz ist und bei jedem Auftritt mitfiebert, was nicht weniger für das Verhältnis zu meiner Mutter gilt. Noch heute trifft sie jede Kritik an mir, als ob der Angriff ihr gelte. Kinder haben heutzutage drei Rollen, sagen meine Eltern: Sie seien zugleich Kinder, Freunde und Partner. Das hat manchen Kollegen, bei dem Familienpolitik nur noch im Programm stattfindet, wohl sehr gewundert.

Eine der ersten Live-Sendungen mit Zuschauerbeteiligung war meine Härteprüfung in Sachen Abwehr von plumpem Rassismus. ›Bonn am Rohr‹, ARD, wollte kurz nach der Wahl den deutschen Türken vorstellen. »Sie sind, was man einen Newcomer im Bundestag nennt – Sie sind – ja, was sind Sie eigentlich?«, so begann einer der beiden Moderatoren der Sendung die Einführung zu einer Dreiviertelstunde live. Und es folgte die unvermeidliche Frage: »Ein deutscher Türke oder ein türkischer Deutscher?«

Ich beschrieb mich als Bürger dieses Landes, türkischen Schwaben, neuen Inländer, als jemand, der nicht gerade zur Grufti-Fraktion der Partei gehört und sich politisch im Bereich der ökologischen Reformpolitik ansiedelt. Nach ein paar Schleifen zum politischen Werdegang ging es dann zur ersten Frage eines Anrufers: »Bonn am Rohr, guten Tag, haben Sie eine Frage an Herrn Özdemir?«

»Ja, habe ich«, meldete sich eine Zuschauerin am live zugeschalteten Telefon.

»Dann legen sie los.«

»Und zwar habe ich eine Frage an den türkischen Abgeordneten: Ist er beschnitten? Wenn ja, hat er also muslemische Rituale über sich ergehen lassen. Und ich bin der Meinung, dann hat er in einem deutschen Bundestag nichts zu suchen. Und er kennt sich sicherlich in deutschen Sprichwörtern aus. Und darin heißt es: Hochmut kommt vor dem Fall.«

Ende, aufgelegt.

Ein leicht konsternierter Moderator bemühte sich mitfühlend und mit gepreßter Stimme um eine Überleitung: »Herr Özdemir ..., da sind wir mitten im Problemfeld. Bitte ...«

Ich wußte nicht, ob ich weinen oder lachen sollte, ich war wie geplättet, mein Puls raste. Anruf, Moderation und erster Atemzug zur Antwort schienen sich zu überlappen, nur Sekunden für einen sortierten Gedanken. »Ich weiß nicht, ob die Existenz einer Vorhaut etwas über die Qualifikation eines Bundestagsabgeordneten aussagt. Es wäre ein völlig neues Kriterium. Und interessant, ob man das in den Bundestagsrichtlinien irgendwo findet. Das ist mir bisher nicht bekannt. Ich bin muslimischer Herkunft, muslimischer Abstammung. Und glaube nicht, daß es irgend etwas darüber aussagt, ob jemand zum Abgeordneten befähigt ist oder nicht ...«

Moderator: »Außerdem sind Sie Deutscher, Sie haben einen deutschen Paß.«

Antwort: »Ich bin bundesdeutscher Staatsbürger seit meinem 18. Lebensjahr. Und insofern sehe ich auch keine Probleme darin: Übrigens bin ich auch kein türkischer Abgeordneter, sondern bundesdeutscher Abgeordneter türkischer Herkunft, türkischer Abstammung.«

Nächste Frage: »Bonn am Rohr, Ihre Frage an Herrn Özdemir, bitte ...«

»Ja, dat is' do 'n Türke, ja?«

Der Moderator schien leicht aus der Haut zu fahren: »Sie

haben doch gerade gehört, daß Herr Özdemir türkischer Abstammung ist, aber einen deutschen Paß hat und seit 28 Jahren in diesem Lande lebt.«

Anrufer: »Dat is 'n Moslem. Und Mosleme 'hören nich' nach Europa. Des ist Katholiken und Protestanten. Wir brauchen« – die Lautstärke schwillt an – »die Türken nicht. Die wollen nur Unruhe stiften.« Nun schreiend: »Die machen nur de' Sau hier. Kriminelle sin' et.« Aufgelegt.

Muß man auf so etwas antworten? Für und Wider jagen durchs Hirn. Und die Frage: Geht das nun den Rest der Sendung so weiter? Wäre es unsouverän, auf so etwas nicht zu antworten, das jeder Staatsanwalt als Volksverhetzung verfolgen müßte? Ist bei solchen Ausfällen das Maß des Erträglichen überschritten? Und was antwortet man auf solche Tiraden? Daß solche Spinner nicht zu erreichen sind, liegt wohl auf der Hand. Ich antwortete: »Ich weiß nicht, ich würde das etwas gelassener sehen. Ich lebe seit 28 Jahren hier. Und jetzt gibt's sehr viele Leute, die mich am liebsten irgendwohin, auf den Mars oder auf den Mond oder wohin auch immer wünschen. (...) Ich glaube, ich habe für dieses Land, in dem ich lebe, schon mehr gemacht als manche von denen, die mich am liebsten in die Türkei oder wohin auch immer wünschen würden.«

Die härtesten Studiominuten waren zum Glück mit den ersten beiden Anrufen überstanden. Gleich zu Beginn in Bonn einen ungeplanten Härtetest zu erfahren, hatte auch einen Vorteil. Dicker konnte es wohl nicht mehr kommen. Es blieb auch das einzige derartige Erlebnis. In der Sendung ging es danach sachlich-politisch weiter. Die Hoffnung des Moderators erfüllte sich: »Ich hoffe, daß wenn wir nun den nächsten Zuschauer dranhaben, wir auch mal eine sachliche Frage bekommen.« Früher hatten mich solche Attacken, wie sie die ersten Anrufer ritten, tiefer getroffen. Es waren dann die Freunde, die mich wieder aufrichteten: »Cem, denk dir nichts, das sind Spinner.« Ich weiß, daß es nicht die Mehrheit ist, die denkt wie solche Anrufer und die Schreiber von Schmäh- und Hetzbriefen, gegen die ich im Laufe der Jahre ein dickes Fell entwickelt habe. Heute lese ich Schmähbriefe, die natürlich zuhauf kommen, nicht mehr, schaue bestenfalls kurz drauf, um festzustellen, ob ein Brief eventuell an die Polizei weitergegeben gehört, da ich auch für meine Mitarbeiter und Freunde eine Verantwortung habe. Bemerkenswert ist, an wen die meisten adressieren: an das »türkische« Mitglied der Grünen. Und dann feiert die Primitivität fröhliche Urständ: »Fanatisches, kriminelles, islamisches Gesocks. Scheißtürken! Kümmere Dich um den Dreck bei Dir zu Hause.«

»Bei Dir zu Hause« – das ist eine Wendung, die ich durchaus auch bei öffentlichen Veranstaltungen zu hören bekomme. Der anschließende Dialog läuft nach dem Gesetz des Ping-Pong-Spiels. Die Antwort, daß ich durchaus den Eindruck habe, mich um die Angelegenheiten bei mir zu Hause zu kümmern, verstehen manche in dieser abstrakten Form oft noch nicht. Und sie melden sich erneut zu Wort: »Sie haben mich nicht verstanden. Ich meine: In Ihrer Heimat.« Manche bleiben auch nach dem Wink mit dem Betonpfeiler hartnäckig, mein Geburtsort sei Bad Urach und mein »zu Hause« demnach die Bundesrepublik Deutschland. Andere geben nach zwei, drei solcher Runden auf. Spätestens seit der Wahl in den Bundestag bin ich mir sicher, daß ein Bundestagsabgeordneter der zweiten Generation – und in Zukunft hoffentlich bald mehr davon – die größtmögliche Provokation für die kleinen und großen Rassisten ist. Menschen wie ich sind Bürger dieses Landes. Da müssen sie durch. Sie müssen mich ertragen und ich allerdings auch sie.

Bemerkenswert ist auch die konstante Genitalfixiertheit eines Teils dieser Leute. Die erste »Fanpost« dieser Art erreichte mich auf dem Umweg über eine Wahlurne. Auf einem Wahlzettel zur Wahl der Kreisräte, bei der ich in Bad

Urach 1984 auf Platz eins der grünen Liste stand, deutete ein Pfeil von meinem Namen hin zu einer neunzeiligen handschriftlichen Anmerkung: »Grüne, Kommunisten, Türken ist ein Haufen Dreck. Sie gehören vernichtet, wo man sie antrifft. Du Scheiß Türke reiß dein Maul doch in der Türkei auf, aber nicht bei uns. Aber dort hätten sie dich schon lange an deinem vorhautlosem Spitz aufgehängt ... Ein Türkenhasser.«

Die interessantesten Zuschriften werden in der Bürobesprechung mit den Mitarbeitern vorgelesen. So geschehen einst jüngst, als mir ein Zeitgenosse aus dem Ländle auf zwei Seiten seine gesammelte Wut über mich und meine Ideen ausbreitet und schließlich unter sonstiges anmerkte. »Übrigens meine Freundin mag sie. Das hat bestimmt nichts mit Eifersucht zu tun.«

Ein Fahrrad für das »Gastarbeiterkind«

Der Weg zum offiziellen Arbeitsbeginn im Bundestag führte über Berlin. Zur Eröffnungssitzung ging es in den Reichstag zu Berlin – mit einer herzlichen Überraschung für mich. Der erste anatolische Schwabe im Bundestag stieg am Bahnhof aus, wurde mit einem Blumenstrauß und mit einer Musikkapelle begrüßt. Ein vom »Verband der selbstverwalteten Fahrradbetriebe« gestiftetes wunderbares Fahrrad wurde mir als Geschenk überreicht. Der einmillionste Einwanderer hatte, als er 1964 nach Deutschland kam, zur Begrüßung einen Blumenstrauß und ein Moped bekommen. Ein Bundestagskollege meinte später, er habe sich gefragt, was denn eigentlich das Historische an der Sitzung im Reichstag gewesen sein sollte. Nach der kleinen Inszenierung vor der ersten Parlamentssitzung wußte er es. Es war die Wahl des ersten Abgeordneten aus der zweiten Einwanderergeneration gewesen. Zum Abschluß des Happenings durfte ich mein neues Fahrrad kurz ausprobieren, freute mich wie ein Rumpelstilzchen. In dieses Modell aus der Abo-Werbung der ›taz‹, war ich geradezu verliebt. In all dem Trubel bat ein britischer Journalist um einige Statements. Ich war nicht in der Lage, vernünftig zu antworten. Meinem Eindruck nach redete ich nur Unsinn, viel zu viel über mein wunderbares neues Fahrrad. Was wollte er wissen? Was fühlen Sie jetzt, wie fühlen Sie sich als erster Angehöriger der zweiten Generation an der Schwelle in den Reichstag? Unser »Gespräch« führten wir auf Englisch. Am Ende war ich überzeugt, einen nachhaltig unseriösen Eindruck gemacht zu haben. Der Korrespondent, da war ich mir sicher, mußte einen prima Eindruck von der Generation bekommen haben, die ich da repräsentierte. Der Abgeordnetennachwuchs denkt nur an sein Fahrrad ... Aber auch die Auslandspresse meinte es gut mit mir. Später las ich über dieses Event: Endlich eine neue Generation von Abgeordneten, die 1. Humor hat und 2. gut Englisch kann.

Die ersten Wochen in Bonn waren von einem herzlichen Durcheinander geprägt. Unvorbereitet auf die Verhältnisse am neuen Arbeitsplatz, die ich nur vom Hörensagen kannte, wollte ich nach der Wahl nicht sofort nach Bonn aufbrechen. Ich wußte, daß Konrad Weiß von der Gruppe Bündnis 90/Die Grünen nicht mehr kandidiert hatte. Sein Büro im Abgeordnetenhaus müßte also frei werden. Und auch seine Sachbearbeiterin würde sicherlich Interesse an einer Weiterbeschäftigung haben. Da hatte ich mich schon umgehört. Und wir wurden auch handelseinig. Als die Fraktion dann zur Bonner Arbeit antrat, hatte außer mir niemand ein Büro, geschweige denn eine Sachbearbeiterin, die die lawinenartigen Terminanfragen regelte – was im Anfangsgetümmel ziemlich wichtig war. Während viele sich in den Fluren auf Kisten mit Laptops und Handys zu behelfen suchten, war ich versorgt und konnte die Sache gelassen angehen lassen. Jedenfalls während der ersten Tage. Doch dann wurde Joschka Fischer bei mir einquartiert, im Büro Nummer 219 und 220, Hochhaus Tulpenfeld.

Wir würden uns die beiden Büroräume teilen, und meine Sachbearbeiterin würde ihn ein wenig bei der Terminplanung und Verwaltung unterstützen. So hieß es anfangs. Nach seinem Einzug fand ich mich gemeinsam mit unserer Sachbearbeiterin in einem der beiden Büros, auf 12 Quadratmetern, umgeben von reichlich Büroeinrichtung und Regalen voller Akten. Es ging durchaus kommunikativ zu. Als ahnte ich, was folgen sollte, betrieb ich mit reichlich türkischen Süßigkeiten intensivste Mitarbeiterinnenpflege. Schließlich rief mich Fischer eines morgens in »sein« Büro und eröffnete mir sein Ansinnen mit den Worten: »Sie ist die Beste. Ich brauche sie. Bitte gib sie frei.« Es gab natürlich nichts mehr zu entscheiden. Die Entscheidung war schon getroffen. Die Chance, für den Fraktionschef zu arbeiten, hätte ich mir an ihrer Stelle auch nicht entgehen lassen. Jetzt stand ich also da: ohne Büro, ohne Sachbearbeiterin. Meinem damaligen wissenschaftlichen Mitarbeiter, der mich schon im Wahlkampf unterstützt und in der Zeit zuvor begleitet hatte und der anschließend nach Bonn gegangen war, habe ich im Scherz jeden Kontakt mit Fischer »untersagt«; damit ich ihn nicht womöglich auch noch von dannen ziehen sehen würde.

Meine erste Fraktionssitzung

Ich wußte nicht nur nicht, wer von meinen Kollegen eigentlich Abgeordneter oder Abgeordnetenmitarbeiter oder Mitarbeiter der Fraktion war. Mir war zunächst auch unklar, welcher Arbeitskreis im Rahmen der fraktionsinternen Organisation für mich der richtige sein würde. Die Fraktion unterteilt sich in verschiedene Arbeitskreise: Innenpolitik, Soziales, Außenpolitik, Umweltpolitik usw. Die Ohren bei der Aufgabenverteilung weit offen zu haben, war nicht unwichtig. Doch ich kam zur entscheidenden Fraktionssitzung, in der auch die Abgeordneten in die Bundestagsausschüsse gewählt wurden, zu spät. Journalisten hatten mir mehr Zeit gegönnt, als ursprünglich vorgesehen. Aus den angekündigten 15 Minuten für einen Beitrag war mehr als das Doppelte geworden. Ein prima Einstieg in die Fraktionarbeit ... Joschka Fischer nahm mich beiseite: »Das darf nicht nochmal passieren.« Grundsätzlich genießen die Sitzungen der Fraktion nämlich Top-Priorität. Dieser Patzer gleich zu Beginn war peinlich. Aber ich wurde trotzdem von der Fraktion bei der Wahl in den Innenausschuß des Bundestages mit den meisten Stimmen belohnt – ein Ausschuß, für den es mehr Anwärter und Interessierte als uns Grünen zustehende Sitze gab. Der Innenausschuß ist unter anderem für Einwanderungsfragen – das »Ausländergesetz« – zuständig, aber auch für vieles mehr: Innere Sicherheit, Drogen, Verwaltungsreform usw.

Weil ein Fraktionskollege bei der Wahl in den Innenausschuß leer ausgegangen war, organisierte Fraktionschef Fischer eine Rotation. Der Kollege wurde Vollmitglied im Ausschuß. Ich kam fürs erste auf den Stellvertretersitz. Als Antje Vollmer zur stellvertretenden Bundestagsvizepräsidentin gewählt war, rückte ich auf ihren »Vollsitz« im Innenausschuß nach. So war es anfangs abgemacht, und so wurde es eingehalten. Ein Zeichen für das große Maß an Kollegialität in der Fraktion.

Vor einer anderen Aufgabe hätte ich mich als Neuling, der sich vor allerlei unbekannten und ungeahnten Aufgaben und Anforderungen sah, indes gern gedrückt: der des Schriftführers während der Bundestagssitzungen. Entsprechend der Proporz-Regelung stellt unsere Fraktion drei Schriftführer; Abgeordnete, die – jeweils rechts und links neben der Bundestagspräsidentin plaziert – dem Bundestagspräsidium angehören. Der Schriftführer oder die Schriftführerin rechts der Präsidentin erfüllen eher eine repräsentative Funktion und sind bei Fernsehübertragungen aufgrund des Bildausschnittes auf dem Bildschirm zu sehen. Die »Schriftführer links« der Vorsitzenden sind unter anderem mit der Aufnahme der Wortmeldungen während der Debatten betraut, fernsehmäßig allerdings im Off.

Wenn schon zum ersten Mal ein Angehöriger der zweiten Einwanderergeneration Bundestagsabgeordneter sei, so die grünen Bundestagskolleginnen und -kollegen, dann müsse sich dieses Ereignis auch in der Besetzung einer so repräsentativen Funktion niederschlagen. Also wurde ich einer der Schriftführer des Bundestages. »Freu dich. Die Schriftführer bekommen alle vier Wochen einen neuen Anzug vom Bundestag gestellt«, frotzelten einige Kollegen, was sich natürlich als Gerücht herausstellte.

Aber eine Unterweisung in Sachen parlamentarischer Benimm und Aufgaben der Schriftführer folgte natürlich. Die Damen und Herren rechts und links der Präsidentin sind während ihres Einsatzes an recht strenge Regeln gebunden. Sobald einer der beiden aufsteht und seinen Platz verläßt, wird die Sitzung unterbrochen. Auch der »Schriftführer rechts« kann sich nur über Zettelchen oder in Zeichensprache mit den Kolleginnen und Kollegen seiner Fraktion verständigen, wenn der Ablauf der Debatten nicht unnötig gestört werden soll. Als solcher fiel ich während einer der ersten Bundestagssitzungen einigen Landsleuten ziemlich auf. Der Bundestag debattierte live über die Zukunft der ARD, als das Telefon in meinem Büro nicht mehr stillstand. »Sind wir schon so weit, daß das Türkenpack im Bundestag ganz vorne sitzt? Können wir unseren Bundestag schon nicht mehr allein besetzen? Seit wann dürfen Türken im Bundestag kommandieren?« Ohne Ende quoll derartiger Müll aus dem Telefon. Auch die Mitarbeiterinnen und Mitarbeiter in der Telefonzentrale des Bundestags bekamen diese Tiraden mit. Der Vorfall machte in Bonn die Runde. Manche Zeitgenossen beschäftigte der »Schriftführer rechts« offenbar nachhaltiger als die Zukunft der Öffentlich-Rechtlichen. In der Kölner S-Bahn, so berichtete ein Freund später, hatte er mithören können, wie sich zwei Fahrgäste rege darüber austauschten, daß der »Bundestag nun einen Türken zum Präsidenten gemacht« habe: »Der sitzt da oben und gibt Befehle. Aber die sagen das nicht offiziell, weil sie wissen, daß es einen Aufstand gäbe.« Vorfälle dieser Art blieben aber die Ausnahme. Und die Kolleginnen und Kollegen aller Bundestagsfraktionen verabschiedeten danach eine Solidaritätserklärung.

Terra Incognita Bundestag

Die ersten Wochen in Bonn waren in jeder Hinsicht eine Lehrzeit. Die Arbeit in der Fraktion mußte sich einspielen. Und als Neuling galt es, sich sämtliche Regeln und Tricks anzueignen, die die Bundestagsordnung zwischen den Zeilen läßt. Wie weit kann man in den berühmten »Zwischenrufen« während der Debatten gehen? Wie funktioniert das Spiel mit der berühmten Wendung »Gestatten Sie eine Zwischenfrage, Frau Kollegin oder Herr Kollege?«, mit der während der Debatten Zeit für kurze Beiträge herausgeholt werden kann. Die offizielle Redezeit ist für die Fraktionen entsprechend ihrer Größe quotiert. Wann war der richtige Zeitpunkt für den ersten Antrag, die erste Kleine oder Große Anfrage an die Bundesregierung zu meinem Arbeitsschwerpunkt »Staatsbürgerschaftsrecht und Einwanderungspolitik«? Was ist, wenn es nicht der Umfang ausmacht, der Unterschied zwischen einer Kleinen Anfrage und einer Großen Anfrage? Außerdem ist es ja nicht so, daß die Fraktionskolleginnen und -kollegen isoliert vor sich hinarbeiten. Viele Arbeitsschwerpunkte überschneiden sich. Es gilt – etwa im Bereich der Sozial- oder Bildungspolitik ebenso wie in Fragen der »Inneren Sicherheit« –, die Anliegen der Einwanderer zu vertreten und den Kollegen hier zuzuarbeiten. Und umgekehrt.

Die Nacht vor meiner ersten Rede im Bundestag gehört bis heute zu meinen kürzesten. Mitte Dezember, im Rahmen der Haushaltsdebatte, war der Zeitpunkt für meine im Parlamentsjargon sogenannte »Jungfernrede« gekommen – zwei Monate nach der Wahl wurde es auch Zeit dafür. Das Rauschen im Blätterwald wollte ich endlich durch einen fundierten Beitrag vom Rednerpult ergänzen. Ich wollte inhaltlich wahrgenommen werden, nicht nur als »schillernde« Figur, wie es in der ersten Zeit in Bonn der Fall war. Wir feilten die halbe Nacht am Text. Nach einigen Proben mit Blick auf den Sekundenzeiger stand die Rede schließlich. Natürlich kam uns am Morgen noch ein aktueller Einschub dazwischen. Die ›Frankfurter Rundschau‹ berichtete über die neuesten Erhebungen in Sachen Sucht: 2,5 Millionen alkoholabhängige Menschen in Deutschland, 1,4 Millionen Medikamentenabhängige, 150 000 auf harten Drogen. Ich glaube, meine erste war auch meine beste Rede, die ich bisher im Bundestag gehalten habe. Obwohl ich eine fertig ausformulierte Rede vor mir hatte, habe ich mich nach den ersten Sätzen vom Text gelöst und meine Gedanken frei formuliert. Auch heute habe ich noch immer eine ausformulierte Rede dabei (für den Fall, daß ich sehr spät drankomme und meine Rede zu Protokoll geben muß und zur Beruhigung meiner Nerven). Für meinen wissenschaftlichen Mitarbeiter ist es dagegen ganz schön frustrierend, nahezu dauernd Reden quasi für den Papierkorb zu formulieren.

Ist es die Ehrfurcht vor dem »Hohen Haus« oder die ganz normale Nervosität eines »Jungparlamentariers«? Jedenfalls bin ich im Bundestag selten so locker wie sonst bei Veranstaltungen. Obwohl ich jetzt schon seit vielen Jahren zu allen möglichen Themen öffentlich rede – und nicht nur bei Heimspielen vor mir wohlgesonnenem Publikum und im Sommer 1996 gar vor über 30 000 alevitischen Zuhörern im Müngersdorfer Stadion in Köln –, muß ich, je näher die Rede rückt, immer häufiger aufs Klo.

Ganz besonders stolz bin ich darauf, daß ich es in den ungefähr zwei Jahren seit meiner Wahl in den Bundestag geschafft habe, türkisch nahezu so sicher und routiniert aufzutreten wie in deutscher Sprache. Insbesondere das türkische Sprichwort »Dost aci söyler« (»Ein Freund sagt stets die Wahrheit«), daß ich im Zusammenhang mit der Haltung der Bundesrepublik gegenüber den Menschenrechtsverletzungen in der Türkei in türkischer Sprache zitierte, sorgte anschließend ebenso für Gesprächsstoff wie das »Kolay Gelsin« (»Es möge gelingen«) als Schlußsatz, gemünzt auf die Zusammenarbeit mit den anderen Bundestagskollegen. »Dost aci söyler« wurde in der Folge zu einem geflügelten Wort in der türkischen Presse als das typische Zitat von mir. Schließlich meldete sich ein Freund, der mir eine türkisch-deutsche Sprichwörtersammlung schenkte, damit ich auch mal andere türkische Sprichwörter zitieren könnte. Und das nicht nur in der Europa-Ausgabe der türkischen Tageszeitung ›Hürriyet‹, die es gerne zitierte, wenn es darum ging, meine »besonders perfide Strategie, mich als Feind der Türkei auszugeben« zu entlarven. In der noch weiter rechts stehenden ›Türkiye‹ wurde ich wegen dieses Zitats schließlich gar mit Herrn Schönhuber verglichen, da er – der ein Haus in der Türkei besaß – schließlich auch »ein Freund der Türkei sei«. Zülfü Livaneli, der große türkische Liedermacher und Kolumnist der liberalen Zeitung ›Milliyet‹ zitierte mich in seiner täglichen Kolumne und verglich das »historische Ereignis« meines ersten Parlamentsauftritts mit dem der kurdischen Abgeordneten Leyla Zana in der türkischen Nationalversammlung, die für einige Worte in kurdischer Sprache während der Vereidigungszeremonie den Zorn der Nationalisten auf sich gezogen hatte und nach Aufhebung ihrer Immunität zusammen mit ihren Kollegen in Handschellen aus dem Parlament abgeführt wurde und noch immer im Gefängnis sitzt!

Anfang Februar 1995 brachte unsere Fraktion einen Gesetzentwurf zur Änderung des Staatsangehörigkeitsrechtes ein, der auf dem Entwurf der Ausländerbeauftragten der Bundesregierung basierte. Den hatte die Regierung Kohl bis dato in den Schubladen verschwinden lassen; uns erschien er als tragfähiger Kompromiß: Kinder kämen demnach als deutsche Staatsbürger zur Welt, wenn ein Elternteil in Deutschland lebt und über eine Aufenthaltserlaubnis verfügt; ein Recht auf Einbürgerung hätte, wer seit mindestens acht Jahren im Land lebt. Asylberechtigte und Flüchtlinge nach der Genfer Flüchtlingskonvention sollten nach fünf Jahren die Möglichkeit zur Einbürgerung haben.
Weitere bislang erfolglose Anläufe folgten: Unter anderem mit der von uns übernommenen Resolution des Deutschen Katholikentages, der eine Reform der Paßgesetze verlangte. Die anhaltende Verweigerungshaltung der Bundesregierung und der Mehrheitsfraktionen ist mir dabei ganz und gar unverständlich. Nicht nur, daß die Bundesbeauf-

tragte für Ausländerfragen mit ihrem Reformvorschlag der Koalition angehört; selbst CDU-Vereinigungen wie die CDA (der Arbeitnehmerflügel der Union) verlangen eine Wende in der Bürgerrechtspolitik.

Die Führung der CDU/CSU schaute bislang beharrlich zur Seite, wenn ihr von uns der Spiegel vorgehalten wurde. Auch dann, wenn wir mit Mitteln wie der Kleinen Anfrage oder der Großen Anfrage die Unmenschlichkeit des Vollzugs der geltenden Gesetze vor das Parlament bringen und die klaffenden Lücken in der Integrationspolitik dokumentieren. So wie im Fall von zwei Minderjährigen, die in einer Kommandoaktion aus dem Klassenzimmer in ihrer Schule abgeholt und in das ehemalige Anwerbeland für deutsche »Gastarbeiter«, nach Casablanca/Marokko, abgeschoben werden, obwohl ihr Vormund, der Großvater, in Deutschland lebt. Tut nichts zur Sache, daß Bundestag und Bundesrat die UN-Kinderrechtskonvention unterzeichnet haben.

Die Hoffnung hinter dieser Arbeit ist der Versuch, den Druck in Richtung Reform immer weiter zu erhöhen, die Wahrnehmung durch ständige Thematisierung zu schärfen; beziehungsweise für manche erzkonservative Kollegen erst einmal herzustellen. Eine Merkwürdigkeit ist in diesem Zusammenhang das gewissermaßen antizyklische Interesse der außerparlamentarischen Bürgerrechtsbewegung. Als Bündnis 90/Die Grünen im Bundestag schwach vertreten waren, wogte mit Unterschriftensammlungen und Veranstaltungen eine Welle von Forderungen nach Reform der Paß-Bestimmungen durchs Land. Nun ist die Kanzlermehrheit zwar äußerst knapp, aber der Ruf der Öffentlichkeit nach der überfälligen Öffnung der Gesellschaft, dem zeitgemäßen »Mehr Demokratie wagen« ist nicht mehr ausreichend laut genug.

Eine ähnliche Entwicklung nahmen die Reaktionen auf die häufigen Brandanschläge kurdischer Extremisten. Immer wenn ich Opfer besuchte, bekam ich zu hören, ich sei der erste deutsche Politiker, der mit ihnen spreche. Seit kurdische und türkische Extremisten und andere zu zündeln begannen, wurde im Zusammenhang mit Anschlägen über alles mögliche diskutiert, nur nicht mit den betroffenen Menschen gesprochen. Viele, die nach rechtsextremen Anschlägen zu den ersten gehörten, die sich solidarisch zeigten, waren wohl in der Vorstellung befangen, daß die von der PKK und wem auch immer betriebenen Anschlagsserien gegen »türkische« Einrichtungen im Dienst einer »gerechten« Sache geschähen. Wobei dieses Vorgehen allem widerspricht, wofür auch die Grünen stehen. Die Betroffenen, über hundert in den ersten Monaten des Jahres 1995, fühlten sich rundherum alleingelassen. Schon wollten Versicherungen türkische Geschäfte wegen des hohen Gefährdungspotentials nicht mehr versichern oder kamen für entstandene Schäden nicht auf. Wir stellten im Bundestag eine Kleine Anfrage an die Bundesregierung, um das Thema der Entschädigung von Opfern terroristischer Brandanschläge auf die Tagesordnung zu bekommen.

Ladenbesitzer überlegten, selbst Wachdienste zu organisieren. Manche überlegten, selbst »zurückzuschlagen«. Es war dringend nötig, auszugleichen und die Gemüter zu beruhigen, worin ich bis heute meine manchmal wenig dankbare Aufgabe sehe. Es darf den Hetzern nicht gelingen, einen ethnischen Keil zwischen einzelne Bevölkerungsgruppen zu treiben. Die Ansätze von Solidarität, die es unter den Betroffenen gab (und gibt), müssen gewürdigt und unterstützt werden. Noch war und ist die Mehrheit der Menschen gutnachbarschaftlich gestimmt: Hier kümmerte sich eine kurdische Familie nach einem Anschlag um die türkischen Nachbarn, halfen nach dem Brand. Dort war es so, daß die türkischen Geschäftsleute mich nach meinem Besuch in ein kurdisches Restaurant einluden.

Büro, Büro
oder: Was bitte ist
ein Wiedervorlagesystem?

Vom ersten Tag an wurde mein Bonner Büro zu einer Anlaufstelle für hunderte Ratsuchende aus der türkischen Einwanderer-Community. Da geht es beispielsweise um Unterstützung in Visa-Angelegenheiten, wenn die deutschen Konsulate oft völlig unbegründet Besuchsvisa für nahe Verwandte oder Freunde verweigern, obwohl erwiesenermaßen kein Grund zu der Annahme besteht, diese wollten sich einen Daueraufenthalt erschleichen. Andere wenden sich wegen Ärger am Arbeitsplatz an mein Büro, wenn sie mit ihrem Rechtsanwalt unzufrieden sind, wenn sie seit Jahren vergeblich eine Wohnung suchen oder im Streit mit Nachbarn liegen, von denen sie den Eindruck haben, sie lehnten sie als türkische Nachbarn ab. Anrufer und Briefeschreiber hoffen auf Unterstützung oder Vermittlung in Fragen des Aufenthaltsrechts, wenn etwa ein in Deutschland geborener und aufgewachsener Jugendlicher nach einer Gefängnisstrafe aus der Haft ins Ausland abgeschoben werden soll. Andere hoffen auf Unterstützung im Asylverfahren, wenn sie sich ungerecht behandelt fühlen. Zunehmend wollen auch Deutsche die Dienste meines Büros in Anspruch nehmen, die mit Widrigkeiten der multikulturellen Gesellschaft so ihre Probleme haben. Entweder soll ich mit ihren Nachbarn auf türkisch reden, damit sie die Musik leiser machen oder ich soll mich für bessere Urlaubsbedingungen in der Türkei einsetzen. Es gibt nichts, was es nicht gibt.

Nicht selten erzählen Anrufer unendliche Geschichten, ohne selbst genau zu wissen, worum es ihnen eigentlich geht. Sie wollen ihr Herz ausschütten oder sind völlig desorientiert. Hier ein System der Bearbeitung zu entwickeln, dauerte seine Zeit. Wie unterscheidet man Verwirrte von Anrufern mit ernstzunehmenden Angelegenheiten? Zwar melden sich immer wieder Dutzende von hilfesuchenden Flüchtlingen in meinem Büro – aber ich bin aufgrund der Arbeitsteilung der Fraktion für Asylfragen nicht zuständig. Andere Angelegenheiten wiederum sind klassische Fälle für den Petitionsausschuß, wohin wir die Betroffenen dann weiterleiten. Manche flippen nach der Mitteilung, ein anderes Büro, an das sie sich bitte wenden möchten, sei zuständig, am Telefon regelrecht aus: »Aber Sie sind doch der Ausländer!« Wir bemühen uns, Anrufer oder Briefeschreiber auf Rechtsberatung oder Initiativen an ihrem Wohnort zu verweisen – eine Idee, auf die viele gar nicht von selbst kommen, sondern gleich bei »ihrem« Abgeordneten vorsprechen.

Für viele ist die Tatsache, daß nun ein Angehöriger der zweiten Einwanderergeneration im Bundestag sitzt, der ausschlaggebende Grund, sich bei mir zu melden: »Guten Tag, ich bin Türke und Ingenieur für Umwelttechnik.« Ja, und? Keine Frage: Ich fühle mich durch das große Interesse und Vertrauen geehrt – und vor allem bestätigt in der Überzeugung, daß Abgeordnete aus Einwandererkreisen dringend nötig sind. Aber es braucht immer etwas Zeit, um solchen Menschen zu verdeutlichen, daß ich trotz meines türkischen Namens nicht automatisch für alles »Türkische« zuständig bin.

In meinem Bonner Abgeordneten-Büro waren wir anfangs dem alltäglichen Ansturm kaum gewachsen. Es ging drunter und drüber. Meine Mitarbeiter und ich waren absolut unerfahren darin, wie ein Büro zu organisieren sei. Wir kamen direkt vom Studium, hatten nicht den Hauch einer Ahnung, wie ein funktionsfähiges Ablagesystem für die anfallenden Aktenberge, Reden, Presseartikel und die Post aller Art funktionierte. Geschweige denn, daß es so etwas wie ein »Wiedervorlagesystem« überhaupt gibt und daß dies zu allem Überfluß auch noch so angelegt werden kann, daß nach wichtigen, weniger wichtigen und nicht mehr ganz so wichtigen Angelegenheiten unterschieden wird. Bei uns lag hier ein Haufen, da einer und dort noch einer. Zudem ließen uns die Techniker im Stich. Die zwei PCs der drei Arbeitsplätze wurden erst nach Monaten verkabelt. Glückwünsche zur Wahl, die bergeweise kamen, gingen unbeantwortet unter, was mir bis heute leid tut und für manche anfängliche Verstimmung gesorgt hat. Hatte der Özdemir es plötzlich nicht mehr nötig zu antworten, mögen viele gedacht haben. Nein, es war einfach das reine Chaos.

Ein langjähriges, durch und durch freundschaftliches Verhältnis mit einem meiner Mitarbeiter ging im ersten Bonner Jahr in die Brüche. – Es ist leider bis heute noch nicht wieder im Lot. Nach einigen Monaten war das Arbeitsverhältnis so zerrüttet, daß auch die Freundschaft darunter litt. Ich sah mich unter einem enormen Druck, hin- und hergerissen zwischen einer Flut von Terminen, Medienanfragen, Bergen von Post, der Arbeit der Fraktion. Wir fanden den adäquaten Rhythmus nicht. Den Rat eines erfahrenen Kollegen hatte ich zu Beginn nicht weiter ernstgenommen. »Never with your secretary«, hatte er gesagt und mir dringend empfohlen, Freundschaft und Büro auseinanderzuhalten – und er hatte damit nicht nur One-Night-Stands oder ähnliche Affären gemeint.

Ach was, wir verstehen uns doch seit Jahren bestens, dachten wir. Plötzlich war ich dann aber der Arbeitgeber meines guten Freundes. Er wurde »Wissenschaftlicher Mitarbeiter«, quasi mein persönlicher Referent (neben der Sachbearbeiterin der zweite Arbeitsplatz im Bonner Abgeordnetenbüro). Ich legte Wert auf diese Beziehung und seinen Rat, wie es ja schon die Jahre zuvor immer gewesen war. Da aber waren wir die meisten Wege gemeinsam gegangen, hatten die gleichen Kontakte, führten Gespräche und Diskussionen gemeinsam. Nun trennten sich die Wege, sobald ich das Abgeordnetenbüro verließ. Meine Eindrücke, Einschätzungen und Wertungen von Ereignissen, Vorgängen, Diskussionen resultierten nun auch aus anderen Kontakten, Gesprächen, Wahrnehmungen und Zusammenhängen. Mal wollte ich deshalb an manchen Punkten zurückhaltender agieren, als es mein Mitarbeiter und Freund empfahl, mal wollte ich forscher zur Sache gehen als er. Früher waren vermeintlicher oder tatsächlicher Übereifer oder vermeintliche oder tatsächliche Nachlässigkeiten vom verschlampten Flugblatt, dem verlegten Brief bis zum vergessenen Termin oder der strittigen Passage in einem Positionspapier oder Zeitungsartikel von uns beiden immer irgendwie entschuldbar und mit gegenseitigem Verständnis zu regeln gewesen. In meiner Hektik als Newcomer blieb dafür kein Spielraum mehr. Im Bonner Haifischbecken, wo sich jeder Patzer zu einem mittleren Seebeben mit enormer medialer Durchschlagskraft auswachsen kann, wollte ich nur noch auf meine Kappe nehmen müssen, was ich auch 99prozentig vertreten konnte. Zudem bin ich jemand, der zum Perfektionismus tendiert und nichts zum Altpapier werfen mag: Ich wollte für alles ein Archiv anlegen und habe meine Mitarbeiter damit ziemlich gequält.

Nach gut einem Jahr haben der besagte Mitarbeiter und ich uns getrennt – eine bittere Erfahrung.

Ein Alltag wie Dauerwahlkampf

Mein erster Bundestagswahlkampf war am Abend des 15. Oktober 1994 beendet. Aber er scheint trotzdem nicht vorüber. Es vergeht seither – mit Ausnahme der drei- bis vierwöchigen Sommerferien und der Tage um den Jahreswechsel – keine Woche ohne eine Vielzahl von Einladungen. Irgendwo, in irgendeinem Bundesland ist immer gerade Wahlkampf. Einladungen der Partei zu öffentlichen oder Partei-Veranstaltungen sind auch außerhalb von Wahlkämpfen an der Tagesordnung; dazu kommen massenweise Einladungen von Einwandererorganisationen oder anderen interessierten Kreisen wie Kirchen oder Gewerkschaften, Stiftungen und Instituten.

Reisen bildet – dies gilt vor allem für die eigenen Vortragsreisen zu fast allen multikulturellen Themen. So wurde aus dem Vegetarier und nicht besonders koranfesten Abgeordneten Özdemir inzwischen ein Experte für das Schächten, das Schlachten nach strengem islamischen Ritus, bei dem das Tier traditionsgemäß unbetäubt ausbluten muß – also bei vollem Bewußtsein langsam aus-lebt. Eine Art des Tötens, die unsere Tierschutzbestimmungen eigentlich nicht erlauben. Inzwischen wurde ein Kompromiß zwischen Tierschutz und Orthodoxie gefunden: Das Schlachtvieh wird leicht betäubt, bevor man das Messer ansetzt.

Guten Appetit.

Ich bin bemüht, auch Einladungen zu traditionellen schwäbischen Festen oder Brauchtumsveranstaltungen wahrzunehmen – zum einen, weil es mir Spaß macht, zum anderen, um zu zeigen, daß das Leben im Einwanderungsland trotz aller bestehenden Probleme durchaus nicht nur von Schwierigkeiten und Ausgrenzung bestimmt ist.

Insgesamt war das Interesse der türkischstämmigen Bevölkerung während des Wahlkampfs noch verhalten. Nach der Wahl überschlug es sich förmlich. Das Spektrum der Interessierten reichte von ganz links über die politische und unpolitische Mitte, Achmed-Normal-Verbraucher, bis ganz rechts, von türkisch bis kurdisch, von der PKK bis zu den faschistischen Grauen Wölfen, von der islamistischen Milli Görüş bis zur Alevitischen Föderation. Nach dem Thema Einwanderungspolitik geht es immer auch um die Problematik Türken-Kurden und um türkische Innenpolitik. Hier gibt es keinen Unterschied zu den ausschließlich oder überwiegend »deutsch« besuchten Veranstaltungen. Das interessiert alle. Vom anatolischen Schwaben wird nicht nur Einwanderungspolitisches und Positionsbestimmung in Bürgerrechtsfragen erwartet – es geht auch darum, in der türkischen Innenpolitik auf dem laufenden zu sein. Die Folge für mich: viel mehr lesen und Kontakte in die Türkei unterhalten. Was sich viele merkwürdigerweise nicht vorstellen können: Ich verfüge über keinen angeborenen, automatischen Dateneingang in Sachen Türkei, obwohl ich Özdemir heiße. Dabei ist es beileibe nicht vergnügungssteuerpflichtig, es jeden Tag mit einem halben Dutzend Druckerzeugnissen von der Art der britischen ›Sun‹ zu tun zu haben. Denn da bewegt sich ein Großteil der türkischsprachigen Presse. Neben dem sozusagen angeborenen Zugang zur türkischstämmigen politischen Szene, in die ich mich trotzdem auch noch während der ersten Bundestagszeit einarbeiten mußte, gilt mein Bemühen auch dem Aufbau von Kontakten zu Gemeinden oder Organisationen von Einwandererkreisen aus anderen Ländern. Ganz besonders am Herzen liegt mir ein enger und herzlicher Kontakt zur Griechischen Gemeinde in Deutschland. Als überfällig empfand ich nicht zuletzt die Auseinandersetzung mit der Einwanderung der Aussiedler aus Osteuropa und ihre zunehmende Marginalisierung durch die Bundespolitik. In ihnen entdeckten die anderen Parteien im Schulterschluß nach den Flüchtlingen die nächste Gruppe von Sündenböcken für eine verfehlte Sozial- und Wirtschaftspolitik. Statt die beispielhaften Eingliederungshilfen – von Sprachkursen und Ausbildungsunterstützung bis hin zum Wohnungsbau –, wie sie anfangs für Aussiedler bestanden, auf alle Zuwanderer auszudehnen, setzt Bonn hier seit Jahren die Axt an. Die Fehler, die wissentlich seit Jahrzehnten in bezug auf die (Ex-)»Gastarbeiter« gemacht wurden, werden fataleweise nun auf eine andere Einwanderergruppe ausgedehnt. Auch Bündnis 90/Grüne haben sich der Frage der Aussiedler viel zu lange bestenfalls mit spitzen Fingern angenommen. Ich nehme auch mich selbst da keineswegs aus. Aber wenn wir eine im Rahmen des Möglichen gerechte und soziale Einwanderungspolitik fordern, dann muß das für alle Betroffenen gelten. »Lieblingseinwanderer« darf es nicht geben.

Die Pizza-Connection der 89er

Der Umgang mit den Bundestagskollegen der anderen Parteien ist von Interesse und Höflichkeit geprägt. Echte Zerwürfnisse habe ich persönlich bisher nicht erlebt. Wenn es die Zeit erlaubt, ergibt sich oft ein Small-talk. Zwischen manchen hat sich besondere Sympathie entwickelt – auch über Parteigrenzen hinweg. Das bekannteste Beispiel dafür sind junge Grüne und junge Christdemokraten, die »Pizza-Connection«, wie wir getauft wurden, als die Presse davon Wind bekam, daß wir uns regelmäßig-unregelmäßig bei einem Bonner Italiener zum gemeinsamen Abendessen verabreden. Die Idee dazu war purer Zufall, ganz ungeplant.

Aber sie war gut, wie sich zeigen sollte. Wir hatten nichts anderes getan, als zu sagen: Wir machen mal was zusammen, gehen zusammen essen. Das gegenseitige Interesse war da – und Lagermentalität war noch nie meine Überzeugung. Dieser italienische Abend wurde zu einem Selbstläufer. Dank sensationshungriger Medien wurde das Ganze hochgespielt: Wer seid ihr, was macht ihr, keimt da in einer grün-schwarzen Zelle junger Abgeordneter die grün-schwarze Koalitionszukunft der Republik?

Die Beteiligten fanden nichts dabei, sich etwas abseits des Alltags dann und wann zu verabreden. Für mich gehört der Termin in der knappen Bonner Freizeit zu den High-Lights. Es geht darum, nicht die Bodenhaftung zu verlieren, sich selber nicht über die Maßen ernst zu nehmen: mal abschalten und umschalten.

Wer bei der Pizza-Connection dabei sein darf, wurde inzwischen zu einer kniffligen Frage. Einige Ältere wären gerne dabei und versuchen, sich dazuzumogeln. Es ist ein beliebtes Spielchen, sich einen von uns auszusuchen und zu fragen: »Kann ich da auch mal kommen?« Dann den Daumen nach unten zu drehen, ist kaum möglich. Mir jedenfalls fällt das Neinsagen schwer. Vielleicht sollten ja auch alle mal dabeisein dürfen. Wenn wir dann mit den 672 Abgeordneten durch sind, können wir uns in 20 Jahren selbst vom Parlamentsnachwuchs des Jahres 2015 einladen lassen. Unsere Tafelrunde ist kein Theoriezirkel, schon gar keine Koalitionsschmiede (was eine ziemlich vermessene Idee wäre). Sie wäre aber undurchführbar, gäbe es unter den jüngeren Abgeordneten nicht eine fraktionsübergreifende Verständigungsbasis, die von manchen älteren Jahrgängen mit Argwohn betrachtet wird.

Die Jüngeren im Bundestag sind sich zum Beispiel weitgehend einig über die notwendige Abkehr von einem nationalistischen Staatsbürgerschaftsrecht, über die Notwendigkeit einer drastischen Erhöhung und Verbesserung der

Entwicklungshilfe und einer ökologischen Wirtschaftsreform. Vor einiger Zeit tauchte die Wendung der »89er Generation« auf, für die, im Unterschied zu den 68ern, politisch prägende Ereignisse nicht Vietnam oder die Ost-West-Konfrontation waren, sondern Tschernobyl und der Fall des Eisernen Vorhangs. Aber auch wenn der Begriff der 89er zunächst wie ein Kunstprodukt erscheint: Es ist etwas dran. Selbst im Bundestag ist das in einer Shell-Studie Anfang der achtziger Jahre verkündete »Ende der Generationenkonflikte« nicht zu erkennen.

In vielen Inhalten und besonders im Stil unterscheiden wir, die 89er, uns erheblich von den 68ern und den gewiß nicht weniger dogmatischen Anti-68ern. Durchaus vorhandene, scharfe Differenzen, etwa in der Sozialpolitik, werden von Jüngeren auffällig nüchtern ausgetragen – vielleicht im Bewußtsein, daß angesichts des ungeheuren Problemdrucks Illusionen fehl am Platz sind. Der Rückgriff auf scheinbar ewige Wahrheiten und das satte Auftrumpfen damit war meiner Generation von Anfang an verwehrt. Dies fördert die Entwicklung einer Streitkultur, die auch für die Älteren beispielhaft sein könnte und in meiner Fraktion sehr zur Verwunderung vieler Außenstehender zunehmend Raum greift. Könnte es vielleicht eine der Ursachen für die Misere der Sozialdemokraten sein, daß die SPD die Partei ist, die den Generationenwechsel zu den Nach-68ern am wenigsten konsequent vollzogen hat?

Bei aller denkbaren und tatsächlichen Anbindung an die Basis, ist unbestritten, daß die Perspektive eines Bundestagsabgeordneten die eines Privilegierten ist. Die Desillusionierung hat bei uns eine andere Dimension als bei der vielzitierten »Generation X«: Immer mehr gut qualifizierte junge Menschen müssen sich mit Gelegenheitsjobs zufriedengeben, werden arbeitslos und versäumen den Start in ein geregeltes Berufsleben. Ein bedeutender Teil einer ganzen Generation von Sozialwissenschaftlern, aber auch von Technikern und Ingenieuren droht, aus dem Erwerbsleben herauszufallen – von den schlechter Ausgebildeten und den sozial von vornherein Benachteiligten ganz zu schweigen.

Es spricht einiges dafür, daß der Generationenbegriff mit Einschränkungen auch in Zukunft noch zur Beschreibung von gesellschaftlichen Phänomenen taugt, allerdings mit zunehmender Vielfalt und Widersprüchlichkeit innerhalb einer Altersgruppe: Neben der »Generation X« werden wir eine »Generation von Erben« erleben, die mit dem von ihren Großeltern und Eltern erwirtschafteten Besitz in Saus und Braus leben kann. Auch das gehört zur paradoxen Lebenserfahrung meiner Altersgruppe: Ein glücklicher Erbe genießt selbst mit einem vergleichsweise schmalen Gehalt einen hohen Lebensstandard. Andere hingegen müssen selbst bei einem überdurchschnittlichen Einkommen mehr als die Hälfte davon für die Miete aufbringen, so daß der finanzielle Spielraum sehr eingeschränkt wird – besonders, wenn Kinder versorgt werden müssen.

Aufgabe der Politik ist es, vor diesem vielschichtigen Hintergrund, Widersprüche offenzulegen und Perspektiven zu entwickeln. Es kann nicht einerseits die Vergreisung in vielen gesellschaftlichen Bereichen, wie zum Beispiel in der Lehrerschaft, angeprangert werden, während junge Menschen gleichzeitig zunehmend aus dem Erwerbsleben verdrängt werden bzw. gar keinen Zugang dazu finden. Viele Konflikte entlang der Generationsgrenzen sind keineswegs zwangsläufig. Aufgrund der demographischen Entwicklung wird es zwar vermutlich zu den vorausgesagten Problemen bei der Alterssicherung kommen, die den Generationenvertrag aushebeln. Das muß aber nicht zwangsläufig in eine Katastrophe münden, wenn die Politik die Zeichen der Zeit erkennt: Wenn sich die Erwerbstätigkeitsquote bei Frauen – unter anderem durch eine andere Infrastruktur bei der Kinderbetreuung – auf das skandinavische Niveau erhöhen ließe, eine gezielte Zuwanderungspolitik betrieben und zudem das Potential an zusätzlichen Arbeitsplätzen genutzt würde, das in einer ökologischen Modernisierung der Wirtschaft und in einer besseren Verteilung der vorhandenen Arbeit liegt. Mit einer Politik nach dem Motto »Weiter so« oder »Mehr davon« wird man allerdings nie dorthin kommen.

Heimat, fremde Heimat – Annäherungen an die Türkei

Ich war drei Jahre alt, als wir meine Verwandtschaft in der Türkei zum ersten Mal besuchten. Besonders das Dorf Kalederemanastir, aus dem mein Vater stammt, hatte es mir in der Kindheit angetan. Es gab noch keine geteerte Zufahrt von der Hauptstraße hinauf nach Kalederemanastir, kein fließend Wasser in den Häusern, geschweige denn elektrischen Strom. Direkt gegenüber vom Haus meiner Großmutter stand die Dorfschule, für die sie das Grundstück zur Verfügung gestellt hatte. Im Gegenzug war ihr ein Wasseranschluß im Haus angeboten worden. Sie lehnte ab und ließ sich stattdessen vor ihrem Grundstück einen Brunnen graben, so daß auch die Nachbarn Zugang dazu hatten. Eines Tages brachte ein Onkel einen Generator für das Haus der Großmutter, verlegte ein Stromkabel bis ins Wohnzimmer und schloß eine Glühbirne an – alles staunte ob des technischen Fortschritts, der so Einzug ins Dorf hielt. Für mich war es gerade diese technische Rückständigkeit, die den Reiz der Besuche im Dorf ausmachte. Es war wie Urlaub auf dem Bauernhof, auf dem Abenteuerspielplatz. Gemeinsam mit den Kindern des Dorfes ging es rauf auf die Bäume, wir bauten Hütten, wir suchten die – längst ausgestorbenen – Bären und Wölfe, von denen mein Vater daheim in Urach immer erzählt hatte. Es war das Spannendste der Welt, auf den Eseln reiten zu dürfen, die im Dorf in vielen Haushalten zur Grundausstattung gehörten. Daß Wasser nicht unendlich aus dem Hahn in der Küche oder dem Bad floß, sondern mit dem Eimer aus dem Brunnen heraufgeholt werden mußte – auch das war immer wieder ein Mordserlebnis. Die gefüllten Kübel wurden an einen Schulterbügel gehängt und so ins Haus getragen.

Einer unserer ersten Urlaube begann für mich mit einer Bluttaufe. Es war das islamische Opferfest »Kurban Bayramı«. Jede Familie, manchmal schließen sich auch Hausgemeinschaften zusammen, muß dabei ein Tier opfern. Felle und ein Teil des Fleisches sollen anschließend an die Armen verschenkt werden. Für mich wurde ein Opferlamm geschlachtet. Ich mußte beim Schächten zuschauen. Und anschließend wurde mir das frische Blut auf die Stirn geschmiert. Ich lief weinend davon. Meine größte Angst galt zu Beginn dem Gang aufs Klo, eine Grube hinter dem Haus. Das Plumpsklo war abgedeckt mit einer Holzplatte, in deren Mitte ein Loch ausgespart war. Ich fürchtete, hineinzufallen. Was auch prompt in Izmir einmal passierte – eine mißliche Lage, aus der Selbstbefreiung nicht möglich war. Sich nicht auf die Toilette setzen zu können, war das einzig Gewöhnungsbedürftige. Es gab auch kein Toilettenpapier. Mit dem für die Hygiene in einer Schüssel bereitgestellten Wasser wußte ich mir nicht zu helfen. Allein auf diesem komischen Klo fremder Bauart blieb nichts als Hilferufe. Bevor meine Mutter zur Stelle war, stand plötzlich ein Junge vor mir, eben auf dem Schulweg, und riß als Beitrag zum glücklichen Abschluß meines Geschäfts freundlicherweise ein paar Blätter aus seinem Schulheft.

Es war faszinierend, wenn mein Vater mit den anderen aus dem Dorf in einer Geheimsprache redete. Sie sprachen nämlich Tscherkessisch, und davon verstand ich kein Wort. Nur ein Satz ist mir in Erinnerung geblieben: Die alten Frauen, Freundinnen meiner Großmutter väterlicherseits, meinten schon früh, bei mir Bartwuchs zu entdecken: »Pesch eschker pepleb dechoh« – »Der erste Flaum sprießt«, raunten sie sich zu, als ich zwischen ihnen auf dem Boden saß und spielte. Großmutter hatte Sorge, ihre aus Istanbul stammende Schwiegertochter, die da zu Besuch aus Deutschland kam, könnte sich in der Einfachheit des Dorfes nicht wohl fühlen. Und als ich ihr einmal erzählte, meine deutsche Oma trage nicht so ein komisches Tuch auf dem Kopf, nahm sie es einfach ab.

Die Besuche in der Türkei führten regelmäßig auch zur Verwandtschaft meiner Mutter, überwiegend nach Izmir an die Ägäisküste. Die Besuche hier am Meer waren für mich, was wohl Urlaube in den Bergen für Niederländer sind; die Schwäbische Alb ist nicht gerade reich an Gewässern. Mit den Jungs aus der Nachbarschaft machten wir uns auf in die Bucht von Izmir. Sie stank im Sommer manchmal bestialisch – aber wir hielten unsere Angeln ins Wasser und fischten arme kleine Fische, denen das Ende am Haken womöglich lieber war als das Siechen in der Kloake. Von Izmir war es nicht weit zu den schönen Ecken der nördlichen türkischen Ägäisküste. Cesme etwa lag gleich um die Ecke. Wir machten tolle Ausflüge an den Strand – mein Onkel Ibrahim lud uns in einen Firmentransporter, und los ging's. Die Versuche, mir das Schwimmen beizubringen, waren anfänglich vergebliche Liebesmüh. Lange Zeit war mir noch manchmal eine Badewanne zu tief – je nach Gemütslage.

Meine Verständigungsschwierigkeiten nahmen mitunter groteske Züge an. Dann half nur Körpersprache. Als ich einmal bei einem Frisörbesuch auf die Toilette mußte und nur mein Onkel Yilmaz dabei war, half schließlich nichts, als die Hosen herunterzulassen und mich in eine Ecke zu stellen, um eindeutig zu erklären, worum es ging. Mein Onkel hatte zuvor auf Türkisch und Englisch gefragt, warum ich denn so zappele. Die flehentliche Erläuterung »I muß aufs Klo« verstand er leider so wenig wie ich ihn.

So einfach wie die Verhältnisse waren die politischen Ansichten meiner Verwandtschaft. Eigentlich durchaus schwierige Fragen waren bei ihnen eindeutig geklärt. Kam die Rede auf Politik, war stets klar, daß die Familie einen Herrn namens »Karaoglan« unterstützte. Alles andere galt als Verrat. Es war Bülent Ecevit, der als »halk cocugu«, »Sohn des Volkes« galt, der gewählt werden mußte. Bereits damals ging es um die Namen, um die noch heute das Schicksal der Türkei kreist. Ecevits großer Gegenspieler von der »Adalet Partisi« hieß Süleyman Demirel, der heutige Staatspräsident. Und die wechselnden, damals kleineren, Koalitionspartner waren Necmettin Erbakan, der heutige Ministerpräsident, und schließlich Alparslan Türkes, der kürzlich verstorbene Chef der rechtsextremistischen MHP und Führer der Schlägertruppe »Graue Wölfe«.

Im Dorf meines Vaters galten »Linke« und »Kommunisten« als outlaws. Wenn wir Kinder uns über unseren Musikgeschmack unterhielten und ich von meinen damaligen Lieblingsmusikern Cem Karaca und Boris Manco erzählte, dann erläuterten mir schon die Kids, die beiden seien Kommunisten, da wisse man doch, was man davon zu halten habe: »Du weißt doch wohl, was Kommunismus heißt!« Ein Schlagwort, das damals mir ebenso wie ihnen herzlich wenig sagte, aber so redeten ihre Eltern, und so wurde es nachgeplappert. Im Dorf wurde bei den Wahlen stets »gemeinsam« abgestimmt: In einem Jahr votierte die Dorfgemeinschaft für Herrn Erbakan (der heute Chef der religiösen Refah-Partei ist und im letzten Jahr Ministerpräsident einer Koalitionsregierung wurde); ansonsten wurde für Herrn Türkes gestimmt. Allein der Hodscha, der Dorfgeistliche, ließ sich nie beirren. Er blieb ausnahmslos bei seiner (erfolglosen) Wahlempfehlung für die Religiösen.

Ich erlebte die Zypernkrise 1974 in der Türkei. Die türkische Armee besetzte bzw. »befreite«, je nach Lesart, den Nordteil der Insel. Damals war ich knapp neun Jahre alt. Soldaten standen überall entlang den Straßen. Wir warfen ihnen Zigaretten zu. Im Fernsehen wurden Bilder der »glorreichen« Armee gezeigt. Im Rundfunk und auf den Straßen schmetterte Marschmusik. Ich war mächtig stolz auf »unsere Jungs«.

Fuhren meine Eltern anfangs noch regelmäßig jeden Sommer in die alte Heimat, stellte sich nach einiger Zeit ein Zweijahres- und schließlich ein ganz und gar unregelmäßiger Rhythmus ein. Die Anreise war einfach brachial. Mit Urlaub hatte das wenig zu tun. Die Autofahrt bis Izmir zu den Verwandten meiner Mutter zog sich von Urach über 3 000 Kilometer hin. Bis ins Dorf meines Vaters, der zweiten Urlaubsstation, waren es nochmal 1 300 Kilometer. Wieder daheim wäre nach der Rückreise eigentlich eine weitere Woche zur Erholung angesagt gewesen. Zumal meine Mutter keinen Führerschein hatte und meinen Vater am Steuer nicht ablösen konnte.

Ab dem 16. Geburtstag galt dann für mich Zurückhaltung in Sachen Türkeireisen. Ich war »wehrfähig« – im Land der Vorfahren drohte Militärdienst. Was würde mich nach dem Grenzübertritt erwarten? Würden mich, den noch-türkischen Staatsangehörigen und pazifistischen Antimilitaristen, der ich damals war, womöglich die Feldjäger der türkischen Armee festsetzen? Für alle, die nicht in der türkischen Armee dienen wollten, hatte die Republik ein Angebot parat, das sich auszahlte: Wer sich zwei Jahre in der Armee ersparen wollte, konnte sich mit einem Betrag in Höhe von 20 000 DM (später 15 000, heute 10 000 DM) freikaufen. Im wahrsten Sinne des Wortes gemünzt war diese Regelung auf die wohlhabenden »Auslandstürken«. Wer zahlte, kam mit nur zwei Monaten Wehrdienst davon.

Natürlich hätten meine Eltern mich vom Langzeitdienst freigekauft, aber ich wollte auch keine zwei Monate zu irgendeinem Militär. Außerdem: Was ging mich in dieser Beziehung die Türkei an? Meine Verwandten, besonders die Tanten, verstanden diese Hintergründe nicht. Warum kam ich nach meinem 16. Geburtstag nicht mehr mit meinen Eltern? Daß ich de facto nicht konnte, ob ich nun wollte oder nicht, reduzierte sich für sie nur auf die gekränkte Frage: »Hat Cem uns nicht mehr lieb?«

Als ich den deutschen Paß dann in der Tasche hatte, wollte ich es aber doch wissen. War eine Reise wieder möglich? Mein Freund Stephan drängte. Endlich wollte er die Türkei kennenlernen. Wir planten eine Tour, damals beinahe noch deutsche Pioniere in Sachen Türkei. Anfang der achtziger Jahre lag der Türkei-Tourismus ja noch im Tiefschlaf, das Land wollte für den Massen-Tourismus noch entdeckt werden und galt im allgemeinen als exotisches Ziel.

Mein Onkel väterlicherseits bot an, uns im Auto mitzunehmen. Manche aus unserer näheren und entfernteren Verwandtschaft nannten ihn schon damals das Schwarze Schaf (was er bis heute geblieben ist). Anfangs sollte es wegen Bedenken dieser Art mit der Fahrt nichts werden. Auch meine Eltern waren nicht besonders erbaut von unserem Vorhaben, aber schließlich setzte ich mich als dickköpfiger Teenager durch.

Unser abenteuerliches Unternehmen begann an einem Freitagnachmittag im Sommer 1983.

Auf dem Dachgepäckträger türmte es sich wohl einen Meter hoch. Was wir außer unserem Reisegepäck quer durch Europa kutschierten – es ging Nonstop über den Balkan, den legendären Autoput –, blieb uns anfangs verborgen (später stellte sich heraus, daß auch tscherkessische Videofilme darunter waren, die damals in der Türkei, wenn nicht verboten, so doch nach der herrschenden Staatsdoktrin als nicht ganz stubenrein klassifiziert waren – wie alles, was Minderheiten in der Türkei betraf, in die Ecke des Konspirativen gedrängt wurde).

Das waren damals unsere ökologisch »wilden« Jahre. Wir sammelten daheim in Urach akribisch Alu-Papier, Korken und was die Wohlstandsgesellschaft sonst noch an Wertstoffen ex und hopp auf Müllkippen vergrub. Aber als gelte es für den Rückweg Orientierungsmarken zu setzen, hinterließ mein Onkel auf der Fahrt eine Spur in die Landschaft entsorgter Ölkannen. Seine Logik, was diese Dinge anging, war gnadenlos. Er gewährte während der Fahrt abgrundtiefe Einblicke in eine uns bis dahin verschlossene Welt. Er schimpfte auf »die schmutzigen Türken«, klagte, daß hinter Österreich bereits die »verschmutzten Gebiete« anfingen und lobte, daß »Deutschland so schön sauber« sei. Das war und ist typisch für viele Einwanderer der ersten Generation: Daß vieles durch ein kleines Geschenk, eine Nettigkeit für die Herren in Amt und Würden, schneller und bequemer von der Hand ging, das kannten sie von daheim als Normalzustand. Wohingegen in Deutschland selbst ohne eine kleine Dreingabe auf die gesetzlich festgelegte Gebühr alles seinen Gang ging. Im Krankenhaus bekamen alle die gleiche Behandlung, in der Türkei mußte man sich dem Personal durchaus auch besonders zuwenden. Die deutsche Polizei galt, von einzelnen ausländerfeindlichen Übergriffen abgesehen, als freundlich und zuvorkommend, die türkische mochten sie bestenfalls, wenn ein Verwandter bei den Sheriffs ihres Bezirks arbeitete. Andererseits war die Türkei natürlich die geliebte Heimat. Je härter die Schelte, desto inniger die Sehnsucht, habe ich manchmal während der Fahrt gedacht, wenn die Schimpftiraden unseres Fahrers wieder einsetzten.

Und auch als seine Füße die Heimaterde berührten, hatte mein Onkel nichts Besserers zu tun, als auch hier eine leere Motoröldose in hohem Bogen hinter sich zu werfen. Auf seine stundenlangen Ausführungen über Ordnung und Sauberkeit angesprochen, erklärte er schlicht: »Hier ist die Türkei, hier ist sowieso alles verschmutzt.«

Die Fahrt war eine Tortur. Wir saßen eingeklemmt in einer Sardinenbüchse namens Auto. Zumindest in einer Beziehung gelang uns ein Interessenausgleich. Die Musik für den Cassettenrecorder wurde bald abwechselnd ausgewählt. Eine Mischung aus englischen und deutschen Tönen war unser Begehr. Wir beide standen auf die Kölner Gruppe BAP, Manfred Manns Earth Band, The Who. Der vierzigjährige Onkel beschwerte sich, wir quälten ihn mit Geschrei und dekadentem Pop-Geschrammel. Stephan nannte seine Musikauswahl dafür ein Katzengejaule. Auch ich hielt nie mehr als zwei Stücke hintereinander aus. Denn er mochte diese Schnulzen, die im Türkischen »Arabesque«-Musik heißen: schmalzige Liebeslyrik, bei der alles Schicksal ist und der betörte Blick der Interpreten über den Bosporus schweift, in den er (oder sie) sich noch vor dem Ende der Darbietung aus lauter Kummer zu stürzen gedenkt.

Jede Stunde also etwas wie den frühen Heino oder das Nabtal-Duo auf Türkisch im Recorder, so ging es über den Autoput, der allein als Erlebnis schon gereicht hätte. Zum Straßenbild gehörten Unfall-Karossen links oder rechts der Straße, die von ihren Fahrern wegen Übermüdung versägt worden waren. Es gab auf dem Put nämlich nur ein Ziel, das Tausende Heimreisende eisern verfolgten: Durchhalten und Ankommen. Als wir noch mit der Familie in manchen Sommern in die Türkei aufbrachen, ging das soweit, daß für das kleine Geschäft des drei- oder vierjährigen Cem nicht extra angehalten wurde. Statt dessen wurde mir eine leere Orangensaftflasche zum Urinieren gereicht. Wenn sie voll war, flog der Inhalt auch schon mal aus dem Auto. Eine befreundete Familie im nachfolgenden Wagen fragte einmal, warum wir denn immer wieder Orangensaft aus dem Fenster schütteten.

Fünfzehn Jahre später starrte ich nun aus anderer Perspektive auf Tacho und Kilometerzähler – und während der Nacht recht häufig in plötzlich auftauchende Scheinwerfer, die uns mit einem Affenzahn auf unserer Fahrspur entgegenrasten. Entweder man überholte selbst, solange es eben ging auf der linken Spur. Oder Entgegenkommende taten das. Es war eine Art Dauer-Adrenalinschock. Neben der Übermüdung waren es die Niki-Lauda-Allüren der Schicksalsgemeinschaft des Autoputs, die für die Totalschäden und Toten am Straßenrand sorgten.

Mich zogen meine beiden Begleiter die ganze Fahrt über auf: »Bald haben sie dich in der Armee. Jetzt kannst du noch aussteigen. Aber zwei Jahre bei den Panzergrenadieren gehen auch vorbei.« Mit jedem Kilometer, den wir der türkischen Grenze schließlich näher kamen, wurde die Frage bohrender: Was passiert an der Grenze? Eigentlich hätte es ein easy going sein können, mit der Ausnahme, daß mein Verwandter in den Heimaturlaub wollte. Nichttürkische Staatsbürger wie Stephan und ich hätten anders als »Gastarbeiter« auf »Heimaturlaub« beim Grenzübertritt gar keine oder weniger Probleme, das hatten wir vorher oft gehört. Wir beide konnten uns also einbilden, von den Grenzern durchgewunken zu werden, wäre unser Fahrer nicht dabeigewesen. So aber war völlig unklar, was bei der Grenzkontrolle wegen meiner Ausbürgerung passieren würde. War ich in den Akten der Grenzer offiziell vielleicht noch türkischer Staatsbürger, somit reif für den Armeedienst, und die Häscher warteten schon?

Die Schlange vor den rund zwei Dutzend Abfertigungsterminals war extrem lang. Ebenso unendlich lange, an die sechs Stunden, haben wir gewartet. Aus Großlautsprechern quoll Musik, und die Grenzanlage sah aus, wie jene zur DDR. Mir fiel das Herz in die Hose, als der PKW vor uns anfuhr und wir dem Grenzer unsere Pässe in die Hand drückten. Der guckte sowieso schon mißgelaunt ins Auto. Sah man mir an der Nasenspitze an, daß ich kein ganz normaler Tourist war, Grund zur Sorge hatte? Tu bloß nichts Falsches, dachte ich, am liebsten hätte ich mich ins Handschuhfach verkrochen. Sollte man nun besser betont freundlich sein, um den Grenzer bei Laune zu halten? Oder möglichst kurz angebunden reagieren? Oder würde das eine wie das andere erst recht Aufmerksamkeit erregen? Aber was ist »normales« Verhalten, wenn man nicht »erwischt« werden will? Diese Stunden an der Grenze waren wie ein Krimi für mich. Nur war ich leider nicht Zuschauer, allwissender Dritter, sondern am Ende womöglich unfreiwillig der Hauptdarsteller.

Es gab einen Computer an der Grenzstation. Also wurden Namen oder Nummern eingegeben. Und was passierte? Der Grenzer wollte den Namen meines Vaters wissen und gab ihn in den Computer ein. Ja, und das war es auch schon gewesen: Der Grenzer guckte zwar irritiert – wer weiß, was der Computer ihm gemeldet hatte? Aber er gab uns die Pässe zurück. »Hos geldiniz – Iyi yolculuklar« – »Willkommen, gute Reise«. Ich sinnierte die nächste Stunde andächtig schweigend, entspannt vor mich hin. Stephan knabberte an der letzten Schweinswurst vor der Zeit der Entbehrung im Land der Muslime.

Unser Ziel war ein Dorf weit hinten in der Türkei. Die Fahrt dauerte also noch einen weiteren Tag. Die Durchreise via Istanbul über Ankara nach Turhal, ganz in der Nähe des Geburtsortes meines Vaters, verlief einigermaßen problemlos. Die Straßen waren frei. Es war Volkszählung in der Türkei, und da galt wie im biblischen Judäa Ausgangssperre. Auf das auch kein Schäfchen durch die Maschen schlüpfe.

Hundert Kilometer vor dem Ziel aber fuhren wir rechts ran. Und mein weitsichtiger Onkel befahl: Umziehen! Und den Ohrring raus! Stephan und ich hatten kurze Hosen an. Aber das und mein Ohrschmuck zieme sich nicht. Was sollten die Leute denken? Tunte, was sonst. Männer trugen lange Beinkleider – und nicht einen Silberring im Ohr.

Für uns sah hier vieles aus wie rund 300 Jahre vor unserer Uracher Zeitrechnung. Viele Straßen in dem »Neubaugebiet« in Turhal waren nicht geteert. Wo sie asphaltiert oder betoniert waren, wurden sie mitunter von Bürgersteigen gesäumt, die uns geradezu absurd hoch erschienen. Aber es gab keine Regenwasserkanalisation oder wenn, dann war sie während einer Trockenperiode verstopft. Schauerte es dann sintflutartig, verwandelten sich die Straßen in ein Becken, in dem das Regenwasser entlang der hohen Bordsteine wie ein gebändigter Sturzbach abgeführt wurde. Eine Lösung, auf die man auch heute noch trifft.

Unser »Reiseleiter« mühte sich, bei uns ebenso wie bei den Verwandten und Bekannten, mächtig Eindruck zu schinden. Er stellte Stephan kurzerhand als »jungen Wasserbau-Ingenieur aus Deutschland« vor und schickte ihn beim Besuch in einem Dorf »die Brunnen inspizieren«. Alles werde dann demnächst modernisiert, versprach er. Wir schämten uns angesichts dieser Überheblichkeit. Bei sich zu Hause verging er vor Stolz auf seine kleine Welt. Er und seine Frau hätten »es geschafft«, sagte er, sich nach westeuropäischem Standard einzurichten. Im Bad war das im großen und ganzen damals noch landesübliche Stehklo einer Keramikschüssel gewichen. Die Küche sah nicht ganz westlich perfekt aus, aber doch »modern«, das ländlichbäuerliche Interieur war verschwunden. Meine Tante trug kein Kopftuch. Eine rundum moderne Familie eben.

Manches war Blendwerk, Potemkinsches im Verwandten-

Dorf. Meinen Eltern hatte dieser Onkel in Deutschland des öfteren vorgehalten, es sei dumm von ihnen, es sei beinah verrückt, wenn sie weiterhin in Deutschland leben wollten. Sie müßten es nur so clever anstellen wie er: vernünftig und pfiffig investieren, dann lasse es sich in der Türkei prima leben. Unterdessen lebte er von seiner Frau getrennt, ein Kind in Deutschland, das andere bei seiner Frau in der Türkei, und pendelte zwischen den Welten. Und seine vernünftigen Investitionen in der Türkei entpuppten sich eher als Ruinen denn als Goldgruben: Irgendwo, beinah auf dem Acker, ein nicht fertiggestellter Bau, im Erdgeschoß eine leerstehende Ladenzeile.

Einen Kopf machten wir uns um diese Dinge damals nicht. Es betraf uns nicht, und viel Zeit dazu gab es auch gar nicht. Wir wurden mit Willkommens-Einladungen zum Türkeibesuch der »Almancilar«, der Deutschländer, wie die Deutsch-Türken in der Türkei heißen, überhäuft. Feierliche Einladungen zum Mittag- und/oder Abendessen gehören bei Verwandtenbesuchen zum Standard. Das Vieh kann sich bei solchen Anlässen warm anziehen, die Metzger haben satt zu tun. Zwischen den Klößchen-Terrinen, Schüsseln und Tellern mit Hackbällchen und Lamm-Koteletts vom Grill saß ich, der Vegetarier. Vegetarismus, muß man wissen, galt bis vor kurzem in der Türkei überwiegend als Symptom von Geisteskrankheit.

Die Gastgeberinnen und Gastgeber schüttelten im besten Fall nur mit dem Kopf und akzeptierten mich mit meiner Marotte kommentarlos – wobei ich froh war, nicht Gedankenlesen zu können. Andere versuchten es anfangs mit gutem Zureden, bevor sie vor meiner Hartnäckigkeit in dieser Frage resignierten. Eine kleine Genugtuung für die teils doch nervigen Erklärungen gab es: Wenn um die Haufen rohen Fleischs auf dem Dorf-Markt scharenweise Fliegen schwirrten, hatte ich wenigstens die Gewißheit »Ich muß es ja nicht essen«.

Bei diesen Völlereien ein Ende zu finden, war mitunter nicht einfach und hing mit den türkischen Tischsitten zusammen. Überraschend auch die Erfahrung, daß Frauen und Männer sich in verschiedenen Räumen aufhielten. Das Brot wurde aus feierlichem Anlaß im offenen Lehmofen zubereitet, und allerlei Unbekanntes kam auf den Tisch. Stephan und ich waren zunächst skeptisch. Stephan schaute mich hilfesuchend an, als wollte er sagen: Du mußt jetzt für uns beide denken, Kleiner. Das konnte ich aber nicht. Weil ich auch nicht durchblickte, wie der Gang der Dinge zu beeinflussen sein könnte. Es wurde also gegessen, was auf den Tisch kam. Die Frau des Hauses fuhr einen Gang nach dem nächsten auf. Wir standen kurz vor dem Platzen. »Cem, du bist doch Landsmann«, bat Stephan, »mach, daß das ein Ende hat.« Aber ich wiederholte ein ums andere Mal die an türkischen Tafeln übliche Wendung »Elinizi saglik. Yemek cok güzeldi« – wörtlich übersetzt: »Gesundheit für ihre Hände, das Essen war sehr gut.« Daß ich damit ausdrücken wollte »Vielen, vielen Dank, es reicht jetzt wirklich, wir platzen, Schluß, kein Bissen mehr«, das kam so natürlich nicht rüber. Sofort verschwand die Gastgeberin wieder, um die nächste Runde aufzutischen. Schließlich fragte mein Onkel – die Vorräte gingen wohl allmählich zur Neige –, ob wir immer noch nicht satt seien, zumal, nach alter Väter Sitte, die Frauen warten mußten, bis alle Männer, also auch wir, mit dem Essen fertig waren.

Obwohl ich mitunter recht hilflos dastand, war ich von meinen Onkeln und Tanten mächtig beeindruckt, ja geradezu stolz auf sie. Es war ein neues Erlebnis auch für mich, mit einem deutschen Freund zusammen bei ihnen zu sein und einmal zeigen zu können, wie gastfreundlich sie sind, wie sie sich wirklich die Beine ausrissen und sich bemühten, uns einen angenehmen Aufenthalt zu bescheren. Und wir, wir nutzten das auch durchaus aus und genossen diese Tage. Trotzdem blieb der belastende Eindruck, sich auseinandergelebt zu haben. Es hatten zum Teil mehrere Jahre zwischen den Besuchen gelegen. Eigentlich kannte man sich nicht mehr richtig. Zum Teil wußte ich nicht mehr: Duze ich nun die Onkel in der Türkei, oder sieze ich sie? Und wie sollte ich auf die plötzliche Erkenntnis reagieren, daß ein Verwandter massive Alkoholprobleme hatte?

Die Pfunde, die wir während einer knappen Woche bei den Verwandten angesetzt hatten, sollten wir alsbald bei einer Radikalkur wieder verlieren. Wir wollten die Türkei sehen. Zwar nicht bis ins tiefste Anatolien, bis zum Ararat ging es nicht. Aber davor lag auch eine Vielzahl von Sehenswürdigkeiten, antike Stätten, Zeugnisse des jahrhundertealten multikulturellen Anatolien, von Konya, der Stadt der Derwische, über die Feenkamine in Kappadokien bis zur Agora im alten Smyrna (türkisch: Izmir) an der Ägäisküste, das auf einen langen griechischen Einfluß zurückblickt.

Zuerst erwischte es Stephan. Schon etwas fiebrig, schwitzend, unwohl, war er in den Überlandbus gestiegen. Die Sonne, brütende Hochsommerhitze um 40 Grad, besorgte den Rest. Die Luft im Bus war stickig. Wir hatten, die Reisekasse mußte geschont werden, einen der billigen Busse ohne Klimaanlage gebucht. Es ging ihm immer schlechter. Eine Kotztüte mußte her. Aber was, in aller Welt, hieß: Meinem Freund ist schlecht? Wie sollte ich wissen, was »Kotztüte« auf türkisch hieß? Wie in allen Bussen gab es auch in unserem einen Steward. Aber es dauerte eine Weile, bis endlich klar war, worum es ging.

Ein Paar aus Holland, in der Sitzreihe neben uns, beobachtete unser Elend mit einer Mischung aus Ekel und Neugierde. Und wahrscheinlich mit einer Ahnung davon, daß sie gefordert waren, aber in der Sicherheit, daß wir soweit wohl doch nicht gehen würden. Ich nahm die volle Tüte, beugte mich rüber und drückte sie der holländischen Dame links von mir in die Hände. Sie war zu perplex, wehrte nicht ab und saß da mit der Kotztüte, sagte nichts. Stephan übergab sich weiter, was das Zeug hielt. Nach diesem Manöver und nachdem er sich völlig ausgepumpt hatte, durfte ich zwei dieser Ekelbeutel halten und außerdem meinen siechen Freund versorgen. Nach einer kleinen Ewigkeit bequemte sich der Busfahrer endlich, anzuhalten. Konya hätte ein Kurort sein müssen. Viel gesehen haben wir nicht, allein wollte ich auch nicht los.

Wir reisten von einem Billighotel zum nächsten. Wir hatten den empfohlenen und in der Szene gängigen Türkei-Reiseführer dabei – mit Empfehlungen für preiswerte Hotels, auf die man eigenlich nicht mal seine Feinde hinweist. Er war an Pleitetips nicht zu überbieten. Hier die nicht abschließbare Toilette auf dem Flur, deren Tür sich wie von Geisterhand bewegte. Sie öffnete sich also während der Sitzung, die im Stehen beziehungsweise in der Hocke erledigt werden mußte. Aber Toilette und Tür waren, wie von einem schalkhaften Architekten ausgeheckt, gerade soweit voneinander entfernt, daß zum Zuhalten eine Fingerlänge fehlte. Außerdem denkt man auf einem ungewohnten Stehklo, das im Prinzip zwar ungleich hygienischer ist als unsere Schüsseln, kaum an etwas anderes, als einigermaßen sauber aus der Sache herauszukommen.

Die Zimmer waren ausgestattet, als hätten die Überlebenden des zerstörten Sparta es mit Innenarchitektur statt Kriegführen versucht. Die Betten aus Eisen, Wände und Fußböden kahl, als Garderobe – Doppelzimmer hin- oder her – *ein* einziger Nagel in der Wand. In einer unserer Herbergen hatten wir die Wahl zwischen Erstickungstod bei geschlossenem Fenster oder Erstickungstod bei geöffnetem Fenster: Das Hotel lag an einem Berg und direkt an der Haupstraße, die auf denselben hinaufführte. Genau auf unserer Höhe erreichten die LKWs und Busse, die bergan fuhren, einen toten Punkt und mußten einen Gang tiefer schalten. Die Motoren jaulten auf, und aus den Auspuffrohren quollen dunkelste Schwaden von Dieselabgasen.

Aus dem besten Hotel, das wir erwischten, mußten wir uns schließlich heraussstehlen. Immerhin waren Dusche und WC in dieser Herberge auf der Etage – das Zimmer konnte Zimmer genannt werden: Ein Teppich auf dem Boden, die Betten mit Tagesdecke, ein Schrank, eine Garderobe. Allerdings war die Dusche ein Problem. Wenn man sich gerade wunderschön eingeseift hatte, löste sich im Laufe der Zeit der Brausenkopf und der Strahl ging direkt ins WC. Um dann nicht über dem WC duschen zu müssen, hieß es, das Ding wieder hochkurbeln, so daß der Strahl einen wieder richtig erwischte. Das ging zunächst ganz gut. Seife und Shampoo waren wieder ab- und ausgespült, als ich so oft an diesem Brausekopf herumgedreht hatte, daß er sich aus der Verankerung löste. Vom Wasserstrahl bekam er noch einen gewissen Schwung, und durch einen ungünstigen Schwerpunkt drehte sich das Ding in der Luft und landete wie ein Pfropfen im Abfluß der Toilette. Mit der Folge, daß dann das Klo verstopft war. Die Überlegung, das Ding mit der Klobürste rauszuziehen, mündete in einen überwältigenden Anflug von Ekel. Naja, ich hatte fertiggeduscht, sollte der Brausekopf stecken, wo er wollte. Leider mußte Stephan kurz nach mir auf die Toilette. Du Idiot, rief er von drinnen, und wollte wissen wie – aber vor allem wann – ich das gemacht hatte. Er schlug vor, das Hotel besser bald zu wechseln.

Auf dem Weg nach Kappadokien, jener bizarren Landschaft mit Kaminfelsen und unterirdischen Städten christlicher Prägung ereilte uns ein weiteres Mißgeschick. Der Blick auf die Karte zeigte: Das schaffen wir locker zu Fuß, das ist keine größere Entfernung als die rund 12 Kilometer von Urach nach Metzingen. Aber, wie der Schwabe so sagt, wenn man sich ein bißchen übernimmt: So isch's na au wieder. Es war eine gewisse Überforderung. Denn es erwischte mich Montezumas Rache. Stephan bog sich vor Lachen. Einem echten türkischen Darmtrakt, hatte ich ihn während seiner elenden Verstimmung im Bus aufgezogen, könne so was nicht passieren: Guck mich an, Gelbgesicht. Nun hüpfte ich von Busch zu Busch – Spätfolge eines Glases Wasser, das wir zur Erfrischung angeboten bekommen hatten und das ich wider besseres Wissen nicht ablehnen mochte. Willst ein guter Gast sein, hatte ich gedacht.

Nun galt all mein Sehnen der jeweils nächsten Toilette, es ging im nächsten Dorf von Teehaus zu Teehaus – und nichts wie auf die Toilette. Kappadokien war also ein eher fiebriges Erlebnis.

Es kam für uns ein wenig überraschend, daß in der Türkei zwischen Kneipen für Bier und andere Alkoholika und solchen ohne unterschieden wurde. Und wenn es im Restaurant ans Bestellen ging und Stephan auf die gourmetgerechte Führung durch die Speisekarte wartete, kam nicht viel mehr dabei heraus als die bündige Bestellung von »zwei Essen«. Vegetarisch blieb ein Dauerproblem. Auf die Frage: »Gibt es bei Ihnen etwas ohne Fleisch?« liefen freundliche Kellner sofort in die Küche: »Kein Problem, kein Problem.« Aber der Löffel konnte in der sogleich servierten Suppe dann durchaus auf merkwürdige Widerstände stoßen. »Da schwimmt was drin, Herr Ober!« Woraufhin der sich darüberbeugte, die Nasenspitze beinah benetzte und zugab: »Naja, Fleisch.«

Ich hatte mit jedem weiteren Reisetag zunehmend das Gefühl, Neuland zu betreten. Obwohl Stephan »Gast« war und ich mit dem Gefühl losgefahren war, durchaus heimisch zu sein. Ich hätte ihm voraus, einige Verwandte dort zu haben, dazu das eine oder andere sprechen zu können, sagte Stephan. Aber manchmal hielt man besser den Mund: Wir standen in einem Hotel in einer Kleinstadt und fragten nach dem Zimmerpreis. Neben uns weitere Gäste. Der Hotelier hielt uns für eine Kleingruppe. Guter Gag, pflichteten wir noch bei, als die anderen nachfragten, ob denn die Toilette im Preis inbegriffen sei, und die Miene des Chefs an der Rezeption sich bereits deutlich verfinstert hatte. Es war ein grober Verstoß gegen das Ehrempfinden des Gastwirtes gewesen. So hatte er prompt kein Zimmer mehr frei. Dennoch ließ er uns nicht stehen – auch das hätte seinem Ehrenkodex widersprochen: Kurz vor Mitternacht ließ man Fremde nicht ohne zu helfen auf der Straße stehen. Er weigerte sich, uns ein Zimmer zu geben, aber er vermittelte uns zwei Häuser weiter.

Zum erholsamen Abschluß unserer Reise passierte uns nochmal etwas Ähnliches. In Antalya an der türkischen Riviera wartete der ersehnte Strandurlaub auf uns. Am Strand gab es zwei Abschnitte: Einen – mit den scharfen Mädels – für Touristen. Und einen für Einheimische, damit die Touristenfrauen Ruhe vor türkischen Machos hätten, so die Begründung. Apartheid für Türken im eigenen Land, nicht schlecht, dachten wir. Ganz lässig sprach ich den Strandwächter auf türkisch an, wollte dem Stephan einmal zeigen, daß auch etwas klappen konnte – wobei es ja eigentlich nichts zu regeln gab. Wir waren Touris, also hätten wir ohne Probleme auf den Apartheid-Abschnitt gedurft. Hätte ich den Mund gehalten, wären wir auch am Strand unserer Sehnsüchte gelandet. So war natürlich sofort Schluß mit lustig: Der Wächter vernahm mein Türkisch – und winkte lässig mit dem Daumen in die Gegenrichtung, weg vom schönen Sandstrand mit den schönen Braungebrannten, hin zum Kiesel- beziehungsweise Steinstrand mit den verschleierten Omas.

Die klaffenden Lücken in meinem Wortschatz und offenen Flanken in Fragen adäquater Umgangsformen sorgten also für eine Menge komödienreifer Situationen und Unbeholfenheiten mit durchaus tragischen Zügen. Man muß – weil es erwartet wird – und will – weil es erwartet wird, aber man kann nicht – weil das »Wie« und das »Was« wie Bücher mit sieben Siegeln sind.

Zu den schlimmsten Erfahrungen in dieser Hinsicht gehört ein Erlebnis nach dem Tod meines Onkels Yilmaz. Ich mußte meiner Tante mein Beileid aussprechen. Aber ich kannte die entsprechende Formulierung auf Türkisch nicht. Ich hatte sie bis zu diesem Zeitpunkt nie in meinem Leben benutzen müssen. Kurz vor dem Telefonat konnte ich sie auch nicht mehr auswendig lernen, ich wollte mich im Gespräch nicht verhaspeln. Und es gibt kaum Schlimmeres im Leben, als in so einer Situation nicht die richtigen Worte zu finden, nicht zu kennen; und allein aus diesem Grund die Courage für den Anruf nicht aufzubringen.

Daß es mitunter einfacher ist, eine Sprache gar nicht zu können und von der hiesigen Kultur nichts zu wissen, als mit etwas Halbwissen von Fettnapf zu Fettnapf zu hüpfen, war mir nach einer weiteren Türkeireise im folgenden Jahr endgültig klar. Drei deutsche Freundinnen aus Urach wollten in die Türkei, Stephans Schwester Marit war von unseren Erzählungen schwer beeindruckt, meine damalige Freundin wollte ihr nicht zurückstehen, und die dritte im Bunde unserer Viererbande konnte sich die Sommerwochen ohne ihre beiden Freundinnen nicht vorstellen. Mit drei deutschen Mädchen in der Türkei, insbesondere bei den Verwandten, aufzukreuzen, das fand ich auch ganz reizvoll. Ich war dann eine Art »Beschützer« für sie und zog andererseits den gesammelten Neid der Männer auf mich, weil ich drei Frauen um mich versammelte. Über mögliche Belastungen meiner Verwandten, bei denen plötzlich vier Gäste auf der Matte stehen würden, hatte ich mir dabei wenig Gedanken gemacht.

Das ganze Unternehmen war eine gruppendynamische Erfahrung ohnegleichen: vier Köpfe, fünf Bedürfnisse. Während die eine in die Berge wollte, wollte eine andere unbedingt ans Meer. Während eine allein sein wollte, wollten die anderen unbedingt dorthin, wo High Life war. Immer, wenn gerade jemand gesund war, wurde eine andere krank. Ich stümperte mich mit meinem dürftigen Wortschatz durch Apotheken und Arztpraxen.

Meine Freundin hatte größere gesundheitliche Probleme. Sie mußte unbedingt zum Arzt. Der Arzt wollte sich alles genau beschreiben lassen. Auch meine Freundin hatte das Bedürfnis, ihm alles in allen Einzelheiten mitzuteilen. Ich hatte schon massive Probleme, die allgemeinen Beschreibungen sprachlich auszuführen, als sie mir obendrein aufgab, dem Arzt unbedingt zu sagen – das sei besonders wichtig –, daß sie gerade ihre Tage habe. Was heißt das auf Türkisch? »Sie blutet«, übersetzte ich. Der Arzt, in leichtem Anflug von Hektik, wollte sofort wissen, wo sie blutet und wie stark der Blutfluß sei. Nein, so schlimm sei es nun auch wieder nicht. Sie würde öfters bluten. »Ja, mein Sohn, warum sagst du mir das jetzt erst, daß sie öfters blutet, da muß man doch was machen, wenn sie Bluterin ist«, erwiderte der besorgte Arzt. Nein, Bluterin sei sie nicht, die Blutung höre von allein wieder auf. Das sei so. Ein Mal im Monat. »Idiot«, sagte der Arzt, »warum sagst du das nicht gleich?« In dem Stil ging es weiter.

Einmal mußten wir in eine Apotheke, weil eine Freundin sich einen Pilz eingefangen hatte. Ich beschrieb minutenlang etwas von Juckreiz – denn wie übersetzt man schon »Pilz am Gesäß«. Schließlich wurde es der Betroffenen irgendwann schlicht zu blöd, sie drehte sich um, deutete mit dem Finger auf ihren Po, und der Apotheker wußte sofort, wonach sie verlangte. – Für mich blieb nur Undank: »He Cem, wozu haben wir dich eigentlich dabei?«

»Wozu haben wir dich eigentlich dabei?«, diese Frage hätte auch die Reisegruppe stellen können, mit der ich ein paar Jahre später erneut in der Türkei unterwegs war. Ohne

Merkwürdigkeiten ging es auch diesmal nicht ab. Als eine der angenehmeren Aufgaben während meines Praxissemesters bei der Gesellschaft für Politische Ökologie, das Teil des Sozialpädagogikstudiums war, konnte ich die Konzeption, Organisation und Durchführung einer Reise in die Türkei übernehmen. Schließlich sollte ich die Reise sogar leiten. Auf dem Programm standen der Besuch eines Frauenzentrums in Istanbul, wir hatten Gespräche und Inforunden zur Minderheiten- und Menschenrechtsproblematik, trafen den damaligen Vorsitzenden des Menschenrechtsvereins, Nevzat Helvaci, wollten uns über alles, vom Aufbau der Gewerkschaften bis hin zum Ökologischen Landbau, informieren. Das ergab für mich nun einen anderen, neuen Bezug zum Land meiner Eltern.

Damit es keine größeren Pannen geben würde, hatten wir uns zusätzlich in der Türkei um einen ortskundigen Reisebegleiter bemüht, den der Reiseveranstalter für uns engagierte. Er sollte vor Ort das Organisatorische übernehmen, auch übesetzen. Dummerweise hatte ich nicht damit gerechnet, daß auch in dieser Hinsicht immer große Vorsicht geboten ist. Die Merkwürdigkeiten setzten bereits am ersten Tag ein.

Auf dem Programm stand ein Gespräch mit dem damaligen Generalsekretär der wieder zugelassenen Gewerkschaft Disk, die nach dem Putsch 1980 verboten war. Suleyman Celebi hatte viele Jahre im Gefängnis verbracht. Das Gespräch mit ihm war hochinteressant. – Bis auf das Problem, daß unser Dolmetscher praktisch ausfiel: Er war zwar als Dolmetscher angekündigt, aber mit dieser Aufgabe hoffnungslos überfordert. Er übersetzte nicht, sondern erklärte uns die Dinge aus seiner Sicht. Hatte Celebi etwas gesagt, ließ unser Dolmetscher uns wissen: »Er ist Gewerkschafter, und er hat ein wenig von seiner Vergangenheit erzählt.« Celebi hatte minutenlang von seinen Erlebnissen in Gefängnissen berichtet, und unser Reisebegleiter faßte in einem Satz zusammen. Auch unsere Fragen erreichten Herrn Celebi leider nicht in der Originalfassung. Diese Frage blieb ungeklärt. Ich mußte mit meinen damals noch vergleichsweise mangelhaften Türkischkenntnissen vom ersten Tag an als Übersetzer einspringen.

Spätestens beim Besuch einer Frauengruppe in Istanbul, als die Teilnehmerinnen unserer Gruppe vertiefende Fragen zum Thema Sexualaufklärung und Verhütungsmethoden in der Türkei hatten, wurden meine Grenzen wieder einmal deutlich. Ich wußte weder, was Kondom noch was die Pille auf türkisch hieß, noch wie ich Abtreibung oder Diaphragma übersetzen sollte und welche Vokabeln darüber hinaus noch zur Kartierung des weiten Feldes Partnerschaft und Sexualität von Bedeutung sind.

Unser Reisebegleiter eröffnete der Gruppe dagegen andere Welten: Wie zockt man Touristen ab? Ich hatte mich für einen Verwandtenbesuch für einen halben Tag abgesondert, da landete die Reisegruppe aus Versehen in einem Teppichladen im Basar von Istanbul, anschließend zufällig in einer Vorführung von Lederwaren. Zu den Höhepunkten der Reise sollte der Besuch des berühmten Hethiter-Museums in Ankara gehören. Wir hatten Historiker in der Reisegruppe, die schon Tage vor dem Besuch vom großen historischen Wert dieses Museums schwärmten. Auf die prophylaktische Frage, ob vor Ort für einen qualifizierten, deutschsprachigen Führer gesorgt sei, entgegnete unser Reisebegleiter lapidar, das sei leider nicht vorgesehen. Mit Unschuldsmiene erklärte er, im Museum seien Reiseleiter und Reiseführer mittlerweile sogar verboten. Die Besucher fühlten sich gestört, wenn viele Leute in vielen verschiedenen Sprachen durch die Ausstellung geführt würden. Aber er werde den Part gern übernehmen, er kenne die Ausstellung, sei im Grunde selbst Historiker. Das kam mir zwar etwas merkwürdig vor, aber naiv wie ich war, fand ich die Ausführungen einigermaßen plausibel und erklärte unserer Gruppe die neue Situation.

Die Überraschung folgte auf dem Fuß. An der Rezeption des Museums standen Führer für ein gutes Dutzend Sprachen bereit; sie waren Angestellte des Museums. Wir ließen uns nicht weiter irritieren, hofften auf unseren eigenen Reiseführer. Im ersten Raum blickte er sich kurz um, näherte sich den einzelnen Exponaten, las, was auf den Informationstafeln stand, kam zurück zu uns und sagte: »Das hier ist alles sehr alt. Das ist alles von Hethitern, von Menschen von früher.« Er ging noch einmal zurück zu den Exponaten und teilte uns anschließend mit: »Stein, Marmor, viel wertvoll. Und viel, viel alt.« Es ging weiter in den zweiten Raum, wir blickten uns an, dachten noch, das macht der jetzt irgendwie zum Scherz. Vielleicht war es auch die türkische Variante der »Versteckten Kamera« und wir stünden kurz vor der Auflösung des Rätsels. Aber er zog seine Tour so durch: Lesehilfe für die Informationstafeln. Kurz vor dem Knall ließen wir ihn wissen, daß es auch beim Ausbeuten von Reisegruppen eine Schmerzgrenze gebe.

Während des gesamten Aufenthaltes widmeten uns die Verantwortlichen im Gastgeberland Türkei ihre besondere Aufmerksamkeit. Die Gruppe bekam besondere Begleiter, die uns »beschützen« sollten. Sie folgten uns am liebsten im Auto, wenn nötig über weitere Strecken im Schritt-Tempo. Selbst in einer Fußgängerzone von Izmir rollten sie hinter uns her, Einbahnstraßen spielten für die Security keine Rolle, sie wurden nicht weiter beachtet. Sie jagten die Entgegenkommenden durch anhaltendes Hupen auf die Seite. Verloren sie unsere Spur, ließen sie uns am nächsten Tag wissen, so gehe das nicht, sie seien schließlich »verantwortlich«.

Die freundlichen Begleiter in Istanbul stellten es etwas intelligenter an. Abends baten sie um das Programm für den nächsten Tag. Sie müßten schließlich vorplanen, wann sie uns wo zu erwarten hatten, erläuterten sie. Zwei Tage lang waren sie immer bei uns. Am dritten taten unsere Begleiter ihren Job so professionell, daß sie für uns unsichtbar blieben. Am Abend im Hotel erwarteten sie uns stocksauer im Foyer. Hellauf empört, bekam ich ihre Vorwürfe zu hören. Ich hätte sie an der Nase herumgeführt, hätte ihnen ein falsches Programm gegeben. Es sei doch unmöglich, daß wir nicht mit offenen Karten spielten. Nun ja, die Jungs hatten sich am Morgen an die Fersen der falschen Reisegruppe gehängt, waren im Bazar und im Türkischen Bad gelandet, während wir ungestört unsere Besuche unter anderem bei Aziz Nesin machen konnten.

Das Zusammentreffen mit dem inzwischen verstorbenen großen türkischen Schriftsteller und Satiriker gehörte für mich zu den eindrucksvollsten Erlebnissen dieser Reise. Bereits während meiner Jugend hatte mir mein Vater viele von seinen Satiren erzählt. Ich bewunderte den Mut dieses alten Mannes, der zeitlebens auch gegenüber religiösen Eiferern und Fundamentalisten kein Blatt vor den Mund genommen hatte. 1993 überlebte der kämpferische Linke Aziz Nesin nur knapp einen Mordanschlag von Islamisten.

Insgesamt waren die Reisen und Erfahrungen, die ich in der Türkei machte, informativ und interessant. Sie blieben aber an der Oberfläche: Reisen eines Außenstehenden. Das sollte später anders werden.

Erster Januar, Neujahr 1995: ein Flug Stuttgart-Istanbul. Es ist seit der Wahl in den Bundestag vor knapp drei Monaten meine erste »offizielle« Türkeireise. Wir sind zu dritt: Cem Altintop, ein langjähriger Freund aus Reutlingen, Ingenieur bei Bosch, und Halil Das, ebenfalls ein langjähriger Freund und Mitglied im Ludwigsburger Kreisvorstand. Die beiden hatten auf meine Bitte hin, mich zu begleiten, nicht gezögert. Dieses Unternehmen, den Antrittsbesuch im »Heimatland«, möchte ich nicht allein bewältigen.

Große und kleine Pannen sollten vermieden werden, soweit es irgend ging. Aufgrund politisch-kultureller und sprachlicher Lücken wollte ich nicht ausgerechnet beim ersten Besuch im Heimatland meiner Eltern überflüssigen und ablenkenden Gesprächsstoff liefern und mir die für die künftige Arbeit notwendige und erst aufzubauende Reputation nicht zu Beginn durch unnötige Patzer verhageln.

Was die türkische Sprache angeht, beherrschte ich damals gerade mal das Allernotwendigste. Meine Kenntnisse beschränkten sich auf die elementarsten Dinge des Lebens. Heute bedauere ich es manchmal, nie für längere Zeit in der Türkei gelebt zu haben, um sprachlich so sattelfest zu sein wie beispielsweise meine Partnerin Taies. Noch immer bin ich unsicher, wenn ich beispielsweise auf einem Fest spontan eine kurze Ansprache halten soll. Ein türkischstämmiger Abgeordneter muß immer damit rechnen, daß er sich etwa in einem türkischen Restaurant – natürlich auf türkisch – im Gästebuch verewigen darf; er muß immer zumindest ein türkisches Lied beherrschen, um auf Festen oder Galaabenden nicht negativ aufzufallen. Das gilt auf Reisen in der Türkei ebenso wie in Deutschland. Dank der Sangeskünste meiner Partnerin und der Wortgewalt meines Freundes Dr. Alper Öktem bin ich auf solche Anlässe mittlerweile optimal vorbereitet. In der ersten Zeit der Abgeordnetenarbeit sah das aber noch anders aus.

So wenig, wie ich während der ersten Türkeireise als MdB durch mangelnde Kenntnisse einen schlechten Eindruck machen wollte, so wenig wollte ich gleich zu Beginn der Reise auf der ersten Pressekonferenz kundtun, was alles falsch läuft in diesem Land, und mir so alle Türen selbst zuschlagen. Es sollte vielmehr eine Vorstellung bei Politikern und Medien zum persönlichen Kennenlernen werden.

Es war klar, daß ich nicht als deutscher Abgeordneter eingeordnet wurde, sondern als »türkischer Abgeordneter« aus Deutschland, daß es dementsprechend eine andere Erwartungshaltung gab, daß wohl andere Kriterien an mich angelegt werden würden als an andere Bundestagsabgeordnete.

Natürlich hatte ich kleine Aufmerksamkeiten im Gepäck, grüne Gastgeschenke sozusagen: das Parteiprogramm, unsere Vorstellungen einer multikulturellen Gesellschaft, von Minderheitenrechten und Einwanderung. Das sollte dem Gesprächspartner einerseits zeigen, daß wir uns für die Bürgerrechte der Einwanderer stark machten; es sollte andererseits aber auch als Wink verstanden werden, daß die Türkei Forderungen nach Reformen nicht nur nicht fürchten, sondern auch zulassen könnte. Mehr Rechte für die türkischstämmige Bevölkerung in Deutschland zu fordern, aber, wie Ankara es praktizierte, Kurden und andere nichttürkische Minderheiten zu unterdrücken, ist gewissermaßen schizophren. Wo es angebracht schien, überreichte ich auch mal einen Satz Gläser mit aufgedrucktem Partei-Emblem, die durch ihre Gestaltung deutsch-türkischen Ausgleich zumindest im kulinarischen Bereich manifestierten: Es waren Kölsch-Gläser, die den Gläsern für das türkische Nationalgetränk Raki zum Verwechseln ähnlich sehen.

Ganz korangetreu vermieden wir es aber natürlich, den Vorsitzenden der religiösen Refah-Partei Necmettin Erbakan mit einer Aufmerksamkeit dieser Art zu brüskieren (er bekam nur Programmatisches).

Nur eine Überraschung wäre beinahe in die Hosen gegangen. Die Grünen warben eine Zeitlang mit Kondomen in Streichholzheftchen – und ganz und gar unbedarft hatten wir einige davon mit in den Koffer zu den Gastgeschenken gegeben. Eine Mitarbeiterin des Parlaments-Presseamtes brach in Zeter und Mordio aus, als einer meiner Reisebegleiter ihr für ihre freundliche Unterstützung zum Abschied eines überreichte. Unsere Begleiterin aus der deutschen Botschaft befürchtete sofort einen mittleren diplomatischen Skandal, und ich hatte die Überschrift in der türkischen Presse schon vor Augen: »Sex-Skandal mit Cem Özdemir im türkischen Parlament.« Die Aufgeregtheit auf unserer Seite war indes überflüssig. Als ihre Kollegen den Ort des Geschehens bereits verlassen hatten, nahm die Beschenkte meinen Freund Halil beiseite und flüsterte: »Ohne macht's doch viel mehr Spaß!«

Was stand auf dem Programm des ersten offiziellen Besuches? Die langwierigen, bis zu zwei Jahre dauernden Ausbürgerungsverfahren, die (damals noch geltende) Pflicht zum Militärdienst in der türkischen Armee, bevor die Ausbürgerung möglich war. Wenn einer wie ich, der in Deutschland geboren und aufgewachsen war, diese Themen ansprechen würde, könnte das wohl als authentischer aufgefaßt werden. Außerdem galt es eindeutig zu vermitteln, daß die Almancilar, die Deutsch-Türken, nicht die Vertreter der jeweiligen türkischen Regierung in Deutschland waren und sind. Vasallentreue sollte weder gefordert noch erwartet werden – auch nicht von den deutschen Parteien oder der Bonner Außenpolitik. Vielmehr sei es ehrenhafteste Pflicht, erst recht unter Befreundeten oder »Verbündeten« wie der Türkei und der Bundesrepublik, auf unhaltbare Fehlentwicklungen wie die massive Mißachtung und Verletzung von Menschenrechten und das militärische Vorgehen in der Kurdenfrage in der Türkei oder das Fehlen des Rechts auf Kriegsdienstverweigerung in aller Deutlichkeit hinzuweisen und nachhaltige Änderungen zu fordern. Alles andere sei falsch verstandene Solidarität. Kritik sei vielmehr wahre Solidarität unter Freunden. Schließlich waren wir, die Bürgerrechtler in Deutschland, doch auch froh über die internationale Kritik nach den Attentaten von Solingen und Mölln – damit der Staat endlich die Initiative ergriff.

Zu unserer großen Überraschung standen uns die meisten Türen weit offen. Und das in vielen Fällen sogar recht kurzfristig, denn die Reise war Hals über Kopf vorbereitet worden, viele Termine wurden erst vom Hotel aus gemacht. Vom Parlamentspräsidenten bis zu den (Fraktions-)Vorsitzenden aller Parteien ging es von einem Büro ins nächste, von einem Empfang zum anderen. Nur einer wollte sich nicht nehmen lassen, mir zu zeigen, wo der Hammer hängt. Der weißhaarige Necmettin Erbakan, im vergangenen Jahr als Chef der islamischen »Wohlfahrts«-Partei Refah Ministerpräsident einer Koalitionsregierung geworden, setzte ganz und gar auf die traditionelle Rangordnung: »Wie alt bist du?«, fragte er mich. »29? Du bist zwar gewählt, bist Abgeordneter, aber du weißt noch nichts.« Naja, Gott ist groß, gewiß. Und der Refah-Ableger »Milli Görüs« hat auch in Deutschland eine beachtliche Zahl von Anhängern. Aber zu einer Bekehrung wird es wohl doch nicht reichen. Einen Gesprächspartner mieden wir bewußt: Den für zuviel Blutvergießen verantwortlichen Chef der Nationalistischen Volkspartei, der faschistischen Grauen Wölfe, wollten wir nicht treffen. Dialogbereitschaft, auch wenn der Meinungsaustausch noch so kritisch geführt und gemeint sein mag, muß an bestimmten Punkten enden. Sonst wird das Unternehmen lächerlich, man entwertet und verrät sich selbst.

Die Resonanz der türkischen Medien war überraschend überwältigend. Dutzende Fernseh-, Tages- und Wochenzeitungs-Interviews und Hintergrundgespräche mit dem »türkischen Abgeordneten aus Deutschland«. Das waren für mich lauter Gelegenheiten, Positionen und unumstößliche Eckpunkte meiner politischen Einstellung auch öffentlich vorzustellen. Ein Staat hatte die körperliche Unversehrtheit aller BürgerInnen zu schützen und zu garantieren und nicht das Recht, sie mit Füßen zu treten. Daß die innere Demokratisierung der Türkei nicht Europa geschuldet sei, sondern den Menschen im Land, wenngleich dies der entscheidende Schritt, die Voraussetzung für die Aufnahme in die Europäische Union sei, die sich im Gegenzug für unumkehrbare Demokratisierung zu weiterer Integration verpflichten müsse, dies war unsere Botschaft. Der Einsatz für die Anerkennung und staatliche Unterstützung von Minderheiten, gegen Diskriminierung und für gleiche Rechte dürften keine Spielwiese für Staatsschutz, Antiterror-Einheiten und Staatsanwälte sein. Daß die Welt dadurch nicht zusammenbrach, zeigte das deutsche Beispiel, wo wir genau dafür kämpften und nicht vor dem Kadi landeten; das zeigte zu dem Zeitpunkt auch das spanisch-baskische Beispiel, und der Klimawechsel in Nordirland.

Die allenthalben auftauchende Frage nach den ersten Erfahrungen im Bundestag bot mir Gelegenheit darauf hinzuweisen, daß alle Fraktionen am Ende meiner ersten Rede applaudiert hatten, auch wenn ich sie mit einem türkischen Satz beendet hatte – ein Fingerzeig, den viele verstanden. Eine Angelegenheit auch, auf die der türkische Künstler und Publizist Zülfü Livaneli in einer seiner Zeitungskolumnen einmal hingewiesen hatte: Für den Satz in türkischer Sprache war ich nämlich nicht verhaftet worden, der Bundestag hatte nicht Kopf gestanden, so war es – wie schon erwähnt – in der türkischen Nationalversammlung geschehen, als die kurdischstämmige Politikerin Leyla Zana ihre erste Parlamentsrede mit einem Satz auf Kurdisch beendet hatte und – unter anderem dafür – zu 15 Jahren Haft verurteilt worden war. So, wie es in Deutschland schließlich in der RAF-Frage auch die Kinkel-Initiative und den »Dialog«-Ansatz von Antje Vollmer gegeben hatte – die dafür auch nicht eingesperrt, sondern gerade zur Vizepräsidentin des Bundestages gewählt worden war –, so müsse in der Türkei eine offene Diskussion der Kurdenfrage zugelassen werden, statt mit gleicher Münze wie die PKK, d.h. mit terroristischen Methoden zurückzuzahlen oder gar noch härter zuzuschlagen.

Daß es Vermittler und Anhänger eines menschenrechtlich

und demokratisch orientierten Weges gab, machten mir Menschen wie etwa der Abgeordnete Mahmut Alinak deutlich, den wir gleich nach unserem Besuch beim damaligen Parlamentspräsidenten Hüsamettin Cindoruk in seinem Abgeordnetenbüro aufsuchten. Alinak war erst kürzlich aus dem Gefängnis entlassen worden, verurteilt für sein Bemühen um einen friedlichen türkisch-kurdischen Ausgleich. Da trafen wir auf eine Seele von Mensch, der mit seinem Kurs zwischen alle Stühle – hier Staat und Militär, da PKK – geraten war, der dafür hatte im Gefängnis sitzen müssen, aber trotzdem nicht aufgab.

Die öffentliche Resonanz auf meinen Besuch wurde immer stärker. Plötzlich hießen uns Taxifahrer willkommen, Kellner, Fahrgäste im Zug, Passanten auf der Straße wünschten »Alles Gute«. Daheim in Deutschland sorgte diese neue Qualität der Türkei-Kontakte einige Monate für Irritationen unter manchen grünen Türkei-Experten. Schließlich war ich Innenpolitiker, tauchte aber nun mehr und mehr in der Türkei- und Kurdenfrage auf, Medienanfragen zu diesem Thema sind quasi an der Tagesordnung. Das macht auch Sinn, denn was immer sich in der Türkei entwickelt, zeitigt seit längerem auch hier immer deutlichere Auswirkungen. Türkische Innenpolitik ist im übertragenen Sinn auch deutsche. Wer dabei als Türkischstämmiger für Einwanderungspolitik zuständig ist, kann sich auf den Kopf stellen: Spätestens als Bundestagsabgeordneter ist man damit konfrontiert.

Über zwei Millionen Einwanderer oder Flüchtlinge aus der Türkei, türkischer und kurdischer Herkunft oder anderer Abstammung, ob Angehörige der alevitischen Minderheit, Christen oder tiefgläubige Muslime leben in Deutschland. Politische und gesellschaftliche Vorgänge in der Türkei schlagen sich auch in Deutschland nieder. Spätestens seit dem Erstarken der PKK haben das wohl alle begriffen. Dazu kommen die Widrigkeiten des Alltags, die in der Türkei – oder, verwoben mit der Innenpolitik, in den deutschen Vertretungen in der Türkei – ihren Ursprung haben: In Staatsangehörigkeitsfragen ist türkisches Erbschaftsrecht zwar nicht entscheidend, aber durchaus von Bedeutung; Visaanfragen für Familienzusammenführung oder Besuche bei Verwandten oder Freunden in Deutschland stapeln sich in den deutschen Konsulaten. Anfang des Jahres 1997 sorgte eine Eilverordnung des Bundesinnenministers für andauernde Probleme im Reise- und Be-suchsverkehr der »Auslandstürken«. Innenminister Kanther hat die Visumspflicht auf Kinder unter 16 Jahren ausgeweitet und die Lage damit weiter verkompliziert. – In diesen Angelegenheiten bin ich, ob ich will oder nicht, zuständig.

Raushalten unmöglich – die Kurdenfrage

Wer sich nicht nur für die türkisch-kurdische Frage sondern für alle Demokratie- und Menschenrechtsfragen in der Türkei interessiert, ist schlicht gezwungen, sich auch im Ursprungsland der Konflikte immer wieder selbst ein Bild von der Lage zu machen. Dabei auch eindeutig Position zu beziehen, schulde ich nicht nur mir selbst – Politiker, Menschenrechtler, Musiker und andere Künstler, die mit ihrem Leben gegen Folter, für türkisch-kurdischen Ausgleich, für Meinungsfreiheit einstehen, würden andernfalls auch die Welt nicht mehr verstehen. Wer könnte in Istanbul an den »Samstagsmüttern« einfach vorbeischlendern, ohne sich an ihrem Protest zu beteiligen? Diese Frauen versammeln sich jeden Samstag in der Istiklal-Caddesi vor dem Galatasaray-Gymnasium zu einer Sitzdemonstration, um an ihre »verschwundenen« Kinder, Töchter und Söhne, zu erinnern, die oft aus der Polizeihaft nicht mehr auftauchten. Und es ist ein selbstverständliches Gebot der Solidarität, wenn man im Land ist, die Initiative von Kriegsdienstverweigerern zu besuchen und durch ein bißchen Aufmerksamkeit zu unterstützen. Es geht auch ihnen um nichts weniger als einen friedlichen Ausgleich in der Türkei. Last not least ist einer der entscheidenden Grundsätze der Menschenrechtspolitik, daß die, die dafür eintreten, international auch Beachtung finden. Das wissen wir spätestens seit Amnesty International. Um im Nebel der – auf beiden Seiten mit allen Mitteln der Propaganda – bürgerkriegsmäßig geführten Auseinandersetzung zwischen Ankara und der PKK die Orientierung nicht zu verlieren, sind Besuche im Land unerläßlich.

Eine dieser Recherchereisen führte mich im Februar 1996 nach Güclükonak in den Südosten der Türkei. Das Komitee »Gemeinsam für Frieden« hatte mich darum gebeten und eingeladen. 11 Dorfbewohner, zumeist sogenannte »Dorfschützer«, die mit ihrem Einverständnis oder vom Staat gezwungenermaßen zum Kampf gegen die PKK rekrutiert werden, waren ermordet worden. Die Sache schien klar: Die Guerilla dürfte zugeschlagen haben. – So stellten es offizielle Stellen und Militärs dar. Andere, darunter das Komitee, stießen aber auf Ungereimtheiten. Immerhin geschahen die Morde in einer Zeit, in der die PKK einen einseitigen Waffenstillstand erklärt hatte. Flugs reagierten die Hardliner, der sei mit dem Anschlag nun wohl »gebrochen«.

In dem Minibus, in dem die elf Männer quasi hingerichtet worden waren, lagen noch Teile der Leichen, als wir den Transporter für unsere Recherchen untersuchten. Es ergab sich, daß sich sechs der elf Opfer bis zum Zeitpunkt des

Anschlags bei den Sicherheitskräften »in Gewahrsam« befunden hatten; die anderen waren am Tag des Vorfalls von Soldaten »zum Dienst« abgeholt worden. Offizielle Stellen machten widersprüchliche Angaben über den Tathergang: Einer Version zufolge war der Bus in einen Hinterhalt geraten, beschossen und dann in Brand gesteckt worden. Eine andere besagte, der Transporter sei angehalten worden, der Fahrer habe aussteigen müssen, dann sei der Bus mit den Insassen in Brand gesteckt worden. Dorfschützer aus einem Nachbardorf erklärten, sie hätten Schüsse gehört, seien aber von Soldaten abgehalten worden, zum Tatort vorzudringen. Alles in allem drängte sich der Schluß auf, daß die staatlichen Sicherheitskräfte aus der Region für das Massaker verantwortlich waren – um den Konflikt mit der PKK zu schüren. Nachdem die Leichen an die Verwandten übergeben worden waren, hatte man sie noch einmal für eine Medienshow im türkischen Fernsehen »ausgeliehen«.

Als die Angehörigen die Personalausweise der Toten erhielten, waren diese trotz des Brandes allerdings in völlig unversehrtem Zustand – es muß wohl ein ganz besonderes Material sein, das zur Herstellung der türkischen Ausweise benutzt wird. Staatsanwaltliche Ermittlungen, gar eine Aufnahme der Aussagen von Angehörigen hielt niemand für nötig. Der Staat und seine zweifelhaften Vertreter vor Ort bemühten sich erst gar nicht um eine besondere Tarnung des Vorfalls, oder aber sie stellten sich dabei nicht besonders intelligent an. Die Morde sind bis heute nicht restlos aufgeklärt.

Die zweite Station unserer Reise war die Region Sivas. Die Nachrichten darüber, daß von staatlicher Seite immer drastischer und brutaler gegen die alevitische Minderheit im Land vorgegangen wurde, nahmen zu, seit es im Istanbuler Stadtteil Gaziosmanpascha zu pogromartigen Ausschreitungen der Polizei gegen Aleviten gekommen war. Als aufgeklärte, durch und durch säkularisierte, liberale und antinationalistische Religionsgemeinschaft gelten die Aleviten seit einigen Jahren wieder als Gefahr für das korrupte, rechtslastige System der Militärdemokratie Türkei. 37 Menschen kamen in den Flammen um oder erstickten als islamische Eiferer das Hotel anzündeten, in dem die Besucher untergebracht waren, und anschließend sogar die Löscharbeiten verhinderten. Unter den Toten sind einige bekannte Volksdichter und Schriftsteller wie Asim Bezirci, Muhlis Akarsu und Hasret Gültekin. Begonnen hatte die Aktion nach dem Freitagsgebet. In der Region um Sivas war man nun dabei, alevitische Dörfer zu räumen. So, wie es im Kampf gegen die PKK bereits seit Jahren betrieben wurde. Mehr als 2 000 Dörfer mußten insgesamt dran glauben, die Bevölkerung, sozial und wirtschaftlich entwurzelt, wurden in die Slums der großen Städte vertrieben. So gerieten nun auch die alevitischen Dörfer von Sivas zwischen die Fronten.

Das Dorf Höbek lag da wie eingekesselt, ausgestorben. Es lag noch Schnee, der langsam zu tauen anfing. Vom Leben im Dorf zeugten nur herumlaufende Hunde, ein paar Hühner und der Rauch aus ein paar Schornsteinen. Bis zum anbrechenden Frühling sollten noch einige Wochen vergehen. Ob die Dörfler den in Höbek erleben würden, war fraglich. Militärposten am Ortseingang, Panzer auf den Hügeln waren kein gutes Omen. Unsere Gesprächspartner im Dorf berichteten von Verschleppungen, von Folter.

Hier wie überall legitimiert der Staat sein Vorgehen mit dem Vorwurf, die PKK werde unterstützt – längst die argumentative Allzweckwaffe gegen potentielle Regimegegner beinah jeder Couleur. Einerseits waren die Dörfler der kurdischen Guerilla ausgeliefert – mit der Knarre im Genick legt auch der unfreundlichste Gastgeber nochmal einige Fladen Brot nach; andererseits droht für diese erzwungene

Hilfsbereitschaft der Knüppel der »Özel Tim« (Spezialteam) genannten Sondereinsatzkommandos, die für ihre Rechtslastigkeit und Alevitenfeindlichkeit bekannt sind. Oder es drohten, wie es um Sivas herum auch der Fall war, Strafaktionen von zum Teil nicht identifizierbaren Milizen. Manche vermuten – wohl nicht zu Unrecht –, es bestehe ein Zusammenhang zwischen dem Erstarken fundamentalistischer Gruppen in der Türkei und dem Vorgehen gegen die Aleviten. In dem Irrglauben, Islamisten und Nationalisten einbinden zu können, hat Ankara Anhänger der Rechten und Islamisten jahrelang mit Jobs im Staatsdienst versorgt. Ein Teil der Sicherheitskräfte gilt längst als unterwandert. In Regionen wie Tunceli, das bis zur staatlichen Umbenennung in den dreißiger Jahren »Dersim« hieß und das als Hochburg der Aleviten gilt, sind die Sicherheitskräfte dominiert von den Grauen Wölfen, den Anhängern des Faschisten Alparslan Türkes.

Der türkisch-kurdische Konflikt hat eine lange Geschichte. Schon die Osmanen führten so manchen Feldzug gegen die Kurden; der preußische Militärberater am Sultanshof, General Moltke, berichtete als Augenzeuge, brutalere Gemetzel habe er noch nicht gesehen. Staatsgründer Mustafa Kemal versprach dem Volk im Südosten Anerkennung der Souveränität, versagte sie ihnen dann aber, nachdem die Republik gegründet war. Aus der einst geplanten Republik der Türken und Kurden wurde der Staat aller Türken mit sunnitisch-muslimischem Bekenntnis. Alle, die außerhalb der Staatsideologie »eine Sprache, eine Religion, eine Konfession« standen, mußten sich assimilieren oder unterordnen.

Die Niederschlagung der Aufstände von Dersim (dem heutigen Tunceli) in den dreißiger Jahren gehören zu den traurigsten Kapiteln der Geschichte der Republik Türkei, die es immerhin vor anderen europäischen Staaten zum Beispiel zur Einführung des Wahlrechts für Frauen brachte. Für viele Jahre kehrte eine trügerische Ruhe ein. Die Kurden wehrten sich nicht gegen die Dominanz der Türken. Ankara betrieb eine systematische Assimilierungspolitik gegenüber dieser »Minderheit«, die mit einem Bevölkerungsanteil von rund einem Drittel eigentlich nie Minderheit in der Region war. Kurden galten als »Bergtürken«, nationalistische Sprüche (»Wie glücklich, wer sagen kann, ein Türke zu sein«, »Ein Türke ist soviel wert wie die ganze Welt«) wurden den Kindern schon von frühestem Alter an eingebleut. In den Schulen wurde Kurdisch nicht gelehrt, und der Gebrauch dieser Sprache war bei Strafe verboten. Die Kinder mußten de facto bei der Einschulung mit einer Fremdsprache beginnen. Beide Sprachen verfügen zwar aufgrund des jahrhundertelangen Neben- und Miteinanders über viele Anleihen aus der jeweils anderen. Doch Türkisch, eine Turksprache, und Kurdisch, eine indogermanische Sprache, sind so wenig verwandt wie zum Beispiel Deutsch und Französisch.

Traten Kurden gegen das autoritäre Ankaraner Regime an, waren sie noch bis in die achtziger Jahre hinein in gemeinsamen Organisationen mit türkischen Oppositionellen aktiv. Andere Gruppen waren unbedeutend. Kurdischer Herkunft zu sein war und ist bis heute nicht das Problem: Solange man nicht darauf bestand, keine kulturellen Rechte forderte, ist jede Karriere bis in die Spitzen des Staates, des Militärs, der Wirtschaft möglich. Was für Angehörige des christlichen oder jüdischen Glaubens lange Zeit nicht galt. Ihnen blieben – als potentiell unzuverlässig eingestuft – höchste Ämter in Staat und Militär verwehrt, selbst wenn sie besser qualifiziert waren.

Gleichwohl gilt heute in der kurdischen Frage vielfach Sippenhaft – nicht in arrivierten bürgerlichen Kreisen, aber für die Verarmten, Vertriebenen in den Slums der Großstädte. Wer aus dem sogenannten »Ausnahmezustandsgebiet« im Südosten stammt, ist allein aufgrund seiner Herkunft verdächtig.

Die Geschichte der PKK reicht bis in das Jahr 1973 zurück. Kurdischstämmige Studenten, darunter der spätere Chef der »Partiya Karkeren Kurdistan«, Abdullah Öcalan, sollen damals erste Pläne für einen Umsturz in der Türkei geschmiedet haben. Öcalan wird auch der Vorschlag zugeschrieben, eine rein kurdische Organisation zu gründen. Die inoffizielle Geburtsstunde der PKK war das Jahr 1978. Man trat gegen türkische Rechtsextremisten an, die Grauen Wölfe (bzw. »Idealisten«), gegen andere »Linke«, bezog aber auch Stellung in Auseinandersetzungen zwischen kurdischen »Stämmen«. Vier Jahre nach dem Militärputsch in der Türkei, 1984, wurde der bewaffnete Kampf gegen den Staat offiziell aufgenommen: am 15. August mit einem Überfall auf zwei Gendarmeriestationen an der iranisch-türkischen und irakisch-türkischen Grenze. Öcalan entwarf »unseren Weg zum Sozialismus«, versprach – im Gegensatz zu den patriarchalisch-feudalen Strukturen – die Gleichberechtigung der Frauen (tatsächlich kämpfen viele Frauen in den Reihen der PKK). Er versprach für die befreite Zukunft eine Volksentscheidung darüber, in welcher Gesellschaftsform die Bevölkerung leben wolle, sprach mal von einem unabhängigen Kurdistan, mal von einer Föderation mit der Türkei, mal von einer bundesstaatlichen Lösung wie in der Bundesrepublik. Staatlicher Terror und Gegenterror setzten eine verhängnisvolle Spirale der Gewalt und des Mordens in Gang: In 13 Jahren Krieg mit dem türkischen Staat fanden ca. 25 000 Menschen den Tod, PKKler, Soldaten und Zivilbevölkerung. Repression und Staatsterror trieben Öcalan mehr und mehr Kämpfer und Anhänger zu; die wachsende Stärke der PKK beantwortete Ankara wiederum mit härteren Gegenmaßnahmen.

Um die Nummer eins in der gesamten bewaffneten und nicht nur in der kurdischen Opposition zu werden, nahm die PKK sich auch andere Untergrundorganisationen vor, liquidierte Kritiker. Politische Morde an türkisch-kurdischen Oppositionellen in Europa sorgten in der zweiten Hälfte der achtziger Jahre für Aufsehen. In der Türkei bekamen auch kurdische Dörfler die Macht der Guerilla zu spüren, etwa wenn sie verdächtigt wurden, mit dem Staat zusammenzuarbeiten. Es kam vor, daß ganze Familien niedergemetzelt und ihr Vieh abgeschlachtet wurde (den »Herd auslöschen« nannte man so etwas). Amnesty International kritisiert regelmäßig Fälle von »extralegalen Hinrichtungen« beispielsweise von türkischen Lehrern durch die PKK.

Wie sehr die Menschen – türkische Soldaten auf der einen wie kurdische Bevölkerung und auch PKK-Kämpfer auf der anderen Seite – zum Spielball übler Machenschaften geworden sind, belegte ein Vorfall im November 1996: Bei einem Autounfall im ägäischen Susurluk saßen ein international gesuchter Mafioso, Politiker (früherer Führungskader der »Grauen Wölfe«) und ein Ex-Polizeichef gemeinsam im Wagen; ein Puzzle aus Meldungen und Enthüllungen rund um das Ereignis ergab, daß es Verstrickungen zwischen allerhöchsten Regierungsstellen und Mafia-Kreisen gab. Selbst Sicherheitskräfte sind in diese Machenschaften um Drogenhandel und Glücksspielgewinne involviert.

Schlüsse darüber, welche Lösung die kurdischstämmige Bevölkerung in der Türkei sich für den Konflikt vorstellt und wie sie zur PKK steht, ließ nach 11 Jahren Krieg 1995 die erste je unter Kurden durchgeführte Meinungsumfrage zu. Die Studie mit dem Titel »Südostfrage: Diagnosen und Prognosen« ergab, daß zwar 80 Prozent durchaus Sympathien für die Guerilla hegten, nur 11 Prozent verlangten aber einen Staat Kurdistan; eine Forderung, die wiederum nur 3,6 Prozent für ein realistisches Ziel hielten. Knapp zwei Drittel der Befragten schlugen Türkisch und Kurdisch als Staatssprachen vor. Sowohl Übergriffe der Sicherheitskräfte als auch der PKK wurden als Ursachen für die Flucht aus kurdischen Provinzen in den Westen des Landes angegeben. Zudem klagten die Befragten über illegale Geschäfte der Sicherheitskräfte.

Nach der Vorstellung seiner Studie hat der Politikwissenschaftler und Professor an der Universität Ankara, Dogu Ergil, gemeinsam mit dem muslimischen Intellektuellen, Ismail Nacar, einen »Appell für Frieden« veröffentlicht, in dem ein dreimonatiger Waffenstillstand zum Auftakt für die weitere Suche nach Wegen für eine friedliche Lösung des Konflikts vorgeschlagen wurde. Ich habe diesen Appell damals mit meiner Unterschrift unterstützt und den PKK-Chef in einem Brief ebenfalls um Unterstützung gebeten: »... Erheblich zu einem Dialog beitragen würde außerdem, wenn Sie den Waffenstillstand initiierten. Ich meine, die Zeit ist reif für den Frieden und für eine Lösung der Probleme auf dem Weg des Dialogs ...«.

Offiziell rief Öcalan verschiedene Male einen Waffenstillstand aus; eine Waffenpause galt noch, als wir Güclükonak und Höbek besuchten. Sie blieb einseitig. Ob der Waffenstillstand wirklich durchgehalten wurde, ob PKK oder Sicherheitskräfte für weitere Tote und Überfälle verantwortlich waren, das war in der verworrenen Lage im Südosten des Landes nicht auszumachen. Klar war aber, daß die staatliche Seite an ihrem harten Kurs festhielt: Mit Terroristen verhandele man nicht. Genau diese Haltung sorgt für den Erfolg der PKK: Sie wurde, was sie ist, weil der Staat sich nicht zu einem echten Entgegenkommen seinen Staatsbürgern gegenüber, zur Anerkennung der kurdischen Frage, zur Anerkennung der kulturellen Rechte der Kurden durchringen kann. Die kurdische Kultur und Sprache, mit ihren verschiedenen Dialekten, gehören seit einigen Jahrtausenden zur Realität dieser Region von Südostanatolien bis in den Nahen Osten. Gleichzeitig hat Ankara durch die Unterdrückung jeder demokratischen Alternative zur PKK den Konflikt geschürt. Ob diese Parteien HEP, DEP, HADEP oder DDP hießen: Sie wurden kriminalisiert, ihre Vertreter ins Gefängnis gesteckt.

Manche, die die Genese dieser Entwicklung der Republik Türkei zu ergründen versuchen, sprechen von einer Art post-osmanischem Minderwertigkeitskomplex – das Reich zerfiel, und den Erben wurde klar, daß andere Kulturen, christliche Armenier, Griechen und Kurden beispielsweise, dieses Land seit vielen Jahrhunderten das ihre nennen konnten. Während die Osmanen als Vorfahren der Türken erst vor 600 Jahren als Eroberer gekommen waren. Da ist es erstaunlich, wie stark das Zusammengehörigkeitsgefühl der Menschen noch immer ist. Es gibt in Anatolien kein türkisch-kurdisches oder sunnitisch-alevitisches Problem. Was es gibt, ist das Problem eines türkischen Staats und seiner Politikerkaste, die an eine »türkisch-muslimische Synthese« glauben und ihren Bürgern vorschreiben wollen, wie sie sich zu kleiden haben, welche Sprache sie sprechen dürfen oder welcher Konfession sie angehören sollen. Dabei müßte sich die politische Führung nur an die große Tradition der Toleranz und Vielfalt erinnern, für die die Namen eines Dschelaleddin »Mevlana« Rumi, eines Yunus Emre oder eines Haci Bektas stehen; sie plädierten für Toleranz und Nächstenliebe, als in Europa noch die »Ketzer« verbrannt wurden.

Kurdischer Frühling in Deutschland

»Newroz« – warum gleichen sich die Bilder vom »kurdischen Frühling« in Deutschland jahrein, jahraus? Aufgebrachte Demonstranten gegenüber Reihen von behelmten Polizisten, rote Fahnen der PKK geschwenkt und beschlagnahmt, Rufe nach »Serok Apo«, Führer Apo, als Antwort auf die Aufforderung, den Platz zu räumen, und schließlich Verletzte, oft auf beiden Seiten. Auch die Reaktionen auf die gewalttätigen Ausschreitungen jahrein, jahraus dieselben: Forderungen nach Verschärfungen des Straf- und Ausländerrechts, Rufe nach konsequenterer Abschiebung von »Kurden« übertönen die Stimmen für mehr Besonnenheit und die Aufrufe zum Dialog. Keine Frühlingsstimmung, eher eine desolate Herbst-Atmosphäre. Im November 1995 »gönnte sich« die Regierungskoalition die Verschärfung des Demonstrations- und »Ausländerrechts«, und es hatte ganz den Anschein, als liefere die Kurdenfrage nur einen willkommenen Anlaß zum großen Rundumschlag. Die beschlossenen Strafverschärfungen betrafen nicht »nur« »Kurden«, sondern die gesamte Bevölkerung; die Hannoveraner Chaostage, zum Beispiel, waren vielen Politikern und Innenministern schon länger ein Dorn im Auge, ebenso der eindrucksvolle Protest der Menschen gegen das Atommüllager in Gorleben.

Newroz – um den 21. März herum ist das Neujahrsfest der persischen Völker seit einiger Zeit auch in aller Deutschen Munde, die richtige Aussprache ist selbst wenig sprachbegabten Journalisten und Politikern geläufig. Das hätte sich der Schmied Kawa vor 2 600 Jahren sicherlich nicht träumen lassen, als er den Tyrannen Dehak erschlug. Der Legende nach soll der Schreckensherrscher im heutigen Südiran, an einer schweren Krankheit leidend, in der Hoffnung auf Heilung täglich zwei Gehirne junger Untertanen verspeist haben. Der Schmied verweigerte das Kindsopfer, schlich sich in den Palast des Herrschers und erschlug ihn kurzerhand mit seinem Werkzeug. Ein Siegesfeuer, vom erfolgreichen Tyrannenmörder entzündet, verkündete dem nun befreiten Volk die Botschaft.

Newroz – das kurdische Neujahrsfest ist mehr als ein fröhlicher Silvesterabend, und sicherlich auch ein Tag des Widerstandes und der Befreiung von Unterdrückung, der in unseren Tagen gern mit dem Verbrennen alter Autoreifen begangen wird. Die Unterdrücker haben sich seither gewandelt, verlangen nicht mehr Kinderopfer, sondern Aufgabe der Identität und Loyalität zu einem Staatsgebilde. Und auch die Kawas haben aufgerüstet – vom Hammer zur Kalaschnikov. Doch wurde und wird Newroz zumeist in friedlicher Geselligkeit begangen – und nicht allein in der kurdischen Bevölkerung, auch andere Völker des Nahen Ostens kennen dieses Fest. Der Wandel des kurdischen Newroz-Festes kam mit dem Erstarken der PKK, die diesen Tag zu einer Art kurdischem Nationalfeiertag mit Volksaufstand erklärte.

Feiertage, die gleichzeitig ein Politikum sind, werden schnell zum Problem – vor allem für den türkischen Staat, der bereits den 1. Mai zum »Frühlingsfest« umdeklarierte. Spätestens seit den neunziger Jahren ist Newroz ein regelmäßiger Anlaß zur Unruhe und Beunruhigung in der Türkei, und seit einigen Jahren auch hierzulande. Am 22. März 1992 – auf dem Höhepunkt der kurdischen Intifada – titelte die türkische Zeitung Milliyet »Dies ist kein Fest, dies ist ein Aufstand! Ab jetzt muß das blutig niedergeschlagen werden.« So geschah es in dem kurdischen Städtchen Cizre, das drei Tage lang häuserweise durchkämmt wurde, nachdem die PKK zur Newroz-Feier gerufen und das Militär sie untersagt hatte. Drei Tage später hieß es in derselben Zeitung: »Cizre ist erledigt!«. Wie erledigt man eine Stadt? Drei Tage später war die Stadt Sirnak dran – 24 Stunden Dauerfeuer! Wie man eine Stadt erledigt? Eben so.

Auch die Bundesrepublik bekam ihr Problem mit dem kurdischen Frühling. Spätestens seit dem PKK-Verbot Ende 1993 wird aus einer kurdischen Kulturveranstaltung leicht eine verbotene Versammlung. Hier ein Bild des PKK-Führers Abdullah Öcalan, dort ein Wimpel der PKK-»Europavertretung« ERNK, und schon handelt es sich um verbotene Veranstaltungen. Die Verbotslogik trifft aber nicht nur PKK-nahe Vereine, sondern behindert jegliche politische und kulturelle Äußerung hierzulande lebender Kurdinnen und Kurden. Für die Absetzung eines Newroz-Festes bedarf es mittlerweile nicht mehr unbedingt eines Verstoßes, es reichen Vermutungen und Sicherheitsbedenken. So wurde eine Newroz-Feier eines angesehenen und PKK-unverdächtigen, vielmehr PKK-kritischen kurdischen Vereins in der nordrhein-westfälischen Landesvertretung in Bonn abgesetzt. Es könnte ja zu Störungen kommen.

Zu leichtfertig hat die Bundesregierung das in der Türkei gepflegte Bild vom Kurden als Terroristen übernommen und sich so zum verlängerten Arm der türkischen Minderheitenpolitik gemacht. Für eine differenzierte Herangehensweise bleibt kein Platz. Zumindest nicht offiziell: Kontakte zur PKK gibt es ja durchaus. Das Auswärtige Amt oder Angehörige der Nachrichtendienste sind am Ball, reisen in den Libanon oder nach Syrien, um die PKK-Führung zu treffen, und PKK-Chef Öcalan geriet in manchen deutschen Medien zur Friedenstaube.

Für die Kurdinnen und Kurden in Deutschland aber gilt: Die Guten, die Schweigsamen, ins Töpfchen, die Schlechten in die Abschiebehaft. Natürlich müssen Straftaten nicht nur im Falle gewaltsamer Ausschreitungen bei Demonstrationen verfolgt und geahndet werden; da geht es um eine konsequente Durchsetzung strafrechtlicher Normen. Und zwar bei der Gewalt, die von der PKK gegen Abweichler und Andersdenkende angewendet wird ebenso wie in den Fällen der politisch motivierten Brandanschläge gegen »türkische« Einrichtungen. Aber die Gesamtheit der ca. 500 000 Kurdin-nen und Kurden in Deutschland kollektiv haftbar zu machen, geht zu weit. Etwa 8000 Kurden zählt der Verfassungsschutz zum »harten Kern« – was immer das heißen mag. Bis zu 50 000 Menschen treffen sich bei den größten PKK-nahen Veranstaltungen, die in aller Regel friedlich über die Bühne gehen.

Es ist vermutlich unvermeidlich, daß in einer multikulturellen Gesellschaft auch Konflikte in den Herkunftsländern zum Thema politischer Auseinandersetzung werden. Dies muß in dem demokratischen Rahmen geschehen, der für alle Einwohnerinnen und Einwohner gilt. Die Trias von Organisationsverbot, Strafverfolgung und ausländerrechtlichen Maßnahmen erwies sich, wie nicht anders zu erwarten, als ungeeignet, um zur Deeskalation und Lösung des »deutschen« Kurdenproblems beizutragen. Durch das Verbot konnte die PKK »die Kurden« auch in der Bundesrepublik als unterdrückt propagieren und sich selbst in der Rolle der Märtyrerin präsentieren.

So, wie sich in der Türkei entlang der Frage: »Wie hältst du es mit den Kurden und der PKK?« und vice versa: »Wie hältst du es mit dem türkischen Staat?« annähernd alles entscheidet, so können falsche Zungenschläge auch in Deutschland entscheidende Signale sein. Es gibt für die jeweilige Seite nur eine erlaubte Antwort: dafür oder dagegen. Wer die PKK »Terroristen« nennt, wird der nationalistischen Seite zugeordnet, wer Guerilla sagt, der anderen. »Bist du Türke?« kann in Deutschland zur Klärung der Frage, ob jemand mutmaßlich Türkisch spricht, schon ein Tritt in den Fettnapf sein; der Befragte könnte Kurde sein und auf die Beachtung seiner Herkunft besonderen Wert legen. Vor ein paar Jahren war das alles noch kein Problem.

Die ethno-neutrale Formulierung »Kommst du aus der Türkei?« ist heutzutage in jedem Fall gegenüber Kurden, die darauf Wert legen, kein Fauxpas. Gleichwohl mag aber ein ins Nationalistische tendierender Türke den Fragesteller aufgrund dieser Formulierung als PKK-Sympathisanten verorten – wer neutral fragt, bekundet damit Sensibilität in der heiklen Kurden-Frage. Und solche Sensibelchen sind für manche schon potentielle Staatsfeinde.

Rattenfänger in Deutschland: türkische und kurdische Nationalisten

Woran liegt es, daß die PKK mit einer Mischung aus verschrobenen marxistischen Parolen und der Ideologie des Befreiungskrieges auch in Deutschland ihre Anhänger findet? Woran liegt es, daß auf der anderen Seite nationalistische Rattenfänger unter türkischstämmigen Einwanderern und deren Kindern Anhänger und Zuspruch finden? Dieser Krieg tobt nicht weit hinten in der Türkei. Die über zwei Millionen in Deutschland lebenden Menschen mit türkischem Paß – ob »Türken«, ob »Kurden«, ob »Aleviten«, »Sunniten«, oder die, die sich eigentlich nicht nach diesen Kategorien einordnen lassen wollen werden von getöteten Soldaten einerseits und getöteten »Zivilisten« und geräumten Dörfern andererseits emotional mitgerissen. Sie müssen nur mit Verwandten oder Freunden in der Türkei telefonieren oder die Titelseiten der türkischen und kurdischen Zeitungen betrachten – und schon sind sie mittendrin.

Von denen, die zum festeren Sympathisantenkreis der PKK gehören, haben viele die türkische Staatsgewalt am eigenen Leib erfahren, sie flüchteten und kamen als Asylsuchende zu uns. Die Gruppen, Vereine etc., auf die sie in Deutschland treffen, sind seit langem PKK-nah. Die offizielle deutsche Politik der Ausgrenzung von Flüchtlingen wirkt auch in dieser Beziehung fatal. Gleichzeitig bieten diese Strukturen durchaus auch denen, die schon lange bei uns leben, Treffpunkte. Es ist eine Mischung aus Heimatverein und Kaderschmiede – und die, die am Ende als potentielle Polizistenkiller in die Schlagzeilen geraten, sind nicht selten die Hilflosesten. Die Anstifter, die Kader stehen garantiert in der zweiten Reihe. Im Dezember 1994 in Bielefeld war es ein Minderjähriger, der einen Benzinkanister nach einem Polizisten warf. Der Junge lebte erst seit wenigen Wochen in Deutschland. Er war von PKK-Kadern als einer ausgemacht worden, den man verheizen konnte. Wenige Wochen vor dem Ereignis war sein Vater in der Türkei schwer gefoltert worden. Als es im Jahr zuvor in einer europaweit koordinierten Aktion Besetzungen türkischer Auslandsvertretungen auch in Deutschland gegeben hatte, hatte es die Polizei in München mit einer offenbar komplett orientierungslosen Truppe zu tun, die von den Drahtziehern losgeschickt worden war. Presseberichte legen das nahe. In einem Interview sagte der Leiter des Psychologischen Dienstes der Münchner Polizei nach der Geiselnahme: »Wir wußten aus den Abhörprotokollen ihrer Telefonate, daß sie sich via Auskunft nach bedeutenden deutschen Politikern erkundigt hatten. Sie hatten keine Ahnung von der deutschen Hierarchie. Irgendein Hoher sollte es sein ...« Als Gründe für die Aufgabe der Besetzung sah der Psychologe: »... sicher, daß (Geheimdienstkoordinator) Schmidbauer interessiert zuhörte vor dem Konsulat. Zuletzt war noch die Angst, man könne ihnen Geiselverletzungen oder Vandalismus im Konsulat vorwerfen. Daher die Bitte um einen Pressefotografen zur Dokumentation. Dann gaben sie die Waffen ab und verfielen in depressive Stimmung ...« Die Polizeipsychologen hatten die

Geiselnehmer auch damit gepackt, daß sie Dolmetscher für Kurdische, hinzuzogen statt in türkischer Sprache mit ihnen zu verhandeln. Ein Besetzer erzählte, seine Schwester sei von Soldaten vergewaltigt worden, ein anderer, seine Mutter sei erschossen worden, sein Dorf niedergebrannt. Dann waren sie aber den Polizeiangaben zufolge für die Argumentation zugänglich, diese Gewalterfahrung gebe ihnen trotzdem nicht das Recht, selbst Menschen als Geisel zu nehmen.

Die Konsulatsbesetzungen und weitere Aktionen führten Ende 1993 zum Verbot PKK-naher Vereine in der Bundesrepublik – für meine Begriffe eine unkluge Strategie.

Eine Entschuldigung für die Anschläge gab und gibt es nicht. Aber nur die Suche nach Antworten auf die Frage »warum?« kann uns helfen, Lösungen zu finden. Die meisten Täter sind nur Statisten in einem in der Türkei von beiden Seiten mit äußerster Brutalität geführten Krieg, für den auch im Ausland kräftig die Trommel gerührt wird. Sie entstammen einem Klima der Gewalt, für das absurde Ideologien verantwortlich sind.

Gleichzeitig trifft man in der Anhängerschaft der Extremisten auf Jugendliche, die aus wer weiß welchen Gründen mitlaufen. Sie gehen zur Hauptschule, Realschule, zur Gesamtschule, aufs Gymnasium, zur Uni. Man kann nur ahnen, warum Kids, die durchaus von dieser Welt sind, auch auf ihn stehen: Abdullah Öcalan, den »Generalsekretär« der PKK. Sind sie am Ende womöglich nur Fans?

Jugend forscht – in der eigenen, etwas anderen Geschichte. Manche haben noch erlebt, daß sie in der Grundschule plötzlich nicht mehr die Sprache sprechen durften, die sie zu Hause als Muttersprache gelernt hatten, daß es was auf die Finger gab, wenn doch mal eine Wendung in der »falschen« Sprache fiel. Und sie mögen von Oma und Opa, vielleicht auch von ihren Eltern gehört haben, in kurzen Bemerkungen oder langen Erzählungen, daß Soldaten ins Dorf kamen, wer aus der Generation vor ihnen bei Auseinandersetzungen sein Leben verlor.

Die, die das nicht selbst von ihren Verwandten hören, hören es vielleicht von Gleichaltrigen. An all diesen Erzählungen mag viel Wahres, manches Mythos, manches erfunden sein. Und dann plötzlich marschiert auch hier die Polizei auf, wo sie doch nichts anderes tun, als »Kurde sein«: »Unsere Fahne ist in der Türkei verboten, aber sind wir hier etwa in der Türkei?« Pubertäre Hitzköpfe, die glauben, die »Wahrheit« zu kennen, die aber niemand hören wolle. Das sind sie einfach leid, sagen sie. Sie wissen, was alle Welt weiß: daß Armee und Spezialeinheiten auch die Zivilbevölkerung niedermachen, »unsere Frauen und Mädchen vergewaltigen, Dörfer vernichten«. Überall auf der Welt, wo Krieg herrsche, sei das ein Fall für die UNO, so ihr Argument, nur um die Kurden schere sich niemand. Wenn aber doch viele Kurden in der Bundesrepublik etwas riskieren, wie in den vergangenen Jahren, dann müsse man doch auch als Außenstehender, als Deutscher, Türke, darauf kommen, daß etwas Dramatisches dahinterstecke, daß diese Menschen etwas zu sagen hätten. Und sie meinen: Etwas »Wahres« zu sagen hätten. Es gehe um nichts anderes als gegen die Unterdrückung zu demonstrieren. Wenn die PKK nicht verboten worden wäre, dann gäbe es keinen Grund für die Auseinandersetzungen in Deutschland. Es bleibe einem doch nichts anderes übrig, als sich zu wehren, eingekreist von Polizisten in Kampfmontur.

Was sie nicht wissen, nicht wahrhaben wollen, das ist die andere Seite der Medaille, daß auch ihre Helden Gemetzel anrichten, und das nicht zu knapp, daß sie Geld erpressen, Brandanschläge verüben und Tote in Kauf nehmen, weil sie »Türken« sind. Für diese richtige Sache könne eben auch Blut fließen, so sei das eben, heißt es dann manchmal flapsig. Nur nicht ihres. Denn sie wissen wohl, was getan, was angerichtet wird. Für ihr Land würden sie ihr Leben geben, sagen manche. Aber dann muß man sie nur noch einmal Luft holen lassen, um zu hören, wie ihre Zukunftspläne wirklich aussehen: Gut ausgebildete Leute würden doch auch gebraucht, und persönlich habe man sich dann doch eher zur Berufsausbildung oder zum Studium entschlossen.

Es ist also wohl ganz und gar nicht so, daß diesen »Terroristen« nicht zu helfen wäre. Natürlich muß den Brandschatzern und Erpressern das Handwerk gelegt werden. Den Kids und Jugendlichen, die sich als moderne Nachfahren von Mods und Teds in den 90ern nach ethnischen Kriterien zusammenfinden, die statt – oder neben – Michael Jacksons Neverland ihr »Kurdistan« im Kopf haben, ihnen mit Verboten zu kommen, das produziert nur das Gegenteil von dem, was wir uns zu erreichen vornehmen sollten. Weil sie sich sonst nur aus Trotz weiter in die Isolation treiben lassen und zurückziehen.

Ähnliches gilt für türkische Jugendliche, die hier – wiederum als Folge verfehlter Integrationspolitik – nie ganz angenommen sind und nach den Ereignissen von Mölln und Solingen ihr »Türke sein« neu entdecken. Je stärker sie ausgegrenzt werden, je heftiger das Land ihrer Eltern und Großeltern in den Medien, am Arbeitsplatz, in der Schule, für seine verfehlte Politik angegriffen wird, desto heftiger fällt ihre Abwehrreaktion aus. Sie klammern sich an »die türkische Nation«, an die türkische Fahne und freuen sich mit stolzgeschwellter Brust über jedes Tor der türkischen Nationalmannschaft. Motto: Auch wir sind wer.

Die Lage ist vertrackt, und Fanatiker beider Seiten bemühen sich, daraus Profit zu schlagen, die Stimmung noch anzuheizen. Aus dieser Melange aus Nationalismen und religiösem Fundamentalismus kochen bekanntermaßen türkische Medien in Deutschland ihr Süppchen. Aber auch die

PKK bemüht sich, mitzuhalten. Ihr (Satelliten-) TV-Sender »Med-TV«, der zwischendurch auf Druck der Türkei immer mal wieder von den Anbietern der Verstärker im Orbit abgeklemmt wird, steht den türkischen Medien da in nichts nach.

Die türkische Presse und ich

> »Aber selbstverständlich haben,
> nach unserem Verständnis von Journalismus,
> unsere Ehre als Nation und Gesellschaft
> sowie die hehren Interessen unseres
> Landes und unseres Volkes Vorrang.«
>
> *(Hürriyet, 3. April 1996,*
> *Kolumne: »Die Akte Cem Özdemir«)*

Die Kommentierung in den türkischen Medien war freundlich, beinah in feierlichem Ton gehalten. Die Wahl des »Türken« in den Landesvorstand der »deutschen« Partei galt als herausragendes Ereignis für die türkische Bevölkerung in Deutschland, die in solchen Funktionen bisher nicht präsent war. Ausnahmen gab es im klassischen Bereich, in der Betriebsratsarbeit etwa. Über die Betriebs- und Gewerkschaftgrenze ging das aber kaum hinaus. Motto der Berichterstattung über meine Wahl in den baden-württembergischen Parteivorstand: Schaut her, was wir können; sage einer, wir seien nicht wer. »Mach dir nichts draus«: Diese Stimmung wurde bestätigt, als ich, wenngleich auch nur als chancenloser Zählkandidat, zur Bundestagswahl 1990 als Direktkandidat in Esslingen aufgestellt wurde. »Einer von uns« jetzt sogar Parlamentskandidat, das galt es vorbehaltslos zu begrüßen. In den

Zeiten der Wiedervereinigungseuphorie allemal, als die Einwandererbevölkerung zunehmend marginalisiert, ja ausgegrenzt wurde.

Auch die Gründung unserer Yesiller-Grünen als parteinahe Organisation, sozusagen als niederschwelliges Einstiegsangebot für die türkischstämmige zweite Generation, fand wohlwollende Beachtung.

Erste Mißtöne gab es, als die deutsche Presse über die nationalistischen Inhalte türkischer Lehrbücher berichtete, die im muttersprachlichen Ergänzungsunterricht in Deutschland eingesetzt wurden. Als Vorstandsmitglied der Grünen hatte ich darauf aufmerksam gemacht, um endlich eine Änderung dieses unhaltbaren Zustandes zu erreichen. »Wir Türken sind ein Soldatenvolk, wir werden als Soldaten geboren, leben als Soldaten und sterben als Soldaten. Unser Vaterland und unsere Fahne lieben wir mehr als unser Leben. Um unser Vaterland zu retten, opfern wir mit Begeisterung unser Leben ... Auch wir werden Soldaten, beschützen unser Vaterland vor dem Feind, sterben dafür, wenn es erforderlich ist.« Erkenntnisse wie diese vermittelte das Lehrbuch ›Hayat Bilgisi‹. Das Machwerk ›Din Kültürü ve Ahlak Bilgisi‹ ergänzte: »Wenn wir auf diesem Weg (des Krieges) sterben, werden wir zu Märtyrern. Wenn wir überleben, zu Helden ...« »Auf der Erdoberfläche gibt es nichts und niemanden, der mit einem Türken vergleichbar wäre«, hieß es an anderer Stelle im Lehrmaterial, das noch 1991 in Baden-Württemberg im muttersprachlichen Unterricht für türkischsprachige Schüler und Schülerinnen eingesetzt wurde. Das Land scherte sich nicht darum, was aus der Türkei für den Einwanderernachwuchs als Lehrmaterial herangeschafft wurde. Man überließ diesen Part der Ausbildung bedenkenlos der Türkei. Die Landesregierung erklärte sich auf Anfrage nicht für zuständig.

Meine Wahl in den Bundestag übertönte dann noch einmal die bereits schwelende Mißstimmung und Mißgunst. »Unser Sieg« schlagzeilte das Massenblatt ›Hürriyet‹. Als hätte es einige Jahrhunderte nach der Niederlage vor Wien nun etwas weiter nördlicher geklappt, schrieb ein anderes Blatt: »Wir haben Bonn eingenommen.« Diese Euphorie hielt nicht lange vor. »Unser Sieg« erschien Teilen der türkischen Massenmedien bald doch eher als eine Art Akt der Selbstverstümmelung. Der vormalige Held Özdemir wurde zum Vaterlandsverräter erklärt.

Alles in allem geben sich die nicht-religiösen türkischen Blätter nicht übertrieben schamhaft, verklemmt oder gar lustfeindlich. Viel entblößtes Frauenfleisch, reichlich Pinups auf den bunten Seiten der Massenpresse.
Ebensowenig verklemmt oder zurückhaltend schießt sich die Massenpresse auf alle ein, die zum (potentiellen) Konkurrenten, zum Gegner, auserkoren werden. In stramm nationalistischer Manier geht's dann zur Sache. So mancher Scharfmacher der türkischen Journaille hätte die Aufnahmeprüfung zur Ausbildung im nationalistischen Hugenbergkonzern, dem Presseimperium der Weimarer Republik, mit dem Prädikat »besonders talentiert« im Schlaf bestanden. Da fallen die letzten Hemmungen, da geht es zum medialen Gemetzel. Regeln des Anstands? Pressekodex? Nie gehört.
Wie sieht der Verantwortliche für die Deutschland- und Europa-Ausgabe der Tageszeitung ›Hürriyet‹ die Welt? Seine Einschätzung der deutschen Presselandschaft mag das verdeutlichen: die ›tageszeitung taz‹ charakterisiert er als von »alten deutschen Kommunisten gegründet« und »allgemein bekannt dafür (...), daß sie als Sprachrohr der RAF-Terroristen fungiert«; »diese Zeitung ist im Moment Sprachrohr von Parteien wie – vor allem – der PDS« (6. und 8. Juni 1995) und »unterstützt auch die PKK«. Sich und die

Hürriyet-Leserschaft, ja die Gesamtheit der Einwanderer aus der Türkei, sieht er als »eine große Familie, wir lieben einander sehr, (...) und natürlich auch unser wunderbares Vaterland (...) In unseren Gebeten bitten wir um eine glückliche Zukunft (...) für unser Land«. Wer nicht auf der gewünschten Linie liegt, gerät ins Kampagnenvisier, nicht selten mit steckbriefartigen Angriffsaufforderungen an die Leser. Nach einem Beitrag von ›Der Spiegel‹ über das Treiben der türkischen Presse in der Bundesrepublik lieferte das Blatt Telefon- und Faxnummer des Magazins für Beschwerde-Kanonaden.

›Hürriyet‹, die auflagenstärkste und meistgelesene unter den türkischen Zeitungen in Deutschland, die lange Jahre als einzige mit einer täglichen Europa-Deutschlandausgabe an den Kiosken vertreten war, hat den Kampagnenjournalismus im Lauf der letzten Jahre zur Perfektion gebracht. Herbert Schmalstieg, Oberbürgermeister von Hannover, wurde als »PKK-Oberbürgermeister« bezeichnet, weil er einer kurdischen Familie sein Beileid ausgesprochen hatte, deren Sohn beim Kleben von PKK-Plakaten von einem niedersächsischen Beamten erschossen worden war. »Dieser Deutsche ist unser Feind«, hieß es über Gerhard Schröder anläßlich einer Schröder-Kritik an der türkischen Kurdenpolitik; für ein Interview mit dem PKK-Chef Öcalan wurde ein ZDF-Journalist zum PKK-Parteigänger erklärt, er sei dessen »Fahnenträger« und »Trompeter«. »Die chinesische Regierung zahlt zwei Mark für jede getötete Ratte, was glauben Sie, Herr Bednarz, ist Ihr Wert?«, wurde der Monitor-Chef öffentlich gefragt. Es geht gegen »Feinde der Türken« und darum, ihnen »eine Lektion zu erteilen«.

Dabei schert den Redaktionsleiter just die Arbeitsweise nicht, die er anderen vorwirft: Deutsche Medien mußten sich schon den teilweise nicht ganz falschen Vorwurf gefallen lassen, aus Athen über die Türkei zu berichten. Gleichzeitig sitzt dieser Scharfrichter aber höchstselbst in einem

Istanbuler Büro und formuliert fernab vom Geschehen seine Beurteilung der Lage in Deutschland. Was Wunder, daß die Richtschnur für die Kommentierung das ist, was zu den »Interessen der Türkei und der türkischen Gesellschaft« erklärt wird.

Mitunter starten Ankara, elektronische und Printmedien konzertierte Aktionen. So wurde mit einer 56stündigen Live-Sendung im Staatsfernsehen »TRT«, das hierzulande via Satellit oder im Kabel als »TRT-International« zu empfangen ist, für die Unterstützung türkischer Militäroperationen im Nordirak geworben: »Auf, Türkei – Hand in Hand mit unseren Soldaten«, so der Titel dieser medialen Mobilmachung. Auch die Einwanderer in Deutschland waren zu Spenden aufgerufen, die Printmedien bereiteten das Spektakel vor, verbreiteten die Spendenkonto-Nummer, berichteten noch Tage später über das Großereignis. Während der Live-Sendung konnten Fernsehzuschauer ihre Meinung per Telefon zum Besten geben. Und mit einem Mal meldete sich einer, der von meiner Mutter forderte, ihren Sohn, den Türkenfeind, zu verstoßen. Besonders die Saat, die ›Hürriyet‹ ausgebracht hatte, ging hier auf. Alle Mittel waren und sind recht im Kampf gegen angebliche Staatsfeinde der Türkei.

›Hürriyet‹ verhalf mir übrigens zum wohl berühmtesten Ohr seit der Selbstverstümmelung van Goghs. Wenige Wochen nach der Wahl in den Bundestag begann das Blatt, mich mehr und mehr aufs Korn zu nehmen. Einmal prangte ein Foto meiner linken Gesichtshälfte in halbem DIN-A4-Format auf der Titelseite von Hürriyet-Deutschland, der Ohrring im Ohrläppchen großzügig und rot eingekreist. Das für sich genommen hätte noch ein Gag sein können – im Freundeskreis kursierte der Spruch »Cem, das Ohr« in Anlehnung an »Elvis, the pelvis«. Aber ›Hürriyet‹ setzte damit zur großen Schlammschlacht an. Die Schlagzeile neben dem Aufmacherfoto: »Küpesini Sevsinler«, zu deutsch etwa: »Ist er nicht niedlich – sein Ohrring.« Die Botschaft: »Wer – als Mann! – einen Ohrring trägt, kann nur schwul sein. Und Tunten sind doch keine seriösen Politiker. Vergeßt diesen Herrn also möglichst schnell. Hört nicht darauf, was sie von sich gibt, diese fehlgeleitete Seele. Der ist keiner von uns.« Es war der Startschuß zu dem Versuch, mich systematisch zu exkommunizieren.

Der anfänglich als Hoffnungsträger für die türkische Community beschriebene Abgeordnete bekam vielsagende Anführungszeichen verpaßt (»Hoffnungsträger«). Özdemir, die »Melone: außen grün, innen rot«, das »trojanische Pferd«. Einer »von uns«, der »uns« verriet. Als Kronzeugen dafür, daß ich – aha, wußten wir's doch – kein »richtiger« Türke sei, stöberte ›Hürriyet‹ alsbald einen Verwandten auf, meinen Onkel Hüseyin. Wer seine Kinder – falls ein Sohn dabei sein sollte – angeblich nicht beschneiden lassen will, kann keiner von uns sein. Der begeht Verrat am Allerheiligsten. Zum Ramadan hätte ich mich auch nicht blicken lassen, gab dieser Zeuge der Anklage, der »kummervolle Onkel«, zu Protokoll. Die deutsche Staatsbürgerschaft zu übernehmen, dürfe nicht heißen, »das Türkentum zu vergessen«, es gebe »nichts, was mit einem Mutterland gleichgesetzt werden kann«. Auch meine Eltern wurden in diese Kampagne mit hineingezogen: Den Ausführungen zufolge war ich vernachlässigt worden. Denn »eigentlich wurde Cem von einer deutschen Familie (...) großgezogen«. Zugleich wurde ein paar Sätze zuvor mein Onkel zitiert: »Er ist in meinen Händen groß geworden.« »Der leibliche Onkel erwähnt, daß er wegen der türkeifeindlichen Politik seines Neffen seelisch ruiniert ist«, und weiter: »Im Namen meines Neffen bitte ich 60 Millionen Türken um Entschuldigung.« Ich »beunruhigte« die Menschen, vernachlässigte die Situation und Benachteiligung der Türken in Deutschland, die angegriffen, verprügelt und verbrannt würden. Da hatte das Blatt nun in meinem Onkel einen nützlichen

Idioten gefunden. Den Kontakt zu ihm hatte meine Familie schon seit vielen Jahren abgebrochen. Weil er schon damals so ein merkwürdiger Mensch war, hatten meine Eltern die Türkeireise zusammen mit meinem Freund Stephan und ihm damals nicht zulassen wollen.

Die Aktion mit meinem Onkel war zweifellos ein Paradestück an Propaganda und ein Lehrstück dafür, was das eigentliche Ansinnen eines Teils der türkischen Massenmedien war: Die türkische Innenpolitik geht über alles, in diesem Sinn sollen Auswanderer und deren Kinder und Kindeskinder in Stellung gebracht werden. Die Realität der Einwanderer, deren Zukunft in Deutschland, all das interessiert in Wahrheit keinen Deut. Wenn – zu Recht – Ausgrenzung und Gewalt angeprangert werden, dann geschieht das nicht, weil die Blattmacher sich tatsächlich als Anwälte für mehr Bürgerrechte verstehen. Diese Themen werden in der Dauermobilmachung für höhere Werte – »Mutterland«, »Mutterland« über alles – ausgebeutet: Wer die Sache »der Türken« in Deutschland vertritt, kann auch in anderen Angelegenheiten nicht falsch liegen, also hört auf uns, es geht ums Türkentum.

»(...) selbstverständlich haben, nach unserem Verständnis von Journalismus, unsere Ehre als Nation und Gesellschaft sowie die hehren Interessen unseres Landes und unseres Volkes Vorrang«, so einmal der Spezialist fürs Türkentum in der Kolumne »Mitgehört« unter der Überschrift »Die Akte Cem Özdemir«. Den »Nobelpreis für Verrat« hätte ich verdient, der ich meine »Herkunft vergessen« hätte, sei ein »Brutus, der unserem Heimatland ... den Dolch von hinten in den Rücken« stößt. Die »Türkischstämmige Schlange« mutierte irgendwann zur »Grünen Spinne«. Wohl nur um den Preis des Verrats an den einzig wahren Werten könne ein »Türke« in der Bundesrepublik Abgeordneter werden, so die Botschaft. Oder er ist sowieso bestenfalls ein Halbblut: Meine Mutter sei keine Türkin sondern Deutsche, wartete denn auch ein Bericht mit dem neuesten genialen Einfall auf. Daß sie eine Deutsche sei, das habe sie ihm in den dreißig Jahren ihrer Ehe ja gar nicht verraten, so nahm mein Vater meine Mutter auf den Arm. Sie – bis zu ihrer Auswanderung nach Deutschland Istanbulerin – drohte dem Blatt mit einer Demonstration vor den Frankfurter Redaktionsräumen. ›Hürriyet‹ korrigierte sich daraufhin mit dem Hinweis auf »Fehler« in ihren Quellen (andere Zeitungen hätten falsch berichtet).

Über den fragwürdigen Begriff der Identität zu diskutieren – hier: »die türkische« – und vorzuschlagen, auf diesen wenig hilfreichen Begriff zu verzichten, gilt ›Hürriyet‹ als »Falle, darauf ausgerichtet die türkische Existenz in Deutschland zurückzudrängen«. Es gelte, denjenigen entgegenzutreten, die die »türkische Identität (...) angreifen«. Der Schlachtruf: »Wir sind Türken, hört Ihr: Tüüüüürken! Wir sind stolz darauf, Türken zu sein!«

Insgesamt verstehen sich die türkischen Zeitungen als Sachwalter der Interessen der türkischen Gemeinschaft, von der ein Teil von gewaltigen Minderwertigkeitskomplexen gebeutelt ist. Viele fühlen sich mißverstanden und übergangen. Jede Kritik gilt schnell als türkenfeindlich. So wird – in erster Linie von ›Hürriyet‹ und der national-religiösen ›Türkiye‹, immer mal wieder unterstützt auch von anderen türkischen Zeitungen – ein Bild gepflegt, das die Einwanderer ausschließlich in der Opferrolle beschreibt – und die meisten Deutschen im Grunde ihres Herzens als Türkei- und Türkenhasser und Terroristenfreunde. Alles wird mit allem verrührt, um am Ende »die Türken« als die ewig gebeutelten Looser hinzustellen.

Wer sich aufgrund der Kurdenpolitik Ankaras gegen Waffenlieferungen ausspricht oder diese Politik auch nur in Frage stellt, wird in eine Reihe sowohl mit der PKK als auch mit Neonazis gerückt: »Wenn die sich schon so verhalten, was ist dann den Separatisten (der PKK, d.A.) und Skinheads nicht alles zuzutrauen?«, so der Inlandskorrespondent mit Sitz im Ausland über (bekanntermaßen folgenlose) kritische Äußerungen zur türkischen Politik von Klaus Kinkel und Norbert Blüm. Ein Stop von Waffenlieferungen stärke demnach indirekt die PKK in ihrem Kampf gegen »Türken« in der Türkei, während Neonazis und PKK-Fanatiker es »den Türken« mit Brandanschlägen und Überfällen an der Front im feindlichen deutschen Ausland besorgen. Ein Riesenkomplott, Kinkel & Co Seit an Seit mit den Glatzen als fünfte Kolonne der Guerilla.

Gemäß dem Glaubenssatz der Zeitung ›Zuerst die Türkei‹ geht es den Verantwortlichen dieser Berichterstattung darum, in Deutschland eine hörige Lobby aufzubauen, die dann für eine freundliche vasallentreue deutsche Türkeipolitik arbeiten soll. Als Vorbilder gelten die armenische und griechische Gemeinde in den USA, die dort »im Sinn ihrer Heimatländer« aktiv seien. Es mag ja ein berechtigtes Anliegen dieser Leute sein, von einem Außenminister der Bundesrepublik als eine Art Günther Guillaume des türkischen Außenministeriums zu träumen – meines ist es ganz gewiß nicht.

Den Verantwortlichen zu verdeutlichen, daß die Berichterstattung der Europaausgabe von ›Hürriyet‹ in jeder Beziehung kontraproduktiv ist, habe ich in verschiedenen Gesprächen versucht: mit dem ›Hürriyet‹-Verleger in Istanbul, der ›Hürriyet‹-Leitung in Istanbul, mit Redakteuren in der Türkei. Daß sie bestenfalls eine Generation von Einwanderern erreichen, die nicht die ist, die in Zukunft in Erscheinung treten und etwas bewegen wird; daß diese Art der »Betreuung« die Einwanderer in Deutschland nur weiter in die Isolation treibt, statt die notwendige Emanzipation und die so nötige Teilnahme an der deutschen Politik zu unterstützen. Die Antwort: Das sei eine Sache der Nachfrage.

Die in Deutschland lebenden Türken hätten es eben gerne etwas heftiger. Und die Redakteure können sich, so sagen sie, gegen Vorgaben »von oben« nicht wehren. Auf meinen Veranstaltungen werde ich immer wieder von türkischen Journalisten angesprochen, die sich für die Berichterstattung ihres Blattes über mich entschuldigen und gleich darauf ankündigen, daß der womöglich folgende Negativbericht über die Veranstaltung von der Zentrale in Frankfurt oder den »Verrückten« in Istanbul zu verantworten sei.

Viel Feind, viel Ehr' – also Hürriyet hin, Hürriyet her? Wer sich ins türkische Bad begibt, muß schwitzen, könnte man dem bekannten türkischen Sprichwort folgend gelassen sagen. Das Problem ist nur, daß diese Presse sich die Realität gelegentlich etwas zurechtlegt, damit sie sich besser ins Weltbild einfügt. Und sie erreicht damit durchaus eine Menge Menschen und erzeugt Stimmungen, die sehr nachhaltig wirken.

Nach einem knapp zweistündigen Vortrag über meine Arbeit als Abgeordneter in Bonn meldete sich zum Beispiel einmal ein älterer türkischer Herr zu Wort und fragte: »Herr Özdemir, warum kritisieren Sie eigentlich immer nur die Türkei, nie die Verhältnisse in Deutschland? Gibt es denn hier gar nichts zu ändern?« Interessanterweise hatte ich während des Vortrags ausschließlich über die deutsche Innenpolitik geredet: über die Weigerung der Bundesregierung, das Staatsangehörigkeitsrecht zu reformieren, über den unerträglichen Umgang mit »ausländischen« Jugendlichen oder jungen Erwachsenen, die ich bei diversen Besuchen in Gefängnissen kennengelernt habe und die als Straftäter auf ihre Abschiebung warteten, obwohl sie, in diesem Land geboren, ihr bisheriges Leben verbracht hatten und auch hier kriminell geworden waren.

Besuche bei den Opfern von Brandanschlägen, die Kritik an den Behörden, die so lange nachlässig reagierten, die Aufrufe, sich in die Politik einzumischen, statt weiterhin auf die Fürsprache oder Fürsorglichkeit anderer zu setzen – all das wird in der Berichterstattung verschwiegen, wenn ich mal wieder auf der Boykottliste ganz oben stehe. Manche Schreiber haben kein Interesse, Brücken zu bauen oder zumindest ein differenziertes Gesamtbild zu zeichnen. In den Leserbriefspalten der Zeitung wurde ich schon gefragt, warum ich mich nicht für türkische Jugendliche einsetze, oder warum – was besonders absurd ist – ich zum Leid in Bosnien oder zum Krieg in Tschetschenien geschwiegen hätte. Das ist etwa so, als ob man Helmut Kohl fragen würde, warum er gegen den Euro ist.

Nach einer anfänglichen Phase der Verunsicherung habe ich mich mittlerweile mit dem Phänomen Hürriyet arrangiert. Es brauchte eine gewisse Zeit der Gewöhnung, bis ich wohl oder übel akzeptiert habe, daß ein Teil der türkischen Community diese periodisch wiederkehrende Art der Berichterstattung für bare Münze nimmt und dementsprechend urteilt. Während das Blatt mit diesem Kurs offenbar die Auflagenhöhe im Auge hat, bewirkt die Fäkal-Kritik, die zwischenzeitlich sogar an sprachlichem Niveau gewonnen hat, andererseits eine zunehmende Solidarisierung unter den in Deutschland lebenden Aleviten, Kurden und Angehörigen anderer Minderheiten, aber nicht zuletzt auch unter allen Türken, die mit krankhaftem Nationalismus nichts am Hut haben. Nicht zuletzt nach einer Rede beim jüngsten alevitischen Sommerfestival im Müngersdorfer Stadion in Köln mit mehr als 30 000 Menschen türkischer und kurdischer Herkunft fand ich diese Einschätzung durch standing ovations bestätigt.

»Türkenfeind«,
»Kurdenfeind« – sonst noch was?

Auf zahlreichen Veranstaltungen, vor zumeist vollem Haus quer durch die Generationen, mache ich ähnliche Erfahrungen. Gäste aus dem Publikum kommen auf mich zu und schütteln mir die Hand: »So habe ich Sie mir gar nicht vorgestellt, Sie sind ja ganz anders, als berichtet wird.« Die anekdotisch gehaltenen Berichte über die »Skandalisierung« meines Ohrrings bis hin zu meiner »deutschen Mutter«, Zitate aus Kolumnen aller anderen wichtigen türkischen Zeitungen inklusive ›Hürriyet‹, die meine Aussagen belegen und die Pamphlete Lügen strafen, überzeugen viele. Die Tatsache, daß ich vor der Wahl in den Bundestag während des partei-internen Nominierungsverfahrens als »Agent des türkischen Geheimdienstes« hingestellt wurde, während das Massenblatt mein Foto gleich neben dem des PKK-Vorsitzenden plaziert, bringt viele ins Grübeln. Denn während türkische Nationalisten mich zum Sprachrohr der PKK stempeln, sieht die Arbeiterpartei Kurdistans das ganz anders: »Wir bewerten Ihre Arbeit in diesem Zusammenhang als regierungstreu und kurdenfeindlich«, erklärte mir deren »Europavertretung« ERNK wenige Monate nach der Bundestagswahl schwarz auf weiß in einem Brief. Bitter aufgestoßen war ihnen meine Kritik am Vorgehen der PKK und die Feststellung: »Wenn ich ein Kurde wäre, würde ich mich nicht von der PKK regieren lassen.« Ohne eine eindeutige Erklärung zum Gewaltverzicht scheide die PKK als Dialogpartner für die Grünen aus, erklärte ich damals. Eine Haltung, so die PKK/ERNK, die »Antipathie« wecke. Auch dieses Tänzchen ging natürlich weiter, während der nationalistisch-türkische ›Hürriyet‹-Kolumnist mir fleißig Haß auf die Türkei andichtete und Verrat meiner Herkunft vorwarf. Ich sei »Sprachrohr der Türkei«, vertrete in der Kurdenfrage eine Form »Neokolonialismus«, hielt die PKK-nahe kurdische Seite dagegen. Auch meine Einschätzung, daß das 1995 in Den Haag gegründete »Kurdische Exilparlament« wenig hilfreich und kein geeigneter Beitrag zur friedlichen Lösung des Kurdenproblems sei, da praktisch nur die PKK und ihr nahestehende Organisationen daran beteiligt waren, mag für diesen anhaltenden Ärger gesorgt haben. Aber es war eben keine Absage an Gewalt oder eine Verurteilung der Übergriffe gegen Besitzer von türkischen Reisebüros zu hören gewesen.

Bald darauf schloß mich »Yek-Kom« aus, die Föderation der PKK-nahen kurdischen Vereine in Deutschland. Das war aus einem besonderen Grund satirereif: Ich war dem Verein nämlich nie beigetreten. Vom zwangsweisen Ende meiner Nicht-Mitgliedschaft erfuhr ich aus der Presse, die aus dem Vorgang wiederum genüßlich Honig saugte: Aha, er war wohl Mitglied in einem PKK-Verein, so der Tenor. Die Begründung für den Ausschluß von der nie erklärten Mitgliedschaft lautete, ich hätte der Türkei zugearbeitet, leiste »Lobbyarbeit für die Türkei« — »wegen dieser Haltung haben die mehrheitlich kurdischen Mitglieder des Vereins reagiert«. Beklagt wurden die »Äußerungen Özdemirs, die Partei nehmen für die türkische Regierung, die eine Vernichtungspolitik gegen das kurdische Volk betreibt«.

Eine telefonische Diskussion mit dem PKK-Generalsekretär Abdullah Öcalan, die der Parteisender Med-TV übertrug, endete mit einer unverhohlenen Drohung durch den Parteichef höchstpersönlich: »(...) wenn nicht, müssen wir ihn uns zur Brust nehmen«, so die sinngemäße Übersetzung. Freundlicherweise stellte mir die Redaktion einen drei Videobänder umfassenden Mitschnitt der Sendung zur Verfügung – merkwürdigerweise war ausgerechnet die Tonspur der Cassette defekt, die diese Passage dokumentierte. Die nur in der Bundesrepublik erscheinende PKK-nahe Zeitung ›Özgür Politika‹ dokumentierte den Text allerdings einige Tage später.

Die Grenzen der Kommunikation

Es ist eine deprimierende Tatsache, daß 35 Jahre nach dem Startschuß der Einwanderung ein Großteil der Einwanderer auch in den deutschen Medien noch nicht angekommen ist. Meistgelesene deutschsprachige Tageszeitung ist unter Einwanderern aus der Türkei einer Umfrage zufolge mit (nur!) 18 Prozent das jeweilige Heimatblatt. Die politischen Nachrichten aus Deutschland und anderen Ländern der Welt lese »regelmäßig« nur jeder vierte Ausländer in deutschsprachigen Zeitungen und Zeitschriften, so eine Untersuchung. Leser deutscher Zeitungen »im weitesten Sinn« seien 54 Prozent, Italiener und Einwanderer aus Ex-Jugoslawien tun das aber »deutlich mehr« als Einwanderer aus der Türkei. Man bedient sich überwiegend des türkischsprachigen Angebots. Von den acht türkischsprachigen Zeitungen, die in Deutschland am Kiosk zu haben sind, ist ›Hürriyet‹ die zur Zeit mit Abstand meistgelesene.

Die muttersprachlichen Radioprogramme, im Schnitt knapp eine Stunde täglich auf irgendeiner Welle der Regional-Sender, liegen in den letzten Zügen des Quotentodes. Was das Fernsehen betrifft, konsumiert die türkischsprachige Bevölkerung überwiegend türkische Fernsehprogramme, die via Satellit oder – wie das Staatsfernsehen TRT-Int auch via Kabel – in die Wohnzimmer gelangen. TRT-Int ist dabei das mit Abstand meistgesehene Programm. Die Quote liegt bei 48 Prozent, noch einmal 20 Prozent erreichen andere türkische Private.

Diese potentiellen Leser, Hörer und Zuschauer endlich zu erreichen, sollte eine viel stärker beachtete Aufgabe der deutschen Medien sein. Die Interessenvertretung der Einwanderer weiterhin Programm- und Zeitungsmachern zu überlassen, die die Menschen mit einem rückwärtsgewandten, desintegrativen »Wir«-Gefühl bedienen, kann nicht angehen. Soll türkischsprachige Zeitungen, kurdische Blätter lesen und Fernsehprogramme aus Istanbul schauen, wer mag. Aber dieses Lese- und Fernsehverhalten ist in dieser Größenordnung Ergebnis eines Lebensgefühls vieler Einwanderer, die sich in deutschen Medien nicht beachtet, sondern ausgegrenzt fühlen. Die Berichterstattung über die Türkei als Hauptherkunftsland der Einwanderer in Deutschland und deren Lebenssituation hierzulande müßte ausgeweitet werden, um deren berechtigten Interessen zu entsprechen.

Wenn der Türke und die Kurdin, die in Schöneberg leben, sich über die Erfahrungen derjenigen in Kreuzberg ausschließlich durch ein Fernsehprogramm informieren, das aus Ankara gesendet bzw. von Leuten gemacht wird, die wenig zur Integration beitragen wollen, dann ist das ein Problem. »Die Türken« erfahren so nämlich nicht, was »die Deutschen« diskutieren. Und wenn sie etwas erfahren, dann allzuoft nur via Medien, die das in der Auslandsredaktion bearbeiten; deren Macher oft der deutschen Sprache nicht ausreichend mächtig sind, die die Bundesrepublik nicht ausreichend kennen und die aus dem Blickwinkel des Heimatlandes – hier: Türkei – auf die Ereignisse schauen. Die Deutschen wissen umgekehrt wenig von dem, was türkische Familien in Deutschland beschäftigt. Die sich daraus ergebende Notwendigkeit ist so neu nicht: Es sollten in den Medien mehr Journalistinnen und Journalisten der zweiten und dritten Einwanderergeneration zum Zug kommen. Und wir brauchen künftig mehr interkulturelle Programme, die aus Deutschland senden und schwerpunktmäßig über Deutschland berichten. Radio Multikulti und Aypa-TV in Berlin sind erfreuliche Modelle, denen eine bundesweite Ausstrahlung zu wünschen ist; und dem deutsch-französischen ARTE mußte endlich ein deutsch-türkisches Pendant folgen, mit der Option, später auch Kurdisch, Griechisch, Persisch usw. mit ins gemeinsame Programm einzubauen.

Abgesehen davon, daß dies nach 35 Jahren Einwanderung wohl ganz und gar nichts Ungewöhnliches wäre, ließen sich so auch viele Pannen, Peinlichkeiten und Mißverständnisse vermeiden oder ausbügeln. Kaum ein Medium – und ich vermute deshalb wohl auch kaum eine Politikerin und kaum ein Politiker – nahm mit der gebührenden Aufmerksamkeit wahr, daß im Oktober 1996 in Karlsruhe ein von Türken bewohntes Haus brannte, in dem drei Menschen starben. Dpa verbreitete zwei Meldungen von je ca. 20 Zeilen Länge. Ist das so, weil die Lage recht unübersichtlich geworden zu sein scheint, weil »die« sich längst auch »unter sich« gegenseitig ins Jenseits befördern? Weil die Täter nicht eindeutig zugeordnet werden können, seit es nicht mehr nur das Privileg von Skins und Neonazis ist, Menschen im Schlaf abzufackeln, sondern kurdische und türkische Radikale irgendwann begannen, mit deutschstämmigen Irren um die Wette zu zündeln? Und weil sich zu diesem erbärmlichen Freundeskreis Molotow in Einzelfällen auch schon mal Versicherungsbetrüger gesellt haben sollen, die ihre Geschäfte selbst in Brand setzten – in der Hoffnung, es werde sicher gegen die »üblichen« Verdächtigen ermittelt? Das Drama steckt hier im Wörtchen üblich: Daß es brennt, ist nämlich eher Normalzustand als Ausnahme.

Aber die Republik schaut nur noch hin, wenn ein Wohnhaus zum Massengrab wird. Wie beim Brand der Baracke von Asylsuchenden in Lübeck, wo 12 Menschen starben und weitere verletzt wurden. Nach besagtem Brand in Karlsruhe meldete die türkischsprachige Presse tagelang, allein im Juli 1996 habe es 49 Anschläge auf türkische Einrichtungen gegeben. Aber erfahren konnte das nur, wer ›Sabah‹, ›Milliyet‹, ›Hürriyet‹ oder eine andere türkischsprachige Zeitung las. ›Hürriyet‹ sprach nach Karlsruhe sogar von »Völkermord« und titelte: »Deutschland, schäm Dich! Heute sind die Türken Deutschlands besorgt, wenn sie auf den Straßen gehen. Sie haben Angst (...) Ja, die drei Türken in Karlsruhe wurden abgefackelt wie die Opfer in Mölln und Solingen. Die Türken in Deutschland stehen einem barbarischen und organisierten Verbrechen gegenüber. Ohne Zweifel wäre es nicht richtig, alle Deutschen der Ausländerfeindlichkeit zu bezichtigen. Sehr viele Deutsche empfinden auch Scham dabei. Diese tollen Lichterketten, an denen hunderttausende von Menschen teilnahmen, sind noch immer in unserer Erinnerung (...) Während deutsche Politiker sich darüber beschweren, daß der Terror in der Türkei nach Deutschland überschwappt, übersehen sie die Brände mitten in ihrem Land. Wo sind die deutschen Intellektuellen, Medien, Menschenrechtsmeister? Fällt das Recht der türkischen Menschen nicht in ihren Zuständigkeitsbereich?« Und die Zeitung ›Sabah‹ schrieb: »Die Trauer unserer Menschen in Karlsruhe ist sehr groß ... Die Selbstzensur der deutschen Presse, die sich über die Geschehnisse in Karlsruhe in Schweigen hüllt, erhöht den Zorn (...) Deutsche Journalisten, die ihre türkischen Kollegen als Elemente der türkischen Regierung oder gar als verlängerten Arm des türkischen Militärs betrachten, schweigen nun.«

Man muß die Wertung der türkischsprachigen Presse nicht teilen, die Rechtsradikale hinter dem Karlsruher Anschlag vermutete. Unabhängig vom jeweiligen Täterkreis hinter den Mordbrennereien, sollten aber alle endlich in ihre (teutonischen) Dickschädel bekommen, daß die Opfer zur Bevölkerung dieser Republik gehörten, daß es »welche von uns« waren. Es ist bemerkenswert, mit welcher Gelassenheit deutsche Stellen den ja doch nicht ganz unerheblichen Vorwurf des »Völkermordes« an den in Deutschland lebenden Türken achselzuckend zur Kenntnis nehmen – sofern sie überhaupt etwas davon erfahren. Man scheint in Bonn und anderswo noch nicht realisiert zu haben, daß es sich hier nicht um Vorwürfe handelt, die von einer in Madagaskar oder an einem anderen abgelegenen Ort dieser Welt erscheinenden Zeitung erhoben werden, sondern um die eines Blattes, das von hunderttausenden angehenden Staatsbürgern türkischer Herkunft gelesen wird. Diese für Menschen nichtdeutscher Herkunft gemachten Medien sind trotzdem bundesdeutsche Medien. Sie sollten mindestens ebenso ernstgenommen werden wie Zeitungen Fernseh- und Rundfunkprogramme in deutscher Sprache.

Es gehört für mich zu den großen Rätseln unserer Gesellschaft, warum die politische Klasse eines Landes wie der Bundesrepublik die Tatsache eines vor über vier Jahrzehnten aktiv eingeleiteten Einwanderungsprozesses nach wie vor nicht wahrhaben will. Und nicht wahrnimmt: Eine Verweigerungshaltung, die ihre Schatten – mit Ausnahmen gegenüber exponierten Mitmenschen, wie ich durch mein Bundestagsmandat einer geworden bin – bis hinein in die Redaktionsräume der Medien wirft. Es ist keine Ausgeburt abgehobener Politik-Theorie, vor anhaltender Nichtbeachtung und Ausgrenzung zu warnen, weil eine Gesellschaft, die zehn Prozent ihrer Mitglieder »vergißt«, Zukunft verspielt und statt dessen vermeidbare Konflikte heraufbeschwört. Es ist auch kein ungebührlicher Anspruch, gleiche gesellschaftliche Teilhabe und Respektierung für alle Bevölkerungsgruppen einzufordern. Es ist vielmehr eine Selbstverständlichkeit. Einwanderer sollten viel stärker auf Anerkennung, Beachtung und Respektierung bestehen. Sie kamen schließlich nicht als Bittsteller. Sie wurden herbeigesehnt, beinah euphorisch begrüßt. Aber das ist ein Kapitel für sich.

Der Lockruf des Wirtschaftswunderlandes

»Wir holen Arbeitskräfte,
es kamen Menschen.«

Max Frisch

Welch ein Tag! Zur Ankunft des Zuges spielte eine Kapelle auf, und eine Nobelkarosse stand bereit, um einen der Reisenden weiterzuchauffieren. Kein Staatsbesuch, sondern großer Bahnhof für jemand, der als »Gastarbeiter« in die Bundesrepublik einreiste. Auf manchen der ersten Neuankömmlinge wartete der Arbeitgeber höchstpersönlich am Bahnsteig, um ihn anschließend höchstselbst an der Werkbank einzuführen. Solche Willkommensinszenierungen, die manche Pioniere der »Arbeitsmigration« erlebten, wurden bald zum Mythos und die Einreise als »Gastarbeiter« zum Massenphänomen.

Für eine riesige Zahl von Arbeitnehmerinnen und Arbeitnehmern aus dem Land am Bosporus war der 30. Oktober 1961 ein Stichtag: Das deutsch-türkische »Anwerbeabkommen« wurde unterzeichnet. Bis dato verdienten nur rund 2500 Arbeiterinnen und Arbeiter aus der Türkei zwischen Nordsee und Alpen ihr Geld. Seit Anfang der sechziger Jahre beläuft sich die Zahl der »Fortzüge nach Deutschland« allein aus der Türkei auf rund 3,3 Millionen, die Zahl der »Rückkehrer aus Deutschland« auf 2,1 Millionen

Menschen. Über zwei Millionen Menschen mit türkischer Staatsangehörigkeit leben heute in Deutschland, viele wurden im Kindesalter von ihren Eltern nachgeholt und sind in der Bundesrepublik aufgewachsen. Knapp eine Million in der Statistik als »Ausländer« Gezählte sind schon hier geboren.

Zu den Einwanderern der ersten Stunde gehörten auch Abdullah Özdemir und Nihal Akman. Sie reisten aus der Türkei ins Unbekannte. Wohin es genau gehen würde, in welche Verhältnisse, in welche Umgebung, all das sagte den »Gastarbeitern« bei der Abreise niemand. Man wurde durch Bekannte aufmerksam, die Verwandte oder Bekannte hatten, die bereits in Deutschland arbeiteten. Arbeiten in Deutschland, das war talk of the town. Natürlich wurde die Werbung in den Zeitungen gelesen, die die Arbeitsmöglichkeiten in »Almanya« anpriesen. »Wer kommen möchte, sollte einen Brief an die deutsche Firma schreiben«, von der sie gehört hatten oder deren Stellenangebote in den Zeitungsinseraten standen, erinnern sich viele. »Es wurde sehr groß annonciert, daß die Verdienstmöglichkeiten sehr viel besser seien als in der Türkei«, so berichten die »Gastarbeiter«-Pioniere der ersten Stunde. Die Antworten kamen meist adressiert ans Deutsche Konsulat, oft Fahrkarte und Taschengeld schon inklusive.

Nihal Akman und Abdullah Özdemir kannten einander nicht, als sie sich vor über drei Jahrzehnten auf die große Reise begaben. Sie kamen unabhängig voneinander nach Schwaben. Abdullah Özdemir hatte der Wehrdienst zum ersten Mal für längere Zeit aus seinem Heimatdorf nach Istanbul geführt. Hier blieb er nach der Entlassung und arbeitete in einer Glasfabrik – und hörte von Deutschland und den Anwerbemaßnahmen. Er schrieb sich in die Liste der Interessierten ein. Und danach ging es – wir befinden uns im Jahre 1963 – Hals über Kopf nach Deutschland. Die erste Station war für kurze Zeit Nagold im Schwarzwald, bis ein Bekannter ihn nach Bad Urach lotste. Er hatte von einem Spinnerei-Betrieb in Urach berichtet, der Arbeitskräfte suchte. Der Wechsel des Arbeitsplatzes klappte ohne Probleme, nach der Vorstellung im neuen Betrieb wurde Urach die neue Heimat.

Nihal Akman arbeitete im Bazar in Istanbul, als Deutschland lockte. Immer wieder war im Freundes- und Bekanntenkreis von der »Chance in Deutschland« geredet worden. Auch sie ließ sich in die Bewerberinnenliste einschreiben – und kam 1964 direkt nach Urach. Erst kurz vor der Abreise erfuhren die Eltern meiner damals 31jährigen Mama von ihrer Absicht, das Land zu verlassen. Ihre Koffer waren schon gepackt, als sie die Familie einweihte. Allzuviele Arbeitnehmerinnen und Arbeitnehmer aus der Türkei zählte die schwäbische Kleinstadt nicht. Nihal Akman aus der Großstadt am Bosporus und Abdullah Özdemir aus dem anatolischen Dorf lernten sich über gemeinsame Bekannte einige Zeit nach ihrer Ankunft in Urach kennen. Es wurde ernst; bald stand die Hochzeit an. – So verdanke ich meine Existenz nicht zuletzt der Tatsache, daß die Bundesrepublik ein Einwanderungsland ist.

Die Bundesrepublik war damals auf »Fremde« wie meine Eltern, deren Entschlußkraft und Mut, sich eine Zukunft im Ausland aufzubauen, dringend angewiesen. In der deutschen Wirtschaft herrschte Not am Mann und Not an der Frau. Das Wirtschaftswunderland boomte, aber es brauchte Arbeitskräfte. Der Bau der Berliner Mauer schnitt den Westen vom Arbeitskräftemarkt Ost ab. Kriegsbedingt geburtenschwache Jahrgänge schlugen durch. Die Deutschen konnten sich mehr leisten: Lehrlinge wurden länger ausgebildet, das Rentenalter wurde herabgesetzt. Auch die Verringerung der Wochenarbeitszeit sorgte für mächtige Lücken an den Werkbänken. Zunehmend forderte der Aufbau der Bundeswehr ihren Tribut: Wehrdienstleistende konnten während der Zeit des Grundwehrdienstes nicht arbeiten und mußten ersetzt werden. »Fremdarbeiter statt Rekruten«, lautete eine Schlagzeile in dieser Zeit, nachdem über die Anwerbung von 200 000 Arbeitnehmern aus Italien spekuliert worden war. Während noch rund eine Million Arbeitslose gezählt wurden, plante die Wirtschaft schon für die Zukunft. An »Anwerbeabkommen« wurde gebastelt, seit Prognosen einen Arbeitskräftemangel vorhersagten. Schließlich wurde am 22. Dezember 1955 wegen des Arbeitskräftemangels das erste Anwerbeabkommen für Arbeitnehmer mit Italien geschlossen. Die Rechnung ging auf. Im März 1960 folgten Verträge mit Griechenland und Spanien, 1961 einer mit der Türkei, im März 1964 wurde Portugal als Arbeitskräftemarkt erschlossen, 1968 Jugoslawien. Auch Marokko und Tunesien wurden Anwerbeländer. Anfangs hießen die Menschen, die von dort kamen, noch »Fremdarbeiter«, wie man Zwangsarbeiter aus den besetzten Ländern zu Zeiten des Nazi-Regimes genannt hatte. Dann wurde der Terminus »Gastarbeiter« kreiert. Und die waren eierlegende Wollmilchsäue. Die nichtdeutschen Arbeiter mehrten den materiellen Wohlstand ihres Gastgeberlandes in jeder Hinsicht. Aus dem Bonner Arbeitsministerium hieß es 1966: »So tragen die ausländischen Arbeitnehmer, von denen 90 Prozent in bestem Schaffensalter zwischen 18 und 45 Jahren stehen, einerseits erheblich zur Gütervermehrung bei, ohne andererseits die Konsumgüternachfrage in der Bundesrepublik in gleichem Umfang zu erhöhen«. Denn viel arbeiten und produzieren, aber nicht konsumieren, das bedeutete: keine Inflation. Weg frei für den Export – »made in Germany« ja, aber nicht mehr ausschließlich made by Germans. Das Bundesarbeitsministerium weiter: »Hinzu kommt, daß die ausländischen Arbeitnehmer in der Bundesrepublik Lohnsteuer und Sozialversicherungsbeiträge nach denselben Regeln wie inländische Arbeitnehmer zahlen (...) man (kann) hiernach wohl sagen, daß die Beschäftigung ausländischer Arbeitskräfte nicht nur für die Wirtschaft selbst ein Gewinn ist, sondern auch für die Allgemeinheit weitaus mehr Vorteile als Nachteile bringt.« Denn: »In der Regel wird der Ausländer nicht an der betrieblichen Altersversorgung teilnehmen, nicht in Betracht kommen für Sonderzuweisungen bei Arbeitsjubiläen sowie für Heilverfahren, Frühheilverfahren und Erholungskuren. Der bei uns arbeitende Ausländer stellt in der Regel die Arbeitskraft seiner besten Jahre zur Verfügung. Für Betriebe ergibt sich daraus der Vorteil, daß nur in seltenen Fällen ein älterer oder nicht mehr voll arbeitsfähiger ausländischer Mitarbeiter aus sozialen Gründen mit durchgezogen werden muß«, erkannten die Wirtschaftskapitäne. Ach ja: Und gut war die »Gastarbeiterbeschäftigung« auch, weil sie weder Ausbildungskosten verursachte, noch Versorgungsstrukturen bereitgehalten werden müßten, weder Kindergarten- noch Schulplätze – denn die »Gastarbeiter« waren ja kinderlos, der Nachwuchs, wenn es welchen gab, blieb in den allermeisten Fällen in der Heimat. Goldene Zeiten nicht nur fürs Bruttosozialprodukt. Nebenbei konnte Deutschlands Image im Ausland noch aufpoliert werden. Durch die Beschäftigung von Ausländern in Deutschland sei »die Verschmelzung Europas und die Annäherung von Menschen verschiedenster Herkunft und Gesittung in Freundschaft eine Realität«, warben Regierungskreise. Kein Wunder also, daß der Millionste »Gastarbeiter« 1964 begrüßt wurde, wie man sich Touristen-Empfänge auf Hawaii vorstellt. »Offenbar hat er noch nicht verstanden, daß er für den deutschen Wohlstand unentbehrlich ist«, kommentierte ein Reporter die Reaktionen des überraschten Gefeierten, als der dem Zug aus Portugal entstieg. »Diese Million Menschen auf deutschen Arbeitsplätzen trägt mit dazu bei, daß unsere Produktion weiter wächst, unsere Preise stabil und unsere Geltung auf dem Weltmarkt erhalten bleibt«, kommentierte ein

Bonner Ministerialer den Staatsakt an den Gleisen. Die Rolle der »Gastarbeiter« auf dem Arbeitsmarkt werde »sicher noch gewichtiger werden«.

Anläßlich der Vorüberlegungen zum Abschluß des Anwerbeabkommens mit Italien hatte es geheißen: Der »Rückgriff auf Italiener« sei auch sinnvoll, da damit »keine Wohnungsbauballung« verursacht würde, sondern »die Gestellung von Baracken ausreichen dürfte.« Und als der Vertrag besiegelt wurde, warnte das Handelsblatt: Unternehmer sollten darauf achten, »sich selbst in jedem Falle das Auswahlrecht der Arbeitskräfte vorzubehalten, damit man nicht Gefahr läuft, das zu bekommen, was man abschieben möchte«. Denn es wäre »ein großer Fehler«, die »Erfahrungen, die man während des letzten Krieges mit ausländischen Arbeitskräften im Positiven und Negativen gemacht hat (...) als auch für heute gültig anzunehmen«. Vielmehr sei »die Lage heute (...) völlig neu (...) Damals kamen die Ausländer gezwungen, heute kommen sie freiwillig; damals bedingten schon die Kriegsverhältnisse geringere Ansprüche, heute sind – auch beim Italiener! – die Ansprüche an den Lebensstandard und an den Lohn hoch«, so das Wirtschaftsblatt.

Gewiß, entlohnt wurde schließlich im Großen und Ganzen in gleicher Münze. Die Gewerkschaften sorgten dafür. Sie fürchteten Lohndumping, das am Ende alle treffen würde. Doch elementare Bedürfnisse wie das Wohnen wurden nicht selten zur Tortur. Zwar waren die Ansprüche bei vielen durchaus niedrig – sie wollten für eine gewisse Zeit in Deutschland Geld verdienen, sparen oder es direkt an die Familien im Herkunftsland überweisen, dann selbst aber alsbald wieder zurück in die Heimat. Doch selbst geringe Ansprüche konnten immer noch gedrückt werden. »Die Bunker sind dabei fast noch attraktiv. Auch Baracken mit Doppel-, oft gar Dreifachbetten scheinen direkt löblich, wenn man etwa einen ›Raum‹ gesehen hat, in dem 10

Männer nur gerade auf ihren Strohsäcken liegen können. Alles andere, sozusagen selbst das Naseputzen muß draußen geschehen (...) ›Wir wissen ja nicht, wie lange das so bleibt‹, diese Antwort bekommt man oft, soll heißen: Vielleicht haben wir einmal eigene Arbeitslose zu beschäftigen, und was dann mit den eigens errichteten Wohnbauten? Die Sorge um den Fortgang des Wirtschaftswunders wird ausgerechnet denen gegenüber ausgelebt, die geholt worden sind, damit die Trompeten des Vormarsches nicht verstummen«, so ein Zeitungsbericht von 1960.

»Wir wissen ja nicht, wie lange das so bleibt« – sieben Jahre später, 1967 berichtete das ›Handelsblatt‹ über eine Polizeirazzia: »In einem Raum von nicht mehr als 15 Quadratmetern hausen 6 türkische und griechische Gastarbeiter. Übereinander und eng zusammengerückt stehen die Betten; alle Männer liegen schon, obwohl es gerade erst halb neun ist. Aber was sollen sie in diesem Loch anderes anfangen? Nicht einmal genügend Stühle sind vorhanden; in der Mitte, unter einer schief herabhängenden Glühbirne, steht ein kleiner, von einer ›Tischdecke‹ aus Zeitungspapier bedeckter Tisch. Der Fußboden ist kahl und schmutzig, nicht anders die Wände (...) Um ins nächste Zimmer zu gelangen, muß man eine steile Holztreppe erklimmen. Nur durch Sperrholzwände wird der Raum zusammengehalten. Hier brennt noch Licht. Ein Arbeiter kniet gerade auf einem Teppich und verrichtet sein Gebet, die anderen hocken auf ihren Betten. Aus der Papiertragetüte eines Kaufhauses haben sie sich einen notdürftigen Lampenschirm gemacht. Einen Ofen gibt es für die Leute aus dem Süden nicht (es ist Februar, d.A.) (...) Man sucht nach Worten, um den Toilettenraum zu beschreiben. Auf dem Boden schwimmt eine einzige dreckige Lache, das Inventar besteht aus einer kalksteinernen Latrine ohne Besatz. Das nächste Zimmer erreicht man erst nach einer bei Regen und Dunkelheit halsbrecherischen Kletterei. Über den Dachgarten und von dort über eine wackelige Stiege kommt man in eine Art Verandazimmer von knapp 20 Quadratmetern, das sieben Gastarbeiter ihr Zuhause nennen. So dicht stehen die Betten, daß kaum für ein paar Hocker und einen kleinen Tisch Platz bleibt (...) Ein paar Straßen weiter befindet sich das zweite Ziel der Razzia, eine Baracke (...) Hundert Südländer fristen hier ein trauriges Dasein. 80 Mark monatlich zahlt jeder von ihnen dem Vermieter, einem Deutschen. Wer diesen Mann sieht, zweifelt nicht daran, daß die 8000 DM Monat für Monat pünktlich in seine Kasse wandern. Verschüchtert stehen die Männer in ihren Schlafanzügen und beobachten stumm, was um sie herum vor sich geht. Man kann sich gut vorstellen, wie ›Zucht und Ordnung‹ aussehen, deren sich der zu Wohlstand gekommene Barackenvermieter grinsend rühmt. Auch bei ihm wohnen jeweils 6 Leute in einem bescheidenen Raum. Einmal für sich allein zu sein, davon darf man nur träumen. Und die Gewohnheit, nachts die Zimmertür hinter sich abzuschließen, wird jedem Neuling schon am ersten Tag ausgetrieben. Für 480 DM pro Raum ist es den Ausländern nur erlaubt, einen Stuhl an die Zimmertür zu stellen. Dritte Station ist ein zweistöckiges Mietshaus in einer allgemein als vornehm geltenden Straße unmittelbar an einem Park. Mit betonter Freundlichkeit bittet die Vermieterin die beiden Beamten ins Haus. Sie sei sehr dafür, daß sich die Polizei hin und wieder davon überzeuge, daß in ihrem Haus alles in Ordnung ist, meint sie, auf das erste Zimmer losgehend. Ohne anzuklopfen, tritt sie ein, schaltet das Licht an. 6 Marokkaner schlafen in dem Raum. Einem nach dem anderen reißt sie die fast bis über den Kopf gezogene Decke vom Gesicht. Für den bescheidenen Einwand der Kripo-Leute, so viel Aufwand sei gar nicht nötig, hat die Frau nur ein Lächeln übrig: ›Ach, die haben das gerne.‹ (...) In fünfzig Gesichter blicken die Leute von der Kripo. Jeder zahlt DM 65.- Miete. Sogar im Keller hausen 6 Nordafrikaner, in einem winzigen Raum. Die Toilette ist schmuddelig und so eng, daß man sich in ihr kaum drehen kann.« Die Bundesregierung gewährte schließlich Zuschüsse für den Bau von Wohnungen für Gastarbeiter. Großunternehmen versuchten, ihre Wohnheime etwas »aufzumöbeln«. Generell blieben miserable Wohnverhältnisse aber bis Ende der siebziger Jahre mehr oder weniger die Regel. Und bis heute sind die Schwierigkeiten für »Ausländer« noch lange nicht beseitigt, auf dem freien Wohnungsmarkt zum Zug zu kommen.

Gastarbeiter fleißiger als Deutsche?

Mit zunehmender Ausländerbeschäftigung sahen die Behörden auch zunehmenden Regelungsbedarf. Das Ausländergesetz aus dem Jahr 1965 legte fest, daß alle Ausländer aus Staaten, die nicht zum EU-Vorläufer EWG (Europäische Wirtschaftsgemeinschaft) gehörten, zunächst nur ein auf ein Jahr befristetes Aufenthaltsrecht erhielten. Zudem waren sie an den Arbeitgeber in Deutschland gebunden. Die Verlängerung war Ermessenssache der Behörden. Der zentrale Satz dieser Bestimmungen steht bis heute im Ausländergesetz: Wenn »die Belange der Bundesrepublik nicht beeinträchtigt werden«, kann es eine Verlängerung geben. Die Belange waren damals ökonomisch definiert. Die Gastarbeiter waren als Reservearmee und »Konjunkturpuffer« gedacht. In Boomperioden sollten sie in großer Zahl kommen dürfen, sobald sich eine Rezession bemerkbar machte, sollten sie ebenso schnell wieder außer Landes sein. Zudem hatte die Kopplung von Aufenthaltsrecht an einen Arbeitsplatz bzw. Arbeitgeber den Vorteil, die Mobilität der nichtdeutschen Arbeitnehmer zu erhalten. Man konnte sie dahin schicken, wo es gerade Jobs gab. Die Anwerbung hatte zu Zeiten durchaus noch beachtlicher Arbeitslosigkeit begonnen. Die deutschen Arbeitslosen waren aber zum Großteil nicht zum Umzug in aufstrebende Regionen des Landes zu bewegen. Gleichzeitig übernahmen die »Gastarbeiter« die schlechten Jobs, die die deutschen Kollegen nicht mehr machen wollten – und sorgten so indirekt dafür, daß diese aufsteigen konnten, befördert wurden.

Für eine kurze Zeit war die Lage schon einmal kritisch. Die Rezession von 1966 erschwerte die Argumentation vom wirtschaftlichen Nutzen der »Gastarbeiter«. Ablehnende Sprüche und Stimmungen wurden plötzlich populärer. Ausländer, hieß es etwa, würden organisiert krankfeiern, die Kriminalität steige an. Die Spitzen aus Gewerbe und Industrie hielten gegen: Die Arbeitsleistungen der Gastarbeiter seien »keineswegs geringer als die der deutschen Kollegen«. Die Bildzeitung titelte prompt: »Gastarbeiter fleißiger als deutsche Arbeiter?« Der wieder anspringende Konjunkturmotor beruhigte dann die Gemüter. 1973 waren schließlich knapp 2,6 Millionen »Ausländer« beschäftigt. Es wurde das Jahr des »Anwerbestops«. Denn die Aufenthaltsdauer der einzelnen nahm zu, die Zahl der »nichterwerbstätigen Ausländer« wurde größer, weil die Familien nachgeholt wurden. Was hatte verhindert werden sollen, geschah: Die Statistiken deuteten an, daß sich die »Gäste« wohl auf Dauer hier niederlassen wollten. Noch zwei Jahre vor dem Anwerbestop hatte es seitens der Bundesregierung geheißen: »In welchem Maße noch über den derzeitigen Beschäftigungsstand hinaus Ausländer gebraucht werden, ist von der Entwicklung auf dem Arbeitsmarkt abhängig. Insofern kann man nicht von einer ›Obergrenze‹ für die Beschäftigung von Ausländern sprechen.« Die neue »Arbeitserlaubnisverordnung« legte fest, daß eine auf fünf Jahre befristete »besondere Arbeitserlaubnis« erhalten sollte, wer schon länger als fünf Jahre beschäftigt war. Auch die Arbeitgeber hatten gemerkt, wie unsinnig es war, einmal angelernte Kräfte durch Zwangsrotation fortwährend ersetzen und die neuen Kräfte wieder anlernen zu müssen. Und es war für viele der nichtdeutschen Arbeitnehmer, anders als geplant, nicht besonders vielversprechend, in die oftmals (wirtschafts-)krisengeschüttelten Herkunftsländer zurückzukehren.

Gleichwohl begannen auch manche aus dem Arbeitgeberlager schon zwei Jahre vor dem Stop für die Anwerbung zu murren. »Der wirtschaftliche Dämpfungseffekt«, hieß es, »den wir bisher mit der Beschäftigung der Ausländer bei uns erzielen konnten, verkehrt sich in das Gegenteil, weil die Ausländer und die Familien, die sich hier niederlassen, zumindest erhöhte Konsumbedürfnisse haben, die sie zum Teil im Wege der Kreditierung befriedigen müssen. Dazu kommen die öffentlichen Investitionen, die ungleich höher sind, als wenn ausländische Arbeitnehmer bei uns in Gemeinschaftsunterkünften leben. Es geht nicht nur um die Bereitstellung von Schulräumen und Lehrern für die ausländischen Kinder, sondern die Infrastruktur unserer Gemeinden muß sich von heute auf morgen auf eine größere Bevölkerungszahl einstellen.« Alles in allem sei die Schwelle wohl überschritten. 1972 schwenkte auch die Bundesregierung langsam um. Wer seine Familie nachholte, so die Argumentation, war nicht mehr mobil, um den freien Arbeitsplätzen durch die Republik hinterherzureisen. Die öffentlichen Aufwendungen für Eingliederungs- und berufliche Strukturmaßnahmen würden steigen. Weitere Arbeiter ins Land zu holen, verhindere womöglich die notwendige Rationalisierung und Modernisierung in der Produktion – Maschinen waren teurer als die Menschen, die ihre Arbeitskraft billig zur Verfügung stellten.

Ein Einwanderungsland,
das keines sein will

Bemerkenswerte Folgen in der Politik zeitigten moralische Appelle ebensowenig wie harte Fakten. Die Bundesrepublik verschloß die Augen vor dem, was sich vollzog: In den 18 Jahren seit Abschluß des ersten Anwerbeabkommens bis zum Anwerbestop 1973 war die Republik zum Einwanderungsland geworden. Der Startschuß in diese Zukunft war – ungewollt – mit dem ersten Vertrag gefallen. Nach dem Ende der Anwerbung stieg die Zahl der »Ausländer«. Zwar verließen viele das Land, aber die, die blieben – die Arbeitgeber behielten diese Arbeitnehmer gern, und sie hatten sich ein Aufenthalts-Recht »erarbeitet« –, sie holten ihre Familien nach Deutschland, bekamen ihre Kinder hier. Man zog aus den Wohnheimen in Wohnungen, es wurde weniger auf die hohe Kante gelegt und mehr konsumiert. Schließlich gingen die Geld-Überweisungen in die alten Heimatländer zurück. Das Geld wurde hier gebraucht, wo jetzt die Familien zusammen waren.

Die Politik zog daraus keine Konsequenzen. Pädagogen erfanden die »Ausländerpädagogik« für Kinder wie mich, der Blick des Forschers fand nicht selten mehr, als er zu finden wünschte, wie schon Lessing konstatiert hatte. Letztendlich wurde »Integration« zu einem pädagogischen Kraftakt erklärt, der eher scheitern müsse, als daß er gelingen könne. Eine sich selbst erfüllende Prophezeiung nahm ihren Lauf.

Das dreigliedrige Schulsystem begriff die Entwicklung nicht als Herausforderung: Der Anteil der nichtdeutschen Sonderschüler ist noch heute um einiges höher als ihr Anteil an der Schülerinnen- und Schülerzahl insgesamt. Andersherum ist der Anteil der Gymnasiasten ausländischer Herkunft auffallend niedrig, ebenso der der nichtdeutschen

Realschülerinnen und -schüler. Anders verhält es sich nur auf den Gesamtschulen. Gewiß, die Entwicklung ist im positiven Sinn im Fluß: Die Zahl der nichtdeutschen Studenten, der neuen Inländer, an den Universitäten steigt. Dennoch kann es nicht länger angehen, daß die Schulen sich mit dem Hinweis auf angebliche »Defizite« der Schülerinnen und Schüler selbst aus der Verantwortung entlassen. Der Forscher Frank-Olaf Radtke hat ganz Recht, wenn er sagt: »In den sechziger Jahren hatten wir das katholische Arbeitermädchen vom Lande als Inbegriff der Bildungsbenachteiligung. Dann hat man die Schule entsprechend verändert und das Problem damit gelöst.« Heute aber, so Radtke weiter, würden die persönlichen Umstände der Kinder aus Einwandererfamilien dafür herangezogen, um den status quo beizubehalten.

Gegen Ende ihres langen Arbeitslebens sehen sich andererseits die ausländischen Rentner und die, die es demnächst werden, in einer bitteren Situation: Das Land, das sie einst rief, hat sich um ihre Altersfürsorge nicht geschert. Obwohl seit vielen Jahren absehbar war, daß auch hier neue Anforderungen entstehen würden. Von der Politik ignoriert, vom Sozialstaat viel zu langsam entdeckt, gibt es bereits mehr als 300 000 Einwanderinnen und Einwanderer, die über 60 Jahre alt sind. Viele stehen kurz vor der Pensionsgrenze: Die Statistiker sagen, in drei Jahren, im Jahr 2 000, werden es 660 000 Seniorinnen und Senioren, im Jahr 2010 dann gut 1,1 Millionen sein. Der Sozialstaat ist auf diese Rentnerinnen und Rentner nicht vorbereitet. Welche Einrichtungen gibt es für sie? Die meisten Angebote haben eher den Charakter von Kleinstinitiativen. Die meisten sitzen schon heute vereinsamt zu Hause, wenn mit dem Ausscheiden aus dem Arbeitsleben auch viele Sozialkontakte verkümmern. Auch dies ist einer der Gründe dafür, daß die Moscheen in den vergangenen Jahren größeren Zulauf verzeichnen: Sie bieten die Wärme des Beisammenseins gegen die Kälte des Alleinseins. Dies über den Leisten der »Reislamisierung« – die es zweifellos gibt – zu schlagen, wäre grundverkehrt und führt uns auf eine völlig falsche Spur.

Kann man sich ein gläubiges muslimisches Ehepaar in einem christlichen Altersheim vorstellen? Abgesehen davon, daß man die Abschiebung aller alten Menschen in Altersheime nicht für einen Segen unserer modernen Gesellschaften halten muß – wohl kaum. Ebensowenig wie die sizilianische Großmutter beim Senioren-Tanznachmittag. Es gibt, zum Beispiel, auch kein Essen auf Rädern für Muslime, keine Telefonseelsorge für Spanier oder Portugiesen. Vermutlich werden sie bei Umfragen nicht gefragt, aber wir können davon ausgehen, daß auch nichtdeutsche Senioren erhebliche Angst vor Kriminalität haben und sich in dieser Hinsicht kaum von den deutschen unterscheiden. Für sie kommt die beschämende rechtliche und politische Situation hinzu, die eine Verschärfung der Desintegration zur Folge hat: Von fremdenfeindlichen Sprüchen und Ausschreitungen verängstigt und abgeschreckt, trauen sich viele nicht zum Sozialamt. Schlecht bezahlte Arbeitsplätze und vergleichsweise geringe Rentenbeitragszeiten sind verantwortlich für die Altersarmut unter vielen Migrantinnen und Migranten. 33 Prozent der nichtdeutschen Rentner verfügen über ein Pro-Kopf-Einkommen von nur bis zu 500 Mark. Einem weiteren Viertel stehen nur bis zu 1 000 Mark zur Verfügung, wovon der überwiegende Teil zwischen 500 und 800 Mark liegt. Knapp 40 Prozent der im Rahmen einer Studie des Bundesarbeitsministeriums Befragten gab an, überhaupt nicht oder nur schwer mit ihrem monatlichen Einkommen auszukommen.

Sollen Isolation und Armut der Lohn für ein Arbeitsleben sein?

Als »Gastarbeiter« alt werden in Deutschland

Im eigenen Boot früh morgens raus zum Fischen vor der Küste Karamürsels am türkischen Marmarameer. So wünschte Rauf Akman es sich für seinen Lebensabend, schon einige Jahre bevor er in Rente gehen würde. Karamürsel, seine Idylle unweit von Izmit, ist das Heimatdorf des dienstältesten türkisch-stämmigen Arbeiters in Bad Urach. Vor 35 Jahren, anno 1962, hat er es verlassen. Rauf Akman war es, der meinen Vater vor über dreißig Jahren nach Urach vermittelte und somit gewissermaßen mein Geburtshelfer wurde: Hätte es ihn nicht gegeben, hätten sich meine Eltern wohl nie kennengelernt. Er wurde ein guter Freund unserer Familie, »Rauf Amca«, Onkel Rauf für mich (er ist allerdings nicht mein leiblicher Onkel, wie die Namensgleichheit mit dem Familiennamen meiner Mutter vermuten lassen könnte).

Rauf Akman erinnert sich noch genau an sein kleines Fischerdorf Karamürsel und die Menschen dort. Alkohol und Glücksspiel waren streng verpönt. Sobald man allerdings das Dorf verlassen hatte, waren die Tabus vergessen. Beeinflußt durch Freunde und die Notwendigkeit, etwas mehr Geld zu verdienen, als die Fischerei abgeworfen hätte, landete er in einer Textilfabrik. Mit einem Gehalt, das heute kaum für einen Liter Benzin reichen würde, kam er knapp über die Runden. Verheiratet mit seiner Frau Sevim und Vater eines fünfjährigen Kindes, wurde Rauf Akman arbeitslos. Bei einer Bank fand er wieder einen Job. Dann vermittelten Freunde eine Einladung zu einer Firma in Deutschland. Die Aussichten waren nicht schlecht. Ein ansehnlicher Verdienst lockte. Die wirtschaftlichen Verhältnisse in der Türkei waren unsicher, das hatte er schließlich am eigenen Leib erfahren.

Es folgten die Anwerbeformalitäten und ein strenger Gesundheitscheck: Wer auch nur oben links oder unten rechts kariös war, hatte schlechte Karten. Die Untersuchungen für die Eintrittserlaubnis zur Maloche im Wirtschaftswunderland hatten etwas von einer Pferdeauktion. Bewerber standen in einer Reihe nebeneinander zur Gebiß- und Körperbeschau und mußten schließlich noch die Hosen runterlassen. Wer fürs deutsche Fließband für tauglich befunden, wem ein Paß ausgestellt worden war, durfte es wagen. Sevim und Rauf Akman ließen ihren kleinen Sohn vorläufig bei den Großeltern zurück. Schließlich waren es ja »nur ein paar Jahre«, die sie in Almanya für ein besseres Leben in der Heimat arbeiten und sparen wollten, und während des Sommerurlaubs würde man sich ja – so wenig zum Trost – sehen. Aus dem ehemaligen Teppicharbeiter in der Türkei sollte ein Metaller werden, der seiner Firma drei Jahrzehnte die Treue halten würde.

Das Ehepaar Akman landete im schwäbischen Urach. Nach sechs Wochen bei der ersten Firma zog es die beiden aber zunächst weiter. Auf Umwegen kamen sie aber schließlich wieder zurück an ihre erste Station. Head-Hunting war an der Tagesordnung: Wer einen Bekannten als Dolmetscher bei einer Bewerbung begleitete, konnte oft auch selbst mit einem Angebot rechnen. Als Rauf Akman einen frischeingereisten Bekannten – meinen Vater – begleitete, um mit seinen wenigen Brocken Deutsch für ihn zu dolmetschen, fragte der Firmenchef kurzerhand, warum nicht auch er bei ihm arbeiten wolle. Arbeit, weiß unsere Elterngeneration, »gab es damals wie Sand am Meer«. Auch seine Frau Sevim fand bald einen Arbeitsplatz in Bad Urach. Der Sohn wurde aus der Türkei geholt. Die Bad Uracher Türkinnen und Türken, die nach Rauf Akman kamen, sollten ihn als bereitwilligen Helfer kennenlernen, wenn Formulare auszufüllen waren oder Behördengänge anstanden.

Wenn die Pioniere der türkisch-deutschen Migrations-Beziehung über die alten Zeiten berichten, dann scheint die Atmosphäre in Deutschland damals so ganz anders gewesen zu sein als in den späteren Jahren. Die Deutschen waren sehr hilfsbereit, erzählen sie. Am Wochenende fand die Familie Akman etwa regelmäßig einige Eier vor der Haustür, gelegentlich auch mal ein Huhn. Das Bier, berichtet mein Vater, wurde in der Kneipe spendiert, noch bevor nur der Hauch einer Chance bestanden hätte, selbst zu zahlen. Situationen, die es heute kaum noch gibt. Die Senioren wissen da reichlich Anekdoten zu berichten. Bewaffnet mit dem Wörterbuch ging es zum Einkauf. An türkische Lebensmittel war in den Supermärkten damals nicht zu denken. Nicht nur auf Döner-Kebap und die »türkische Pizza« Lahmacun, die im Laufe der Jahrzehnte einen Siegeszug wie die italienische Pizza und Spaghetti antreten würden, mußten die ersten türkischen Einwanderinnen und Einwanderer verzichten. Auch die »Raki-Sofrasi«, die abendfüllende Raki-Tafel, bei der allerlei anatolische Spezialitäten in kleinen Portionen mit reichlich hochprozentigem Anisschnaps genossen werden, gab es lange nur in der Erinnerung. Fehlanzeige hieß es auch in jenen Jahren weitgehend bei Oliven, Knoblauch, Zucchini, Auberginen, gefüllten Weinblättern usw. Den für türkische Familien so wichtigen Schwarztee mußte man aus den im Schwabenland üblichen großen Tassen trinken. Rar und deshalb sehr begehrt waren die traditionellen kleinen türkischen Teegläschen. Im Restaurant wurde meist nach Augenschein bestellt. Glich ein Gericht auf dem Nachbartisch scheinbar einem lange entbehrtem türkischen Gaumenschmaus, waren mitunter selbst multireligiös einigermaßen aufgeklärte deutsche Gastwirte aufgeschmissen. Die Warnungen vor Wildschwein blieben unverstanden – es war eine nicht so alltägliche Vokabel, die man erst noch lernen mußte. Das Essen schmeckte köstlich – aber erst das Wörterbuch daheim gab Auskunft, weshalb der aufmerksame Gastwirt das Gericht nicht ohne weiteres hatte servieren wollen. »Ausländerfeindlichkeit« haben die »Gastarbeiter« in den ersten Jahren nicht gespürt. Erst viele Jahre später registrierten sie eine gewisse Kälte und Ablehnung, wie die meisten sagen. Gerade jüngere Deutsche zeigten teilweise offen nicht nur Desinteresse, sondern Abneigung. Von den alten Arbeitskollegen wurde man indes in die üblichen Bräuche eingeweiht. Im Schwäbischen etwa das »Binokeln«. Früher gings nach der Arbeit auch regelmäßig zum Kegeln.

Als Rauf Akmans Sohn Fevzi in einer anderen Stadt eine türkische Bäckerei eröffnete und seine Eltern aufforderte, nachzuziehen, trennte sich die Familie. Der Vater blieb in Bad Urach, seine Frau, die einen türkischen Videoverleih betrieb, sieht er nur noch am Wochenende oder im gemeinsamen Urlaub. Geht er nicht in die türkische Wirtschaft, besucht er seine zwei Enkelkinder.

Nur ein paar Jahre sollten es in Deutschland werden, wie im Flug wurden es mehr als drei Jahrzehnte. An der Vorstellung, doch noch »zurückzukehren«, hält Rauf Akman aber, wie die meisten der ersten Generation, fest, obwohl das beinahe eine kleine Lebenslüge ist. Die wenigsten haben sich wie meine Eltern entschieden. Die konnten sich nicht einigen, wo ihr Häuschen in der Türkei denn am besten stehen würde: eher nahe Istanbul, der Stadt meiner Mutter, oder bei Izmir direkt am Meer, wo der größere Teil der Familie meiner Mutter wohnt, oder in Tokat, in der Nähe des Geburtsortes meines Vaters? Mit meiner Einschulung, spätestens mit dem Wechsel auf die weiterführende Schule, war die Entscheidung dann inoffiziell getroffen. Wo ihr Häusle stehen sollte, entschied sich schließlich auch: Meine Eltern kauften das Haus, in dem wir seit meiner frühen Kindheit in Urach wohnten.

Für viele Einwanderer wie die Akmans wird die Realisierung des Rückkehrwunsches schwer werden: Die Familie des Sohnes mit den zwei Enkelkindern lebt in Deutschland. Die Enkel – wenn nicht bereits Sohn oder Tochter – sind in der Bundesrepublik geboren und aufgewachsen, kennen die Türkei nur noch aus Erzählungen und dem Urlaub. Viele pendeln also hin und her. Hier sind sie die »fremden Türken«, die »Ausländer«, in der Türkei die fremdgewordenen »Almancilar«, die »Deutschländer«. Sind sie in der Türkei, vermissen sie nicht nur die Familie, sondern auch die »Höflichkeit« der Polizei, die gute Versorgung und Sauberkeit in den Krankenhäusern. Der Verkehr läuft um einiges ungeregelter, die Busse sind voll, Schienenverkehr gibt es so gut wie keinen usw.

Zwischen Verklärung und Verständnislosigkeit

Im Rückblick verklären viele Einwanderer der ersten Generation die Umstände, die einen Großteil ihres Lebens prägten. Von gegenseitiger Achtung konnte im alltäglichen Umgang nicht immer gesprochen werden. »Warum sprechen deine Eltern nach so vielen Jahren ›bei uns‹ immer noch kein richtiges Deutsch?« Jahrelang konnte ich auf diese gebetsmühlenhaft wiederholte Frage keine befriedigende Antwort geben. Ich habe diese Frage etwa so gehaßt, wie die Frage nach dem Grund für die Kleidungsgewohnheiten »deiner (!) Landsleute«. Mangelnde Integration usw. – das lag als Antwort nahe; Übermüdung durch die Arbeit und keine Zeit mehr fürs Grammatik- und Vokabelnpauken, geschweige denn für einen Sprachkurs – auch eine logische Erklärung. Meine Eltern hielten den Deutschkurs einfach nicht durch. Mein Vater gab zuerst auf: Nach der Arbeit nach Hause kommen und dann noch Hausaufgaben machen, das, fand er, sei zuviel des Guten. Eine Zeitlang machte meine Mutter die Hausaufgaben für ihn. Eine Weile ging sie noch allein weiterhin zum Kurs. Aber dann kam zum großen Unglück die Fernsehserie ›Dallas‹ Woche für Woche just an dem Tag, an dem der Deutschunterricht stattfand. Ihre Freundinnen schauten die Serie, und sie konnte nie mitreden. Also warf auch sie bald die Flinte ins Korn.

Aber das ist nicht die alleinige Erklärung. Auf einer deutsch-türkischen Hochzeit fiel es mir schließlich wie Schuppen von den Augen: Die »deutschen« Landsleute hatten selbst Schwierigkeiten mit der eigenen Sprache – zumindest schien es so, wenn sie mit »einem von uns« sprachen. Der zukünftige Schwiegervater des binationalen Pärchens empfahl den türkischen Eltern seines Schwiegersohnes: »Nix Bier trinken, besser Wein trinken.« Unnötig hinzuzufügen, daß sich das übrige Niveau der Konversation an diesem so harmonischen Abend in etwa auf gleicher sprachlicher Höhe befand. Und das war keine Ausnahme, sondern offenbar Normalzustand, wenn Deutsche und »Ausländer« miteinander verkehrten. »Wie lange du arbeiten bei Firma?« fragte die Chefin mit höflicher, aber bestimmter Stimme, als ich während eines Ferienjobs in ihrem Bauunternehmen an einer Metallsäge arbeitete, um Rohre abzuschneiden. Mich, dachte ich, konnte sie mit diesen Satzfragmenten nicht gemeint haben. Und arbeitete weiter. Mit mehr Nachdruck – sie stupste mich dabei in den Rücken – unternahm die Chefin mit kräftiger Stimme einen neuen Versuch: »Du, wie lange du hier Arbeit auf Baustelle?« Das war ein Phänomen, das ich bei verschiedenen Gelegenheiten öfter an meinen schwäbischen Landsleuten beobachtete hatte: Statt möglicherweise auf bessere Verständlichkeit des Gesagten zu achten, versucht man es mit größerer Lautstärke. Vielleicht hat der »Ausländer« ja etwas an den Ohren? Es dämmerte, sie meinte mich. Erst die Gegenfrage, ob sie ein Problem mit der deutschen Sprache habe, veranlaßte sie dazu, den Rest des Gespräches mit mir in normalem Schwäbisch zu führen.

Zu meinem großen Bedauern wurde auch die Hoffnung enttäuscht, zumindest die Arbeitskollegen würden normales Deutsch mit mir reden. Während gleichaltrige deutsche Kollegen »ein Bier holen« gingen, wurde ich mit einem »Du holen Bier« losgeschickt. Allmählich klärte sich auf, warum mein Herr Papa große Schwierigkeiten mit der korrekten deutschen Anrede hatte. Während alle Kollegen natürlich Herr Müller, Maier oder Lehmann hießen, wurde er, der bereits über fünfzig Jahre auf dem Buckel hatte, schlicht mit dem Vornamen angesprochen. Dies, so ließen mich die nichtdeutschen Arbeiter wissen, sei ein ungeschriebenes Gesetz in den Betrieben. Unabhängig vom Alter würden ausländische Kollegen wie selbstverständlich ungefragt geduzt. – Auch eine Art, sich näherzukommen ...

Im Grunde herrscht in der ersten Generation der Migranten Ratlosigkeit über den offziellen, den rechtlichen, den politischen Umgang mit ihnen: Mal so, mal so, sagt etwa mein Vater, wiegt sanft den Kopf und lächelt leise seufzend, dann schweigend, in sich hinein. Die Einwanderer seiner Generation haben die Anwerbung erlebt, dann den Anwerbestop und die darum wogende Diskussion mit der Stoßrichtung, die »Gastarbeiter« sollten in den Folgejahren das Land überwiegend doch wieder verlassen. Gleichzeitig wurden aber die Aufenthaltserlaubnisse verlängert, die Familien durften nachkommen. Ein knappes Jahrzehnt später erfand eine Bundesregierung die »Rückkehrhilfe«. Ausländer raus? 10 000 Mark und den Arbeitnehmeranteil seiner Rentenbeiträge bekam, wer seine Koffer packte. Den Arbeitgeberanteil an der Altersversorgung, der als Teil des Bruttolohnes auch den Arbeitnehmern gehörte, mußten die, die ausreisten, zurücklassen. Schließlich waren die Gastarbeiter ja auch geholt worden, um die Sozialkassen zu füllen. Ein Regierungschef versprach, die Zahl der Gastarbeiter um eine Million zu senken. Als manche Straßenzüge sich leerten, merkten Stadtverwaltungen, daß es so auch nicht ging. Manch große Firma sah schon Notstand am Band voraus. Ja, was denn nun, hätten die Betroffenen wohl zu Recht fragen dürfen. Sie taten es nicht: Meckern waren sie nicht gewohnt. Wenn die »Ausländer« der ersten Generation wiederum kaum zehn Jahre später mit durchaus vorwurfsvollem Unterton die Frage hörten, warum man sich nicht längst habe einbürgern lassen, wurde das eher als endgültiger Beleg für eine völlig durchgedrehte Politik gewertet denn als seriöse Frage. Sie konnten sich selbst auch nie richtig entscheiden: Die Verhältnisse in den Herkunftsländern machten die Rückkehr im Grunde unmöglich. Aber immerhin davon zu träumen, das blieb den meisten. Das Einwanderungsland signalisierte Ablehnung, derweil die Ausbürgerungsbestimmungen des alten Heimatlandes bis vor kurzem de facto gegen die Entscheidung für eine Einbürgerung in Deutschland standen. Außerdem wuchsen die Kinder in Deutschland auf. Und die Tatsache, daß die nicht in die alte Heimat der Eltern wollten, diente – welch ein Widerspruch für die Eltern – vielfach als probate ultima ratio in Erziehungsfragen: In meinen jüngeren Jahren drohten auch meine Eltern, mich in die Türkei aufs Internat zu schicken, wenn sie den Eindruck hatten, einmal wieder die Notbremse ziehen zu müssen, weil Sprößling Cem es wohl gar zu arg trieb. Und schon kehrte vorübergehend Ruhe und Ordnung im Kinderzimmer ein.

Eine Identität – ein Paß

Nach vier Jahrzehnten Anlauf stehen die Nichtdeutschen immer noch vor den hohen Hürden, die vor eine Einbürgerung gesetzt sind. In der deutschen Ausländerpolitik bestimmen die den Kurs, für die sich auf »deutsch« praktisch nur Pfeiffer – mit drei F – reimt, und die sich beileibe nicht vorstellen können, daß sich auch Menschen mit drei Ü im Nachnamen bei der Feuerzangenbowle amüsieren können oder anläßlich anderer Erbschaften der Kulturnation Ruhe und Muße finden (oder angesichts der Schattenseiten: tiefe Scham empfinden). Man wundert sich angesicht der vielen Komplikationen bei der schwierigen »Geburt« neuer deutscher Staatsbürger geradezu darüber, daß es überhaupt Einbürgerungen gibt.

Bei allen objektiv vorhandenen Widrigkeiten war mein persönlicher Grundsatz trotzdem: Was nutzt es, sich in einen Schmollwinkel zurückzuziehen, wo manche unsereinen gewiß am liebsten sähen? Joschka Fischer, ehemals Umweltminister und stellvertretender Ministerpräsident in Hessen, antwortete einmal auf den Vorwurf, er sei schon lange nicht mehr auf einer Anti-AKW-Demo gesehen worden: Er vermute, die Atomindustrie sähe ihn persönlich auch lieber am Bauzaun rütteln statt als Chef der Aufsichtsbehörde im Amt. Will sagen: Wenn sich Einwanderer nicht auch und gerade dort einmischen, wo die Entscheidungen fallen, wird weiterhin über ihre Köpfe hinweg entschieden werden. Nur wer deutscher Staatsbürger ist, kann aktiv in die Politik einsteigen und dafür arbeiten, daß die Verhältnisse sich bessern.

Was war zuerst da? Henne oder Ei? In der Frage des Staatsangehörigkeitrechts und des begründet oder unbegründet empfundenen Ghettogefühls unter Nichtdeutschen läßt sich das ausnahmsweise eindeutig beantworten:

Die restriktiven Einbürgerungsregelungen entstanden nicht, weil Einwanderer gerne Bürger zweiter oder dritter Klasse sind.

Mit dem Aussitzen der Paß-Frage brüten die Verantwortlichen auf einem Ei, das seit langem mächtig faul ist. Die konservativen Glucken, manche davon erzreaktionär, sorgen dabei für ein Klima, dessen Bestandteile Mißtrauen und Ausgrenzung auch als solche gerochen werden. Und das seit 84 Jahren. Im Jahre 1913 wurde uns das »Reichs- und Staatsangehörigkeitsgesetz« ins Nest gelegt. Wieviele Epochen(-brüche) und auf dramatische Weise epochemachenden Ereignisse haben wir seither erlebt? Das Ende des Kaiserreichs, den Ersten Weltkrieg, das Ende Weimars, den Nationalsozialismus und Auschwitz, die Teilung Deutschlands, das Ende der Ost-Westkonfrontation und die Wiedervereinigung. Nur eins ist ewig, so scheint's: Das Reichs- und Staatsangehörigkeitsgesetz.

Die »Doppelte Staatsbürgerschaft« verliert mit jeder weiteren Generation an Bedeutung. Das entscheidende Argument für die doppelte Staatsangehörigkeit ist die Psychologie. Warum tut sich die erste Generation der Einwanderer mit der Einbürgerung so schwer? Weil sie meinen, damit ihre Herkunft zu verraten. Aber die »Herkunft« der zweiten Generation ist schon nicht mehr das Heimatland der Eltern. Für Einwandererkinder wie mich hieße »Rückkehr« zurück von Ludwigsburg oder Bonn nach Bad Urach. Für uns ist dieses Land Geburtsland, Heimat. Und spätestens für die meisten in der dritten Generation, die Enkel, ist das Herkunftsland von Oma und Opa so weit weg wie für die Koslowskis im Ruhrgebiet Polen.

Der Verlust von Besitzansprüchen durch Ausbürgerung ist seit 1995 für die Erste Generation nicht mehr unbedingt das Problem. In diesem Jahr änderte die Türkei ihre Bestimmungen in Sachen Erbschaften und Eigentum. Auch wer nicht (mehr) türkischer Staatsangehöriger ist, kann seither im Land erben und Immobilien besitzen. Wer sich ausbürgern lassen will, kann das seitdem tun, ohne Ansprüche zu verlieren. Das war lange auch deshalb ein Problem, weil viele Auslandstürken von dem in Deutschland Ersparten Häuser in der Türkei gebaut hatten, die sie als Ausgebürgerte – dann deutsche Staatsbürger und plötzlich »Ausländer« am Bosporus und in Anatolien – verloren hätten.

Die deutschen Konservativen konnten sich lange damit herausreden, daß die Herkunftsländer der Einwanderer erst einmal ihr Erb- und Eigentumsrecht ändern sollten. Die Türkei hat diesen Rechtsbereich inzwischen reformiert. Nur, ob andere Länder ihre merkwürdigen Regelungen den gängigen Standards anpassen oder nicht, ändert nichts an der Aufgabe, unser Staatsangehörigkeitsrecht plausibler zu gestalten und zu vereinfachen. Der völkische Müll muß raus! Wer »deutsch« ausschließlich als Abstammung von Helga Meier und Hans Müller begreift, darf sich nicht wundern, wenn Nicht-Deutsche die »Identität« als »andere«, Nichtdazugehörige, ewige Fremde, verinnerlichen und erklären, sie würden mit dem Wechsel der Staatsangehörigkeit ihre »bisherige Identität«, »ihre Herkunft verraten«.

Das Gefühl des Ausgegrenztseins und des Verrats der »Herkunft« durch Einbürgerung streift durchaus noch – und zum Teil: wieder – die zweite Generation. Wenn Kinder, die in Deutschland geboren oder seit ihrer frühen Kindheit hier aufgewachsen sind, mit 16 Jahren oder früher zum »Ausländeramt« müssen, wo der Fremdenstempel in ihren Paß gedrückt wird, dann darf sich über sogenannte »Rückzugstendenzen« niemand wundern. Der Gang zum Ausländeramt ist für die Jugendlichen mitunter ein Schock: Weil sie persönlich zum ersten Mal mit dem »Ausländersein« konfrontiert werden – bis zum 16. Lebensjahr ist ihr Aufenthaltsrecht an das ihrer Eltern gekoppelt, weshalb sie noch nie zum »Ausländeramt« mußten, ihr Job als »Dolmetscher« für die Eltern einmal beiseite gelassen. Mit 16 wird das Aufenthaltsrecht ein »eigenständiges«, und man steht als im Land geborener Ausländer in einer Sonderbehörde als sogenannter Ausländer, als der man sich eigentlich gar nicht fühlt. Die Schonfrist für unter 16jährige wurde Anfang 1997 durch den Bundesinnenminister abgeschafft: Statt einer Staatsangehörigkeitsurkunde erhalten nun schon hier geborene Babys eine Aufenthaltserlaubnis – befristet.

Die »Identitätsfrage« hat sich für die Jugendlichen heute trotzdem relativiert. Als ich vor 13 Jahren meine Entlassung aus der türkischen Staatsangehörigkeit beantragte und meinen deutschen Paß bekam, war das alles andere als selbstverständlich. Es war »ein Verrat an der eigenen Kultur« – einmal außer acht gelassen, daß völlig nebulös ist, was diese beschworene »eigene Kultur« eigentlich sein sollte. »Cem aus Urach« – war für viele wohl eine zu einfache Antwort. Ich habe damals allen gesagt, die fragten, sich wunderten oder abrieten, daß ich durch die deutsche Staatsangehörigkeit kein anderer Mensch würde. Ich sei und bliebe derselbe, aber daß ich auch partizipieren wolle, wo ich geboren bin und wo ich lebe. Schließlich waren Einwanderer bereits damals keine »Ausländer« mehr. Und jemand wie ich, geboren und aufgewachsen in diesem Land, war das ohnehin nie.

In der Diskussion um die doppelte Staatsbürgerschaft hört man viel von »zwei Identitäten« und »Loyalitätskonflikten«. Die einen sind besorgt, mit zwei Pässen könnte den Betroffenen signalisiert werden, sie gehörten so ganz dann doch nicht dazu. Die anderen fürchten, Doppelstaatler würden sich aus beiden Staatsangehörigkeiten jeweils »das Beste« heraussuchen.

Wer hier lebt, geboren wurde, arbeitet oder nach langem Arbeitsleben in Rente geht, muß die gleichen Rechte und Pflichten haben wie alle. Da aber sogenannte »Ausländer« auch ohne deutschen Paß steuerpflichtig sind und die Straßenverkehrsordnung ebenso wie das Bürgerliche Gesetzbuch auch für sie gilt, fehlt nur der Paß zur rechtlichen Gleichstellung. Die Staatsangehörigkeit regelt die Zugehörigkeit zum Club. Punktum.

Auf der anderen Seite sprechen die Identitäts- und Identifikationstheoretiker im konservativen Lager oder im Bundesinnenministerium gern von »Rosinenpickerei«, wenn sie den Doppelpaß in Bausch und Bogen ablehnen. Mag ja sein, daß das ein oder andere blinde Huhn auch mal ein Korn findet. Tatsache aber ist, daß hier eine virtuelle Realität erzeugt wird. Da wurde zuviel herumkonstruiert, um »Identitätskonflikt« und »Loyalitätskonflikt«. Es gibt Hunderttausende Kinder aus binationalen Ehen und Aussiedlerfamilien in unserem Land, die alle zwei Staatsangehörigkeiten besitzen. Daß die alle auf die Couch müßten, ist mir völlig unbekannt. Die verschiedenen Meßlatten, die von Konservativen in diesen Fragen angelegt werden, verraten viel über deren Geisteshaltung: Wo es größere deutsche Minderheiten in Osteuropa gibt, verlangen sie bemerkenswerter Weise die großzügige Zulassung des Doppelpasses für Deutschstämmige.

Gegen den Doppelpaß führen die Gegner jeder Reform beharrlich ins Feld, es könne auch niemand gleichzeitig bei Bayern und Mönchengladbach spielen. Also bitte entscheiden Sie sich für eine Nationalmannschaft!
Die Idee der unterstellten »Rosinenpickerei«, wonach sich Doppelstaatler das Beste aus der jeweiligen Staatsbürgerschaft aussuchen, ist so absurd, daß es beinah weh tut. Unterstellt, es gäbe etwas zu picken: Wie hat man sich diese

»Rosinenpickerei« vorzustellen? Würden da wöchentlich, monatlich, halbjährlich ca. 17 Millionen Menschen aufbrechen, um – ja, was zu tun, in ihrer zweiten Heimat – Lottospielen, Schwarzarbeiten, türkischen Tee in Originalatmosphäre in einem Istanbuler Straßencafé trinken oder griechischen Mokka auf Rhodos? Mal wieder in einer richtigen Moschee beten? Oder den spitzenmäßigen Militärdienst in der Türkei ableisten, der bekanntlich in der Hitliste der Urlaubsvergnügen gleich nach zwei Jahren Ferien auf Salt Krokan oder bei »Ballermann 6« auf Mallorca rangiert?

Apropos Armeedienst: Im Bundesinnenministerium hält man große Stücke auf sich, weil die Türkei seit dem Frühjahr 1995 nicht mehr auf Ableistung des Militärdienstes vor der Ausbürgerung besteht. In »langwierigen Verhandlungen erfolgreich« ausgeräumt worden seien bisherige Ausbürgerungshindernisse, so die Ministerialen. Die Erläuterung der deutschen Verhandlungsposition führt die Bonner Beschwörungen von »Integration« und »Hinwendung zum deutschen Gemeinwesen«, die vor der Einbürgerung zu kommen hätten, geradewegs ins Absurde. Man habe in Ankara nämlich verdeutlichen können, daß es eine unbillige Härte ist, jemand zu einem Wehrdienst in einem Staat heranzuziehen, den er nicht kennt, weil er in einem anderen Land (also Deutschland) geboren, aufgewachsen, zur Schule gegangen ist. Bis zum Zapfenstreich für das geltende Paßgesetz muß trotz solcher Erkenntnisse aber offenbar noch einiges Wasser den Rhein hinunterfließen. Daß sich, bis es soweit ist, nicht viele Menschen innerlich von Deutschland wieder abgewendet haben, die durch ihre Sozialisation und ihr tägliches Leben zwischen München und Flensburg zu dieser Gesellschaft gehören, bleibt zu hoffen.

Die entscheidende Frage ist, wie die deutsche Staatsangehörigkeit künftig definiert werden soll: weiterhin ausschließlich nach dem Bluts- oder Abstammungsrecht oder republikanisch, also ergänzt durch ein »Territorialrecht«. Erst an zweiter Stelle kommt die Frage, wie wir mit Mehrstaatigkeit umgehen. Nötig ist ein deutliches Signal in beide Richtungen: Nicht der Doppelpaß verdeutlicht, daß es mit der Definition von Einwanderern und deren (Enkel-) Kindern als »Ausländer« ein Ende hat; das kann nur die Erleichterung der Einbürgerung und der Anspruch auf die deutsche Staatsbürgerschaft für die bei uns geborenen Kinder. Mindestens ein Elternteil des Kindes sollte rechtmäßig in Deutschland leben – egal, ob mit einem deutschen oder sonstigen Paß.

Was die etablierten Parteien bisher geliefert haben, ist nach den jahrelangen Debatten ein Witz. Die von der Regierungskoalition erfundene »Kinderstaatszugehörigkeit« verschwand zum Glück alsbald wieder in der Versenkung. Aber Totgesagte leben manchmal länger. Damit Kinder automatisch ab der Geburt den deutschen Paß bekommen, muß ein Elternteil in Deutschland geboren sein – das ist der Stand der Debatte innerhalb der Sozialdemokratie. Als deutscher Staatsbürger soll in Deutschland demnach nur das Licht der Welt erblicken, wessen Vater und Mutter »bereits in Deutschland geboren« wurde. Da haben die Enkel an die Enkel gedacht. Wie die SPD zu der Erkenntnis gelangt, dieser Teil ihrer »Reform« wäre ein »Bollwerk gegen die um sich greifende Abschottung und Abkehr gegen die Gesellschaft der Bundesrepublik«, bleibt ihr Geheimnis.

Die konservativen Gralshüter des exklusiven deutschen Blutsrechtes haben nicht mitbekommen, daß die Menschen schon weiter sind als die Politik. Daß Kinder, die hier geboren sind, besser deutsch als türkisch, griechisch, spanisch oder arabisch sprechen. In der gesamten Bevölkerung gibt es breite Unterstützung dafür, daß sie automatisch, mit Geburt eingebürgert werden. Die meisten Menschen sind überrascht, daß ich meine deutsche Staatsbürgerschaft überhaupt beantragen mußte. Staunen auch, wenn ich das Beispiel meines Vaters erzähle, der seit über drei Jahrzehnten hier schuftet, der in der Türkei nur drei Jahre eine Schule besuchen konnte und der auf dem Rathaus für die Einbürgerung einen handschriftlichen Lebenslauf verfassen mußte. Daß dies zu weit geht, ist den meisten Menschen völlig klar.

Ohne Koalitionszwang und Fraktionsdisziplin gäbe es im Bundestag eine sichere Mehrheit für eine tiefgreifende Reform des Staatsangehörigkeitsrechts. Wie in der Frage des deutsch-tschechischen Abkommens wären die Hardliner in der CSU dann isoliert. Wer kann verstehen, daß die Abstimmung über die Hauptstadt-Frage eine Gewissensentscheidung war, für die der Fraktionszwang aufgehoben wurde? Eine Abstimmung also, in der jeder Abgeordnete nach seiner persönlichen Überzeugung abstimmen konnte, keine Rücksicht auf Kanzler und Koalition genommen werden mußte. Auf der anderen Seite bleibt aber die Frage, ob hier geborene Kinder zu diesem Staat und zu diesem Land gehören sollen oder nicht, dem Koalitionszwang unterworfen.

Halten wir das imaginäre Stöckchen, über das die Koalition springen muß, um mitzudiskutieren und ein neues Paß-Recht zu verabschieden, zu hoch? Alles andere als das. Wir machen uns eher den Rücken krumm, um die Reform-Latte so tief zu hängen, daß zumindest ein erster Schritt gemacht werden kann. Nur sind die Bewahrer des Status-quo zur Rettung des reinen Bluts- und Abstammungsrechts aus Kaisers Zeiten offenbar zu extremsten Limbo-Leistungen fähig, sie schlagen jeden Kompromiß aus, krabbeln noch unter der niedrigsten Latte durch. Wie anders ließe sich deuten, daß Reform-Vorschläge selbst des Katholikentages, die wir im Bundestag zur Abstimmung stellten, von der Koalition abgeschmettert wurden? Das C im Titel der Kanzlerpartei ist in so einem Fall offensichtlich nur ein Platzhalter.

Gleichwohl werden aus konservativen Kreisen hin und wieder durchaus bemerkenswerte Einsichten laut. »Wer dazu gehören will und hier lebt, der gehört dazu. Das ist mein Verständnis«, ließ CDU-Fraktions-Chef Schäuble schon mal wissen. »Einverstanden« ist er damit, daß »noch viel gemacht werden muß, um Einbürgerungen zu erleichtern«. Nur die entsprechenden Folgen zeitigt das eben nicht, der zweite Mann der Christdemokraten – und nicht nur er – hütet die Einbürgerungsstempel wie die anachronistische Instanz eines Lord Siegelbewahrer die Insignien eines Königshauses. Kostet letzteres nur Geld, wird mit der konsequenten Verweigerungshaltung in dieser Frage ein Stück Zukunft verspielt – auf dem Rücken der Betroffenen, die alles andere als dieses Mißtrauen verdient haben. Und je tiefer wir in den Süden der Republik vorstoßen, desto schwärzer die Aussichten. Christsoziale Eingebungen wie die Warnung vor der »multikriminellen« Gesellschaft machen das immer wieder deutlich. Was denn ein Kind von einem Deutschen und einer Schwarzen sei, fragte sich vielsagend ein CSU-Politiker. Allein die »Problemstellung« offenbart, gelinde gesagt, ein ziemlich rassistisches Weltbild – deutsch = weiß. Unabhängig davon, daß ein Kind mit einem deutschen Elternteil auch nach dem geltenden Recht schon deutscher Staatsbürger ist.

Konservative Kollegen sehen sich im Prinzip aus dem Schneider. »Die Ausländer entscheiden selbst. Das ist die Integrationsentscheidung, die sie treffen müssen«, sagen sie und werfen Begriffe wie (deutsche) »Schicksalsgemeinschaft« in die Debatte, verlieren sich in Ausführungen darüber, daß die Staatsbürgerschaft »nicht zum Nulltarif« zu haben sei. Dabei haben viele Ausländer schon eine »Integrationsleistung« vollbracht, haben sich entschieden, als sie sich in Deutschland selbständig machten oder ein Haus kauften, wie z.B. meine Eltern. Wir schreiben nicht mehr 1963! Es gibt eine große Zahl von nichtdeutschen Arbeitgebern, die Arbeitsplätze schaffen (übrigens auch für »echte« Deutsche). Ihre Kinder studieren, werden Akademiker. Eine Entwicklung, die sich vor dreißig Jahren sicherlich niemand vorstellen konnte. Es kommt mir vor wie eine wahnhaft gestörte Wahrnehmung, wenn heute so getan wird, als müßten Einwanderer(-Kinder) noch zusätzliche »Integrationsleistungen« zum Beweis ihrer Integrationsfähigkeit vollbringen.

How german is it?

Was sind denn das für Vereine, die insbesondere das deutsche Volkstum pflegen? Nach Mitgliedschaft in solchen Organisationen wurde nämlich bis vor einiger Zeit gefragt, wer einen deutschen Paß beantragte. In dieser Frage zur »Hinwendung zu Deutschland« wurde das durchaus noch völkische Selbstverständnis dieses Landes deutlich. Kein Wunder, wenn sich da viele Einwanderer als nichtdazugehörig betrachten. Wer die Frage nach deutscher Volkstumspflege in die Welt setzt, muß sich über die Weigerung, die »eigene Herkunft« zu verraten und den Vorwurf der Zwangsassimilation nicht wundern.

Wer oder was pflegt deutsches Volkstum? Was ist überhaupt deutsches Volkstum? Eine kleine Recherche ergab folgendes: »Eine gute Frage«, hieß es im Bundesinnenministerium. Man hätte aber eigentlich eine Antwort wissen müssen in der für Einbürgerungen zuständigen Oberbehörde. Statt dessen Rätselraten am Rhein. Dieses Kriterium gelte speziell »für Auslandsdeutsche, die eingebürgert werden wollen«, hieß es im Fachreferat des Ministeriums. Nun erhielten den Einbürgerungsantrag gerade aber auch die nichtdeutschen Einwanderer. Warum und wie sollten die also deutsches Volkstum pflegen? Antwort: »Für die Anträge sind die Länderbehörden verantwortlich.« »Vielleicht«, lautete die schlußendliche Bonner Mutmaßung – »aber vertraulich« – sei deutsche Volkstumspflege »sogar ein Schützenverein oder ein rheinischer Karnevalsverein«. Was genau hier einzutragen sei, das »müsse schon jeder mit seinem Einbürgerungs-Sachbearbeiter besprechen«.

Die da oben ratlos, die da unten nicht minder: Volkstumspflegende Vereine, »so was soll es geben«, so ein Beamter in einer kommunalen Behörde: »Muß ja wohl, daß es so was gibt. Sonst würde das da nicht stehen.« Als ein »simples Beispiel« galt: Deutsche Minderheiten in der Sowjetunion, Polen oder Rumänien und deren Gottesdienste in deutscher Sprache oder deutsche Liederabende. Das sei Volkstumspflege. Gleichwohl sei die Frage aber eigentlich »für Ausländer gedacht, die im Ausland lebten« und erst spät nach Deutschland immigrierten und irgendwann einmal eingebürgert werden wollten. Warum aber sollten »Ausländer« im Ausland an einem Gottesdienst in deutscher Sprache teilnehmen, wie es das »simple Beispiel« beschrieb? Unabhängig davon, daß so viele Deutsche auch wieder nicht im Ausland leben, weshalb das Angebot an deutschsprachigem Gottesdienst zur Pflege des deutschen Volkstums vermutlich eher spärlich war und ist. Immerhin wurde ein Einbürgerungssachbearbeiter noch in Ungarn fündig: Bei den »Donauschwaben« habe man auch »als echter Ungar Gelegenheit, an deutschen Kulturgutveranstaltungen teilzunehmen«. Daß z. B. türkischstämmige Einwanderer in der Bundesrepublik schlecht an deutschen kulturellen Veranstaltungen in Ungarn teilnehmen können, die für die Einbürgerung offenbar qualifizieren, darauf kam die Sprache dann gar nicht mehr.

Volkstumpflegende Vereine in der Bundesrepublik? Ein Behördenchef, dritte Station der kleinen Umfrage unter Experten, wußte auch keinen Rat: »Was könnte das für ein Verein sein? Als Türke beim deutschen Fußballverein?« Da aber, bemerkte der Amtmann nicht unpfiffig, pflegten Fußballer wohl auch mehr den Rasen. Und was das Volkstum an sich eigentlich sei, auch das galt dem Mann als generell »gute Frage«. Wahrscheinlich habe sich da »irgendein Experte bundeseinheitlich etwas dabei gedacht«. Aha.
Eine »schwierige Frage«, befand man auch bei der übergeordneten Behörde, einer Bezirksregierung. Angaben dazu würden in den abgegebenen Einbürgerungsanträgen selten gemacht. Auf der nächsthöheren Ebene, in einem Landesinnenministerium, behalf man sich mit dem Hinweis: »Bonn macht doch die Gesetze.« »Ad hoc« galten nur Schützenvereine als »das deutsche Volkstum pflegend«. Warum, wer sich einbürgern wolle, das deutsche Volkstum pflegen solle? Nun, es werde eben erkundet, ob eine »Hinwendung zu Deutschland« erkennbar sei, wie es die »Einbürgerungsrichtlinien« formulierten. Relevant für das amtliche Ja (oder Nein) zum deutschen Paß seien die Antworten aber ohnehin nicht. Im Grunde sei es doch so: »Die Frage ist uralt und könnte auch gestrichen werden.«
Wer die Frage nach der deutschen Volkstumspflege trotzdem beantwortet, mußte auf vielsagende, teilweise schon unverschämte Nachfragen gefaßt sein. Eine neue Inländerin hatte sich während eines Auslandsaufenthaltes im Rahmen ihres Studiums – Fremdsprachenlehrerin – in einem Goethe-Institut eingeschrieben und das im Einbürgerungsantrag angegeben. Da habe sie, die absolut akzentfrei Deutsch spricht, wohl erst Deutsch gelernt, bohrte ein Behördenmitarbeiter nach. Tatsächlich hatte sie im Ausland an einem College Deutsch unterrichtet, und sich während des Jahres im Ausland im Goethe-Institut über die politischen und kulturellen Ereignisse in Deutschland auf dem laufenden gehalten.

Seit einiger Zeit ist das Volkstumsrätsel aus den Einbürgerungsanträgen verschwunden. Relevant mögen Antworten darauf nicht gewesen sein. Viele empfanden sie trotzdem als entscheidendes Signal, sich vollständig assimilieren zu müssen, die »Herkunft zu verraten«. Hier stand es schwarz auf weiß: deutsche Volkstumspflege. Mit der Neufassung des Antragformulars wurde indes eine andere Falle gestellt: Der eigentlich einzig relevanten Frage nach der bisherigen Staatsangehörigkeit nämlich folgt eine weitere: die nach der »Volkszugehörigkeit«. Was in aller Welt sollte z.B. einer wie ich da eintragen? »Mischling«, weil Mutter Türkin, Vater Tscherkesse? Mit zeitgemäßem republikanischen Staatsverständnis hat auch das nichts zu tun. Es scheint einmal mehr zu belegen, daß wir noch in rückschrittlichem völkischem Denken verfangen sind.

Gleichzeitig wundert man sich, daß eine Generation von Nichtdeutschen heranwächst, die Deutsch spricht und die Sprache der Eltern kaum, die aber in diesem Land trotzdem nicht angekommen ist. Wenn wir heute Tendenzen zur Selbstethnisierung erleben, wenn Jugendliche, die nicht einmal mehr Türkisch sprechen, sich zum türkischen Nationalismus oder Islamismus bekennen, dann trägt die Politik dafür ein gerüttelt Maß an Verantwortung. Wir haben es bisher versäumt, diese Menschen zu integrieren. Es ist Zeit, das endlich nachzuholen und ein großzügiges Integrationssignal zu setzen. Es liegt in unserem wohlverstandenen Interesse, deutlich zu machen: Wir freuen uns, daß ihr hier seid, und wollen zusammen mit euch überlegen, wie wir das Zusammenleben am besten organisieren.

Nur wer das Recht auf volle Selbstbestimmung und Mitentscheidung großzügig und ohne Mißtrauen einräumt, kann sich überzeugend des Vorwurfs erwehren, es gehe um (Zwangs-)Assimilierung. Die vielfach anzutreffende Angst vor dem Verlust, der Aufgabe von Identität und dem Verrat an der Herkunft ist zwar irrational. Aber sie kommt aufgrund der Erfahrungen der vergangenen Jahrzehnte nicht von ungefähr und steht als Barriere im Raum. Und nur wer echte Integrationsangebote macht, kann Extremisten, die auf Ausgrenzung und das Gefühl des Ausgegrenztseins bauen, den Boden entziehen. Menschen werden nicht zu Randgruppen oder Fundamentalisten jeglicher Couleur, weil sie sich prima integriert fühlen, sondern weil das Gegenteil der Fall ist. Deutschland ist bei den Einbürgerungszahlen europäisches Schlußlicht – und das wohl kaum, weil wir es hierzulande mit einer besonders einbürgerungs- und integrationsunwilligen Spezies von Einwanderern und deren Kindern zu tun haben.

Die Realität auf der Überholspur

In Berlin wurden trotz der Verweigerungshaltung der Union in der Bürgerrechtsfrage im vergangenen Jahr Dutzende Türkinnen und Türken CDU-Mitglieder – die Partei reagierte, als sei der Fuchs in den Hühnerstall eingebrochen. Bemerkenswert waren diese Eintritte in die CDU im Grunde natürlich nicht. Wer die Augen ein wenig offen hat für die Entwicklungen in diesem Land, fragte sich eher, warum das eigentlich erst jetzt passierte. Die konservativen unter den eingewanderten Türken – und das sind nicht wenige – tendieren nämlich eher zur CDU als beispielsweise zu den Grünen. Elterngeneration und Senioren, weil sie Konservatives schätzen, weil sie ein Faible für »Ruhe und Ordnung« haben, »keine Experimente« wollen. Andere, weil sie konservativen Parolen vom Schutz der Familie und familiärer Werte glauben. Andere hegen Sympathien, weil die CDU/

CSU das alte Heimatland Türkei trotz harscher Menschenrechtsverletzungen und Demokratiedefizite allenfalls moderat kritisiert. Und wieder andere, wie die türkischstämmigen Yuppies z.B. in Berlin, wenn sie nicht gerade zur FDP gehen, neigen zu den Konservativen, weil sie überzeugt sind, die wären ihren Interessen am förderlichsten.

Die konservative Angst, wir Grüne verlangten eine Änderung des Staatsangehörigkeitsrechtes, nur weil wir auf Wähler schielten, ist zumindest mittelfristig völlig unberechtigt. Zwar besagen einige Umfragen, Einwanderer und deren Nachwuchs würden vor allem Grün und teils SPD wählen. Die CDU sähe demnach so alt aus, wie ihre Bürgerrechtspolitik von gestern. In vielen Städten mit einem »Ausländeranteil« von 15 bis 25 Prozent würde es gewiß auch Verschiebungen geben. Manches »überraschend« gute Abschneiden der »Republikaner« hatte seine Ursache seinerzeit nicht zuletzt darin, daß ein Siebtel bis ein Viertel der Bevölkerung als nichtdeutsche Staatsangehörige vom Urnengang ausgeschlossen war. Aber ein Blick ins benachbarte europäische Ausland zeigt, daß sich Parteipräferenzen und Wahlverhalten unter Einwanderern denen der »Mehrheitsbevölkerung« angleichen.

Manche wundern sich, warum es bisher, nach knapp 40 Jahren Einwanderung, keine Bürgerrechtsbewegung gibt, wie man sie aus anderen Ländern, den USA, zum Teil auch aus Frankreich und Großbritannien kennt. Für die erste Generation der Einwanderer in Deutschland war Unauffälligkeit oberstes Gebot: Hauptsache keinen Ärger bekommen, vor allem nichts mit der Polizei zu tun haben – auch wenn die (Groß-)Elterngeneration die hiesigen Ordnungshüter im Unterschied zu denen im Herkunftsland vielfach freundlich und zuvorkommend lobt. Trotzdem sind sie bereit, im Zweifelsfall auch Unrecht zu erdulden. Ruhe ist ihre erste Bürgerpflicht. Die politisch Aktiven unter den Nichtdeutschen betreiben Politik überwiegend unter dem Aspekt »Heimatpolitik«. Wer in der deutschen Politik mitmischen will, muß aber auch die hiesigen Spielregeln kennen und beherrschen. Das war unter den Nichtdeutschen viele Jahre lang ein Problem und ist es teilweise heute noch. Die »Rückkehr« im Kopf, bestand für sie keine Notwendigkeit, sich hier wirklich einzumischen. Außerdem wäre das von deutscher Seite auch nicht gerade begrüßt worden.

Die SPD erlebte in den siebziger Jahren einen ausgesprochenen Boom unter Einwanderern. Daraus wurde ein Trauerspiel. Die Partei verstand es nicht, das Potential zu nutzen. Es wurde auch nicht erkannt, daß die Türkeifixiertheit türkischer Einwanderer einer Illusion entsprang. In einer Partei wie den Grünen war es da einfacher. Auch wenn wir aufgrund von Unprofessionalität und falscher Bescheidenheit lange Zeit größere Probleme hatten, Einwanderer für uns zu gewinnen. Aber das hat sich inzwischen geändert. Im Vergleich zu den anderen Parteien sind wir sogar rasend schnell. Mit Ozan Ceyhun hatten wir als erste Partei einen neuen Inländer als Mitglied im Bundesvorstand. Nichtdeutsche sind grüne Landtagsabgeordnete und Fraktionsmitarbeiter. In Bielefeld stellen wir seit 1994 einen nichtdeutschen Bürgermeister.

Die Grünen hatten zunächst Probleme, weil es ihnen mehr oder weniger um Symbole ging, nicht um die, die wirklich Politik machten. Lange Zeit herrschte das Gefühl vor, wir sollten und könnten stellvertretend für »die armen Ausländer« Politik machen. Aber es gibt immer mehr neue Inländer, und wir müssen uns um ihre Mitarbeit, ihr Interesse bemühen. Ich erkundige mich inzwischen vor jeder Veranstaltung und jeder Diskussion: Wurden alle Einwanderer-Vereine, italienische, griechische, türkische, kurdische und die Ausländerbeiräte informiert, ist die nichtdeutsche Presse verständigt? Oft genug folgt darauf ein mehr oder weniger verständnisloses verneinendes Kopfschütteln als Antwort: »Daran haben wir gar nicht gedacht.« Die Parteifreunde vor Ort sind dann positiv überrascht, wenn erstmals über 100 Interessierte eine grüne Veranstaltung besuchen, die meisten davon unbekannte Gesichter.

Inzwischen sind auch die Einwanderer selbstbewußter geworden und fordern von sich aus Beachtung: Die Generationenfrage spielt dabei eine entscheidende Rolle – gerade bei den Grünen, die sich erst gründeten, als die ersten Einwanderer schon Väter oder Großväter waren. Die erste aktive Generation landete bei den Gewerkschaften. Von da war der Weg zur SPD kurz. Und es gab schließlich auch in der Türkei und vielen anderen Herkunftsländern sozialdemokratische oder sozialistische Parteien. Das kannte man also. Die Grünen mit ihrer anfangs so ganz und gar fremden Art Politik zu machen und darzustellen, wirkten teilweise befremdlich. Das hat sich geändert. Die zweite und dritte Generation ist damit aufgewachsen, sie kennen die Ökologiefrage und andere »grüne« Themen oder haben zumindest schon davon gehört. Sie unterscheiden sich in dieser Hinsicht nicht sehr vom Rest der Bevölkerung: Die einen werden uns nie wählen, weil wir den Benzinpreis erhöhen wollen; die anderen unterstützen uns gerade deshalb.

Diskriminierung und Rassismus
feiern fröhliche Urständ

Die multikulturelle Gesellschaft ist kein rauschendes Fest, nicht immerzu Bauchtanz und Tzatziki. Aber so waren die Verhältnisse noch nie. Demokratie bedeutet, fortwährend Konflikte zu moderieren, und nicht, die Augen davor zu verschließen. Die Reform des Staatsangehörigkeitsrechtes ist kein Endpunkt. Diskriminierung oder gar Rassismus machen aber auch vor dem deutschen Paß nicht halt. Sie lassen sich nicht ausschließlich mit dem Strafgesetzbuch bekämpfen. Rassismus läßt sich nicht durch ein Verbot aus der Welt schaffen. Aber wenn wir dafür sorgen, daß das gesellschaftliche Bewußtsein dafür geschärft wird, dann werden sich auch die kleinen und großen Rassisten hierzulande etwas mehr in acht nehmen. Dafür muß allerdings klar sein, daß sie sich außerhalb des gesellschaftlichen Konsenses bewegen. Und daß es eben nicht die Nicht-Deutschen sind, die vermeintlich nicht dazugehören, sondern sie selbst.

In Sachen Anti-Diskriminierungspolitik ist die Bundesrepublik Deutschland ein Entwicklungsland. Während Frankreich, die Niederlande oder die USA sich vor Jahren umfangreiche Gesetze zur Vermeidung von ethnischer Diskriminierung gegeben haben, finden wir in Deutschland lediglich einzelne Vorschriften, verstreut zwischen Strafrecht und Betriebsverfassungsgesetz – mit insgesamt nur begrenztem Wirkungsgrad. Auch das Internationale Abkommen zur Beseitigung jeder Form der Diskriminierung ethnischer Minderheiten (»Rassendiskriminierung«), bereits 1966 unterzeichnet, ist nie in nationales Recht umgesetzt worden. Zwar schreibt das Grundgesetz in Artikel 3 den Gleichheitsgrundsatz fest – einen Auftrag oder eine Legitimation zum Abbau tatsächlicher Ungleichheiten enthält die Verfassung jedoch nicht.

Für alle, die dem »Ausländergesetz« unterworfen sind, werden vielmehr von Staats wegen Sondergesetze bereitgehalten. Es gibt selbst für die, die seit Jahrzehnten im Land leben, »besondere« und »allgemeine« Arbeitserlaubnisse. In höheren Positionen sind Arbeitnehmerinnen und Arbeitnehmer nichtdeutscher Herkunft unterrepräsentiert. Bei gleicher Qualifikation wird offenkundig spürbar nach »Abstammung« ausgesiebt. Eine im Frühjahr 1996 vorgestellte Untersuchung der Welt-Arbeitsorganisation ILO hat ergeben: »Beim Zugang zum Arbeitsmarkt haben Ausländer in Deutschland mit Benachteiligungen gegenüber deutschen Bewerbern zu rechnen.« Die Benachteiligungsquote schwankt danach branchen- und berufsabhängig zwischen 3,7 und 52,6%. Am häufigsten werden Nichtdeutsche im Dienstleistungssektor, als Bank- und Industriekaufleute, abgelehnt, gefolgt vom Bereich Außendienst mit Kundenkontakt (40,9%). Baugewerbe und Gastronomie rangieren bei 7,7 und 5,6% Ablehnung, der Bereich Krankenpflege bei 3,7%.

Die Betreiber der Studie hatten fiktive Bewerberprofile jeweils eines Vertreters der deutschen Mehrheitsbevölkerung und der größten nichtdeutschen Minderheit, der türkischstämmigen, mit qualitativ gleichwertigen Lebensläufen und Ausbildungsabschlüssen verschickt. Als diskriminierend galt, wenn die »türkische« Bewerbung im Unterschied zur deutschen sofort abgelehnt wurde oder wenn die Mitteilung an den türkischen Kandidaten lautete, die Stelle sei bereits vergeben, der Deutsche aber zum Vorstellungstermin geladen wurde. Die Fälle von ausländischen Familien, die bei Wohnungssuche benachteiligt werden, sind Legion. »Balkantarife« bei der Autoversicherung ebenso. Schon nach zwei kleinen Unfällen kann ohne Begründung die Kündigung ins Haus flattern, wie es mir passierte. Einen neuen Versicherer zu finden, wurde ein Problem. Entweder gab es keine Rückmeldung, Unterlagen wurden auf meine

Anforderung hin nicht zugesandt, oder mir wurde die Deckung in unbegrenzter Höhe verweigert. Am Ende half erst der Hinweis, ich sei übrigens deutscher Staatsangehöriger. Gleichwohl wurde die Schadensdeckung in unbegrenzter Höhe verweigert. Entnervt vom vielen Hin und Her habe ich den schikanösen Vertrag unterschrieben. Meine Erfahrungen mit Wohnungssuchen verliefen ähnlich. Sobald der Name Özdemir fiel, war das jeweilige Angebot schon vergeben. Man bedauere aufrichtig, wurde geheuchelt.

Besonders Jugendliche berichten oft von schmerzhaften Alltagserfahrungen. Eintrittsverbote in Diskotheken sind keine Seltenheit. Wenngleich die »Aussperrung« auch andere Gründe haben kann – falsches Outfit, schon ein paar Bierchen zuviel –, ein Grund liegt immer nahe. Die simple Tatsache, daß sie (männliche) »Ausländer« sind. Zudem gibt es immer mal wieder »Quoten« für »Ausländer«. Ist ein Anteil von 10, 20 oder 25 Prozent unter den Gästen erreicht, müssen weitere nichtdeutsche Gäste draußen bleiben. Manche Geschäftsführer oder Türsteher begründen die Abweisung auch so: Vor kurzem habe es eine »Schlägerei mit Ausländern« gegeben. Zwar käme niemand auf die Idee, allen »deutschen« Kunden den Eintritt zu verwehren, weil schon einmal Deutsche eine Schlägerei angezettelt haben – aber bei »Ausländern« wird diese Sippenhaft durchaus auch von den Ordnungsbehörden verständnisvoll geteilt.

Es gibt also allen Grund für eine aktive Anti-Diskriminierungspolitik, die nicht nur gesellschaftliche Diskriminierung verhindert, sondern auch bestehende Benachteiligungen und staatliche Diskriminierung aufhebt. Sämtliche Gesetze und Bestimmungen, die eine Sonderbehandlung von nichtdeutschen Staatsangehörigen vorschreiben, müssen entrümpelt werden. Wer sich zu Recht in Deutschland aufhält, muß gleichbehandelt werden, ob deutscher Staatsangehöriger oder nicht. Beschränkungen bei der Berufswahl – soweit sie sich mit dem Beamtenrecht vereinbaren lassen – und bei der Arbeitsplatzsuche müssen aufgehoben werden.

Während über die Notwendigkeit von Abwehrgesetzen, die einzelne – nicht nur Nichtdeutsche – vor Diskriminierung schützen, weitgehend Einigkeit herrscht, ist die Zustimmung zu positiven Fördermaßnahmen schon geteilt. Die Forderung nach positiver Diskriminierung zielt auf die Verminderung struktureller Diskriminierung ab. Blicke ins Ausland, wo es bereits solche Gesetze gibt, zeigen, daß man hier äußerst sensibel vorgehen muß. Wenn es um die Bevorzugung bisher benachteiligter Gruppen geht, bis sie entsprechend ihrem Anteil an der Bevölkerung in Ausbildung, Beruf, Politik usw. repräsentiert sind, dann stellt sich die Frage: Sollen die Quoten außerhalb der Konkurrenz liegen, oder sollen sie nur bei gleicher Qualifikation gelten, wie es zum Beispiel bei der Frauenförderung der Fall ist. Und es ist zu unterscheiden, ob eine bisherige Unterrepräsentanz von Angehörigen ethnischer Minderheiten nachgewiesen werden muß oder ob die Regelung allgemeingültig zum Ausgleich früherer, auch historischer Diskriminierung gelten soll. Eine andere Möglichkeit sind Förderpläne, die von starren Quoten absehen und deren Ziele sowie konkrete Maßnahmen zu ihrer Verwirklichung z.B. von den Unternehmen selbst entworfen und gegebenenfalls von außen kontrolliert werden sollten.

Praktiziert wird beispielsweise in Großbritannien ein Verhaltenskodex: Eine zuständige Kommission, die Commission for Racial Equality, ist ermächtigt, Verhaltensrichtlinien auf dem Gebiet der Beschäftigung zu erarbeiten. Arbeitgebern und anderen werden Maßnahmen zur Beseitigung von Diskriminierung und Förderung der Chancengleichheit vorgeschlagen, gesetzliche Verpflichtungen zu ihrer Umsetzung bestehen jedoch nicht.

Alle diese Maßnahmen setzen eines voraus: Um die Quotierung, aber auch um Formen der positiven Diskriminierung durchführen zu können, wird Betrieben und dem öffentlichen Dienst ein »ethnic monitoring« vorgeschrieben. Das heißt, es werden Statistiken darüber geführt, wie sich die Belegschaft ethnisch zusammensetzt. Und da liegt meines Erachtens der Hase im Pfeffer: Das Denken in ethnischen Kategorien und nach Abstammungskriterien würde durch solche Fördermaßnahmen verstärkt, weil der einzelne nur noch als Vertreter einer Gruppe zählen würde. Verschiedenheit bekäme den Vorrang vor Gleichheit. Die Festschreibung ethnischer Identitäten, ihre Registrierung ruft nicht nur datenschutzrechtliche Probleme hervor, sondern auch die »Ariernachweise« der NS-Zeit in Erinnerung.

Förderpläne sollten die ethnische Diskriminierung bekämpfen, zwingen jedoch Behörden und Betriebe dazu, Menschen ethnisch zu sortieren. Das kann gleichbedeutend sein mit einer ethnischen Stigmatisierung. Es gilt deshalb, unbeabsichtigte, unkalkulierbare Folgen der mit bester Absicht geplanten positiven Diskriminierung im Auge zu behalten. Immerhin kann Förderung auch Gegenreaktionen – die Verstärkung der »Ausländerfeindlichkeit« oder zumindest mangelnde Akzeptanz bei der deutschstämmigen Bevölkerung hervorrufen. Insbesondere bei Quotenregelungen könnte die Ablehnung von Bewerbungen den Minderheiten angelastet werden. Dadurch würde das Sündenbock-Argument (»die nehmen uns die Arbeitsplätze weg«), erstmals eine reale Grundlage erhalten. Die soziale Realität, in der vielfältige Diskriminierung längst ethnisches Bewußtsein und Ausgrenzung hervorgerufen hat, ist das ursächliche Problem, aber wie schnell können Maßnahmen wie die positive Diskriminierung eine zweite Problemebene schaffen. Ich plädiere deshalb eher für einen individualrechtlichen, menschenrechtlichen Ansatz.

Aber nicht alles läßt sich gesetzlich regeln. So ist auch der anläßlich der Verfassungsreform diskutierte »Minderheitenschutz«, den manche im Grundgesetz festschreiben wollten, eine zweischneidige Angelegenheit. Ich habe Probleme mit einem statischen Minderheiten-Begriff ebenso wie mit einem statischen Mehrheiten-Begriff. Die Übergänge, die es gerade in interkulturellen Gesellschaften gibt, bleiben dabei unberücksichtigt. Eine ethnische Festschreibung wird der Dynamik unserer Gesellschaft nicht gerecht. Es ist nicht unsere Aufgabe, die Unterschiede festzuschreiben, sondern den Menschen eine Vielfalt von Lebensentwürfen zu ermöglichen und die Bedingungen dafür zu schaffen. Wenn ein türkischstämmiges Mädchen die türkische Sprache zwar schön findet, sie aber nicht lernen will, dann sollte das ebenso normal sein, als wenn ein deutscher Junge sagt, weil mein bester Freund Türke ist, möchte ich gerne Türkisch lernen. Eine offene, tolerante Gesellschaft, die Einblicke in verschiedene Kulturen ermöglicht, ist es, was ich mir für die Zukunft der Bundesrepublik und für ein modernes Europa vorstelle.

Schreckgespenst Islam
oder: Die Sache mit dem Kopftuch

Es ist Zeit, einzusehen, daß wir längst nicht nur eine multikulturelle, sondern auch eine multireligiöse Gesellschaft sind. Darauf muß auch der Staat endlich reagieren und z.B. den Bedarf an einem anderen Religionsunterricht, als wir ihn bisher kennen, bei der Erstellung der Lehrpläne berücksichtigen. »Moschee ist nicht zu verhindern« – Schlagzeilen wie diese belegen, wie weit wir von einer diesbezüglichen Entkrampfung noch entfernt sind. Der anhaltende Streit um den Religionsunterricht in Brandenburg belegt das nicht minder. Das Kürzel »LER« wurde zum Synonym für eine Art Kirchenkampf auch am Ende dieses Jahrhunderts. Die Kirchen kämpfen um ihre Pfründe, gegen die Etablierung des neutralen Faches »Lebensplanung-Ethik-Religion« statt der konfessionsgebundenen Unterweisung in der Schule. Der multireligiösen Gesellschaft angemessener wäre auf jeden Fall eine Weiterentwicklung der bisher praktizierten Modelle mit dem Ziel der Einbindung der muslimischen Konfessionen.

Wir wissen in dieser Gesellschaft viel zu wenig voneinander, von den Traditionen, den Bräuchen. Wenn wir mit Konflikten umgehen und sie lösen wollen, ist das aber unabdingbar. Wo es evangelischen und katholischen Religionsunterricht gibt, da muß man auch eine Alternative anbieten und das Bedürfnis, z.B. von Muslimen, nach Religiosität ernstnehmen. Denkbar wäre muslimische Religionspädagogik unter deutscher Schulaufsicht, mit Lehrmaterial, das hier erstellt worden ist und nicht aus der Türkei importiert wird. Es muß ein Unterricht durch Lehrer sein, die den Kriterien des jeweiligen Bundeslandes entsprechen. Wer das verweigert, darf sich nicht wundern, wenn in Wochenend- und Ferien-Koranschulen womöglich das Gegenteil von Toleranz und Humanität gelehrt wird.

So wie es Konfirmanden- und Kommunionsunterricht in den Kirchengemeinden gibt, wird sich auch der Besuch von Korankursen außerhalb der Schule, in den Moschee-Vereinen, nicht verhindern lassen. Wichtig ist nur, daß Toleranz nicht mit Beliebigkeit verwechselt wird. Grundlage sind die Werte unserer Verfassung. Wer sich an diese Grundsätze und Prinzipien hält, hat seinen festen Platz in unserer Gesellschaft.

Symbolisch für die Komplexität und Vielschichtigkeit des Problems haben wir es alle Jahre wieder mit der »Kopftuch«-

Frage und Auseinandersetzungen um die Teilnahme von Mädchen und jungen Frauen am Sportunterricht zu tun.

In der Kopftuch-Diskussion sollte man gelassen bleiben. Sie fällt in die Freiheit jeder einzelnen. Ein Pauschalurteil ist schwierig und hängt nicht zuletzt vom Alter der Betroffenen ab. Niemand wird die 20 oder 24-jährige neue Inländerin und Jura-Studentin davon abhalten wollen, ein Kopftuch zu tragen, wenn sie es als Ausdruck ihrer Religiosität und religiösen Pflichterfüllung trägt. Sie antwortet in der Diskussion über Emanzipation und Unterdrückung, sie werde wohl am ehesten merken, wenn sie unterdrückt werde, und wohl kaum ein Kopftuch tragen, wenn sie das als Symbol ihrer Knechtung empfände. Aber was tun, wenn sie dazu von einem strengen Vater, einem älteren Bruder oder einfach dem sozialen Druck aus der Nachbarschaft gezwungen wird? Schwieriger wird die Einschätzung auch bei jüngeren Mädchen in den letzten Grundschulklassen und den ersten Schuljahren der weiterführenden Schulen. Die Frage, wann Eltern zum Beispiel mit dem Zwang zum Kopftuch in das Persönlichkeitsrecht des Kindes eingreifen, ist pauschal nicht zu beantworten. Es verlangt Einfühlungsvermögen sowohl in die Gefühlswelt des Kindes als auch in die Situation der Eltern, um im Konfliktfall zu einer Lösung zu gelangen. Womöglich hat das Problem auch mitunter eher in den Ansichten der Pädagogen seinen Ursprung als in der Selbstwahrnehmung des Kindes. Eine multikulturelle Gesellschaft muß es eben aushalten, daß Menschen zu unterschiedlichen Einschätzungen dessen kommen, was »man darf« und was nicht. Aber: Sie muß den Schutz der Person, das Recht des Kindes auf freie Entfaltung stets höher stellen als das Recht der Eltern auf Erziehung oder den Einfluß einer Religionsgemeinschaft. Da liegt die Grenze. Man muß diesen Streit deshalb in jedem Einzelfall neu ausfechten. Grenzen werden allerdings überschritten, wenn die Teilnahme am Schwimm- und Sportunterricht verweigert wird. Ich akzeptiere es, wenn Eltern muslimischer Mädchen sagen: keine Koedukation auf dem Sportplatz oder im Schwimmbad, aber nicht mehr, wenn es heißt, Sport sei insgesamt des Teufels. Wir hoffen schließlich alle darauf, daß die Revolutionswächter in den Stadtparks von Teheran joggenden Frauen morgen keine Platzverweise mehr erteilen werden.

Zweifellos besteht in Deutschland und Europa die große Chance, daß sich ein Islam entwickelt, der nicht länger als politische Waffe instrumentalisiert werden kann, wie wir es von vielen vermeintlich »muslimischen« Regimen in der Welt kennen. Ich spreche nicht von einer Religion, die als Rechtfertigung der Unterdrückung von Frauen, zum Beispiel in den Öldynastien am Golf, oder gegen angebliche religiöse Abweichler, wie die Aleviten in der Türkei, mißbraucht wird. Wir kämen schon ein gutes Stück voran, wenn an deutschen Hochschulen endlich auch Religionslehrer – in ausreichender Zahl – für islamischen Religionsunterricht ausgebildet würden. Das gilt für andere Glaubensgemeinschaften natürlich genauso.

Zuwanderung – kein Grund zur Panik

Die Situation ist nachgerade paradox: Unser Land ist international Schlußlicht in der Bürgerrechtspolitik, man will die Realität einer Einwanderungsgesellschaft partout nicht anerkennen – gleichzeitig verzeichneten wir in den vergangenen Jahrzehnten Zuwanderungszahlen, die nur noch mit denen des klassischen Einwanderungslandes USA vergleichbar waren. Es nützt nichts, vor der bisherigen Entwicklung die Augen zu verschließen. Denn dieser Prozeß ist ja durchaus noch nicht abgeschlossen. Er läßt sich auch nicht einfach beenden, sondern nur gestalten. Die Zu- und Einwanderung und die Flucht nach Deutschland wird auch in Zukunft auf der politischen Tagesordnung dieses Landes stehen.

Die Notwendigkeit einer geregelten Einwanderung ist unbestritten. Bevölkerungswissenschaftler klagen seit Jahren über die faktische Nichtbeachtung ihrer Forschungsergebnisse. Sie würden, so spekulieren manche Vertreter der Zunft, links liegen gelassen, weil man die gravierenden Folgen und den großen Bedeutungsgehalt der Prognosen lieber verdränge. Man muß diese Interpretation nicht teilen, doch das präsentierte Datenmaterial ist zweifellos beeindruckend: Die Bevölkerung der Bundesrepublik stirbt aus, und das befürchten die Statistiker nicht erst seit gestern. Ohne Einwanderung, ohne eine Reform des Staatsangehörigkeitsrechtes, wird der Bevölkerungsstand der Deutschen in hundert Jahren auf den Stand gesunken sein, der 1620, während des Dreißigjährigen Krieges zu verzeichnen war. Für das Jahr 2050 wird eine Bevölkerungsgröße von 39 Millionen Deutschen prognostiziert.

Nicht nur die Demographie, auch die Wirtschaftswissenschaften sprechen sich für eine dosierte Zuwanderung aus. Nach Angaben des Instituts der Deutschen Wirtschaft, dem man sicherlich keine besondere Nähe zu den Grünen nachsagen kann, wird die Zahl der Arbeitskräfte von heute 41 Millionen auf 37 Millionen im Jahr 2020 schrumpfen. Das mag kurzfristig ausgerichteter Arbeitsmarktpolitik zur Freude gereichen. Aber die Bevölkerungsschrumpfung bewirkt eine Überalterung der Gesellschaft mit womöglich katastrophalen Folgen. Zugleich sprechen Forschungseinrichtungen wie das Rheinisch-Westfälische Institut für Wirtschaftsforschung in bezug auf die Zuwanderung von »durchweg positiven Wirkungen auf Wirtschaftswachstum, Arbeitsmarkt und Staatshaushalt«.

Ich nenne diese Argumente nicht, weil ich einer allein »bedarfsorientierten« Einwanderungspolitik das Wort reden will. Es geht mir darum, die oft ideologisch geprägten Vorurteile zu entkräften, die die Schreckensbilder einer »Überfremdung« und unlösbarer Integrationsprobleme an die Wand malen. Wir brauchen eine Einwanderungspolitik, die einerseits die Ängste in der Bevölkerung ernst nimmt. Und wir brauchen eine Einwanderungspolitik, die andererseits den Ausländern, die nach Deutschland kommen wollen, Orientierung und Integrationshilfen bietet. Wir brauchen eine Politik, die sozialverträglich gestaltet ist – für die Menschen, die schon hier leben und für die Menschen, die zu uns kommen wollen.

Um das zu erreichen, haben Bündnis 90/Die Grünen ein Gesetz zur »Niederlassung und Regelung der Rechte von Einwanderern und Einwanderinnen« entwickelt, das die Reform des Staatsangehörigkeitsrechts flankieren soll. Mit einem »Niederlassungsgesetz« soll die Altlast des geltenden »Ausländergesetzes« saniert werden. Es würde große Teile des geltenden Gesetzes überflüssig machen. Nach fünf Jahren sollen Einwanderer ein Recht auf Niederlassung haben, das heißt: mit Ausnahme des aktiven und passiven Wahlrechts, das an die deutsche Staatsbürgerschaft gekoppelt bleibt, werden sie politisch und sozial mit Einwohnern, die als Staatsangehörige eines EU-Landes in der Bundesrepublik leben, gleichgestellt. Das Gestrüpp von Statushierarchien, das zwischen (staatenlosen) »Ausländern«, EU-Ausländern und »Ausländern« aus Nicht-EU-Drittstaaten unterscheidet, das diverse Aufenthaltstitel von befristeter Duldung über befristete Gestattung bis unbefristete Aufenthaltserlaubnis und -berechtigung umfaßt und Einwanderern ohne deutschen Paß »allgemeine« oder »besondere Arbeitserlaubnisse« beschert, soll so gelichtet werden. Sogenannte »Illegale« würden durch eine Stichtagsregelung die Möglichkeit erhalten, eine »Einwanderungsbewilligung« zu beantragen, um ihre Anwesenheit zu legalisieren. Dieses Niederlassungsrecht orientiert sich übrigens an den geltenden Bestimmungen der Europäischen Union.

Einwanderung muß nach unserer Vorstellung künftig nach berechenbaren Quoten eines Einwanderungsgesetzes geregelt werden, um die Zuwanderung transparent und nachvollziehbar für alle Beteiligten – einheimische Bevölkerung und potentielle Einwanderer – zu gestalten. Wer eine Einwanderungserlaubnis erhält, sollte als Orientierungs- und Integrationshilfe Anspruch auf Sprach-, Orientierungs- und Berufsvorbereitungskurse haben. Flüchtlinge wären von dieser Quote selbstverständlich ausgenommen.

Ich glaube, unser Vorschlag überfordert die deutsche Gesellschaft keinesweg. Es hilft ja ohnehin nichts, wie die Maus auf die Schlange auf die Einwanderungszahlen zu starren. Bloße Zuwanderungszahlen allein besagen wenig. Man muß Zu- *und* Abwanderung betrachten, auch letztere findet ja statt. Aus dem Jahr 1994 datieren die jüngsten bekannten Zahlen: Knapp über eine Million Aussiedler, Asylsuchende und andere Migranten (also Arbeitskräfte, Familienangehörige usw.) kamen ins Land. Im gleichen Zeitraum wanderten aber auch 740 000 Menschen aus. Das ergibt einen positiven »Wanderungssaldo« von rund 330 000. Was bedeutet das für die Prognose der Bevölkerungsentwicklung? Bei einer Zuwanderung von 200 000 bis 300 000 Menschen pro Jahr rechnen Wissenschaftler mit einem Bevölkerungsrückgang auf knapp 67 Millionen im Laufe der nächsten Jahrzehnte.

Viele wußten es schon einmal besser, als sie es dann in den vergangenen Jahren predigten. So zeigte z.B. der heutige CDU-Fraktionschef Wolfgang Schäuble 1987 eine bemerkenswerte Einsicht: »Wir werden langfristig nicht umhin können, die Schrumpfung der deutschen Bevölkerung zumindest teilweise durch einen verstärkten Zuzug von Ausländern auszugleichen ... (wir) dürfen ... diese langfristige Entwicklung nicht aus dem Auge verlieren. Und wir müssen unsere Integrationspolitik danach ausrichten.«

Die Diskussion um das Für und Wider eines Einwanderungslandes Deutschland geht in meinen Augen vollkommen an der Realität vorbei. Schließlich müßte doch die Existenz von mir und meinesgleichen Beleg genug dafür sein, daß wir zumindest in den letzten 30 bis 40 Jahren ganz bestimmt eines waren – auch wenn das vielleicht nicht offen ausgesprochen wurde. Dieses Land hat sich verändert, es ist meiner Generation und denen, die noch kommen werden zur ersten Heimat geworden. Das Land unserer Vorfahren ist an die zweite Stelle gerückt. Diese Veränderung kann nicht mehr rückgängig gemacht werden.

Vielleicht illustriert die folgende Begegnung, die ich am Tag nach einem Fernsehauftritt bei Thomas Gottschalk am Ludwigsburger Bahnhof hatte, was ich meine: Den Bahnhof verlassend, wollte ich mich gerade zum Taxistand begeben. Auf der gegenüberliegenden Straßenseite ging ein mittelalter, kleinerer, stabil gebauter Südländer in Richtung Bahnhof. Wenige Meter vor mir bemerkte ich, wie er plötzlich die Richtung änderte und sich schnurstracks, seine Geschwindigkeit beschleunigend, auf mich zubewegte. Ich wurde unsicher. Schließlich blieb er direkt vor mir stehen, holte mit der Rechten aus und legte schwungvoll seine Hand auf meine Schulter. Mein Atem stockte, ich rang nach Luft. Die Worte, die er mit unüberhörbarem italienischem Akzent an mich richtete waren: »Du Politik! Ich Dich gesehen in Fernsehen. Du Politik!« Ja, ich Politik! Und wenn ich mich so umschaue sehe ich, daß ich nicht der einzige bin, sondern daß viele folgen, die das Land, in das sie ungefragt hineingeboren wurden, mitgestalten wollen – egal welcher Herkunft sie sind.

Trotz aller Unkenrufe, die das Ende des interkulturellen Zusammenlebens beschwören, wächst tagtäglich die Zahl derer, die sich einbürgern lassen und ihre Zukunft mitgestalten wollen. In nicht allzuferner Zeit wird selbstverständlich sein, was heute noch Anlaß für ungläubiges Staunen ist. Immer mehr Menschen griechischer, italienischer, persischer, türkischer oder sonstiger Herkunft werden in immer mehr Parteien Ämter und Mandate erringen. Immer wieder führe ich Einbürgerungsaktionen auf Rathäusern und Landratsämtern durch, bei der viele Nichtdeutsche gemeinsam einen Einbürgerungsantrag stellen. Vor kurzem erhielt ich das Schreiben eines Mitarbeiters der Einbürgerungsbehörde im Ludwigsburger Landratsamt. Eine junge Türkin hatte im Antragsformular auf die Frage, warum sie die deutsche Staatsbürgerschaft anstrebe, geantwortet: »Weil Cem Özdemir mein Vorbild ist.«

Inhalt

Mehr Türke, mehr Deutscher? 5
Ein neuer Landsmann 12
Die Geburtsstunde des Vegetariers 15
Der Ernst des Lebens – Teil 1 20
Picknicks und Portugiesen 22
Geburtstag und »ein kleiner chirurgischer Eingriff« ... 25
Mit der Steinschleuder ins Herz der Straßen-Clique ... 28
Der Ernst des Lebens – Teil 2 34
Katastrophenschutz als Herausforderung 40
Das Politische ist privat 44
Grün hinter den Ohren, grün in der Politik 47
Mein langer Marsch gegen die Institutionen
 oder: Wie ich Deutscher wurde 52
Was heißt »Erzieher« auf Türkisch? 58
Vom Mohammedaner zum Moslem 64
Weg von zu Hause, hinein in die türkische
 Community 67
Die etwas andere Ochsentour in den Parteivorstand   76
Ein Zufallstreffen und der Weg in den Vorstand 80
Politik, professioneller 83
Yesiller-Grüne und Immi-Grün 96
Die Zeit vor den Lichterketten 99
Ausnahmezustand für »Ausländer« 102
Kandidaten-Check durch die Ethno-Brille 109
Wahlheimat Ludwigsburg 122
Auf nach Bonn 124
Mediendemokratie 125

Ein Fahrrad für das »Gastarbeiterkind«	135
Meine erste Fraktionssitzung	138
Terra Incognita Bundestag	140
Büro, Büro oder: Was bitte ist ein Wiedervorlagesystem?	146
Ein Alltag wie Dauerwahlkampf	150
Die Pizza-Connection der 89er	152
Heimat, fremde Heimat – Annäherungen an die Türkei	156
Raushalten unmöglich – die Kurdenfrage	186
Kurdischer Frühling in Deutschland	196
Rattenfänger in Deutschland: türkische und kurdische Nationalisten	200
Die türkische Presse und ich	205
»Türkenfeind«, »Kurdenfeind« – sonst noch was?	216
Die Grenzen der Kommunikation	218
Der Lockruf des Wirtschaftswunderlandes	223
Gastarbeiter fleißiger als Deutsche?	231
Ein Einwanderungsland, das keines sein will	234
Als »Gastarbeiter« alt werden in Deutschland	237
Zwischen Verklärung und Verständnislosigkeit	241
Eine Identität – ein Paß	245
How german is it?	254
Die Realität auf der Überholspur	258
Diskriminierung und Rassismus feiern fröhliche Urständ	262
Schreckgespenst Islam oder: Die Sache mit dem Kopftuch	267
Zuwanderung – kein Grund zur Panik	270